AFFAIRES NON CLASSÉES

Christian English
Frédéric Thibaud

AFFAIRES NON CLASSÉES

First Editions

Remerciements

Merci à Sébastien, Laurence et Serge pour leur indispensable soutien ainsi qu'à tous ceux qui ont collaboré directement ou indirectement à l'élaboration de ce livre.

ISBN 2-87691-766-1

Dépôt légal : 2e trimestre 2003.
Imprimé en France
Conception couverture : Studio Flageul
Mise en page : MADmac
Documentation : Sébastien English

Nous nous efforçons de publier des ouvrages qui correspondent à vos attentes et votre satisfaction est pour nous une priorité. Alors, n'hésitez pas à nous faire part de vos commentaires :

Éditions Générales First
27, rue Cassette
75006 Paris – France
Tél : 01 45 49 60 00
Fax : 01 45 49 60 01
e-mail : firstinfo@efirst.com
Site web : www.efirst.com

SOMMAIRE

Avertissement

En vertu du principe issu de la loi du 15 juin 2000, relative à la présomption d'innocence, « *toute personne suspectée ou poursuivie est présumée innocente tant que sa culpabilité n'a pas été établie* ». Selon l'article 9-1, toutes les personnes citées dans ce livre et n'ayant pas encore été jugées sont donc présumées innocentes.

Cet ouvrage n'est pas un livre de fiction. Les personnages qui y sont évoqués ainsi que les faits qui y sont rapportés ont réellement existé. Les différentes citations qui émaillent les chapitres ont donc été prononcées par les protagonistes lors d'audiences d'enquêtes, de procès ou d'interviews. En reconstituant ces affaires, les auteurs ont donc veillé à la vérité historique des faits.

Introduction

« S'il n'y avait pas d'injustice, on ignorerait jusqu'au nom de la justice. »

Héraclite.

« Un jugement trop prompt est souvent sans justice. »

Voltaire.

Le nombre d'homicides, en France, augmente régulièrement. En 2002, il y en a eu 1 322, et presque autant de tentatives de meurtre. C'est un quart de plus (26,3 %) qu'un an auparavant. Et, bien trop souvent, les auteurs restent impunis. Chose difficilement supportable dans une société moderne : 36 % de ces homicides ne sont pas élucidés… 476 victimes, pour la seule année 2002, dont les assassins vivent dans l'impunité et, parfois, récidivent !

Dans les faits divers les plus marquants, et qui demeurent les plus mystérieux, l'« affaire Grégory » reste exemplaire. La mort de cet enfant en 1984 a marqué les esprits et montré de manière terrible combien, malgré une mobilisation exceptionnelle, la justice peut être impuissante.

On peut également citer le cas du tueur Thierry Paulin : en 1984, huit dames âgées sont assassinées à Paris, une dizaine d'autres en 1986. Entre ces deux vagues de meurtres, Thierry Paulin est interpellé pour un délit mineur à Toulouse. Mais comme les empreintes digitales relevées sur les premiers lieux de crimes n'avaient pas été traitées par un système informatique centralisé, il avait alors été remis en liberté, commettant une dizaine d'autres agressions avant d'être arrêté grâce à un portrait-robot.

Aujourd'hui, les méthodes d'investigations ont fait des progrès, essentiellement informatiques (le système FAED pour les empreintes) et scientifiques. L'analyse systématique des échantillons d'ADN recueillis sur place permet désormais de « faire parler » beaucoup plus efficacement un lieu de crime et de limiter les erreurs. La police scientifique, installée dans l'agglomération lyonnaise, a gagné son indépendance et sa crédibilité. Malheureusement, la France a tardé à mettre en place des outils réellement efficaces. La réalisation d'un fichier des empreintes génétiques n'a ainsi été avalisée par les députés qu'en 2000, à cause de tergiversations juridiques et politiques. Ce fichier, le FNAEG, est alimenté par les empreintes génétiques des condamnés définitifs dans des affaires d'agressions sexuelles, d'atteintes volontaires à la vie, de vols à main armée et d'actes de terrorisme. Mais seuls 1 300 noms figurent dans ce fichier, contre 1,5 million en Angleterre. Un chiffre qui illustre le long chemin qui nous reste encore à parcourir !

La France a par ailleurs longtemps négligé la lutte contre les tueurs en série, un phénomène réputé réservé aux seuls États-Unis ! Or, depuis les années 70, le fléau s'est amplifié dans tous les pays développés. Les États-Unis ont mis en place, dès le milieu des années 80, des cellules de « profilage » et se sont dotés d'outils informatiques performants, notamment le VICAP. Tous les meurtres commis outre-atlantique font l'objet d'une fiche informatisée permettant de recouper les affaires et donc de déceler la « signature » d'un *serial killer*, étape indispensable pour pouvoir l'arrêter.

La France (où l'on estime que 6 % des meurtres sont ceux de tueurs en série) vient seulement de faire la même chose avec le SALVAC (système d'analyses et de liens de la violence associée au crime), inauguré à Nanterre au début de cette année, qui demandera encore bien des améliorations avant d'être réellement efficace. De même, le profilage commence à être reconnu en France, mais de manière bien timide, les vieux briscards de la police et de la gendarmerie hésitant à faire confiance à un psycho-criminologue pour esquisser le portrait-robot mental d'un tueur.

Même si la science et le profilage sont indispensables, ce ne sont bien sûr pas des solutions miracles. Une enquête reste d'abord une question de méthode et d'intuition. Elle est basée sur les compétences et l'expérience d'hommes et de femmes de terrain.

De nombreuses affaires – celles qui figurent dans ce livre en sont des exemples frappants – viennent d'ailleurs confirmer cette évidence dérangeante : parce qu'elle est assurée par des hommes, avec leurs défauts et leur irrationalité, la justice n'est pas infaillible, la justice n'est pas toute-puissante. Même si elle se plaît – trop – souvent à le croire et à le faire croire.

Mourmelon :
meurtres dans la « Grande Muette »

Dans les années 80, sept jeunes hommes, pour la plupart des appelés du contingent, disparaissent mystérieusement autour du camp militaire de Mourmelon. L'armée, qui n'a jamais autant mérité son surnom de Grande Muette, considérera ces disparus comme des déserteurs jusqu'à l'arrestation d'un militaire : Pierre Chanal, adjudant-chef, arrêté pour le viol d'un auto-stoppeur, qui comparaît aux assises pour trois de ces disparitions. La disparition des quatre autres reste un mystère, en grande partie en raison de l'extrême lenteur de l'enquête.

Ce que l'on remarque surtout chez l'homme, qui vient juste d'atteindre la quarantaine, c'est son regard, d'un bleu acier pénétrant : un regard dur et froid ne laissant pas transparaître le moindre état d'âme. En cet après-midi très ensoleillé du 8 août 1988, il se sent particulièrement joyeux et se dirige vers Mourmelon pour se livrer à son passe-temps favori, le saut en parachute dans le club qu'il fréquente depuis onze ans.

Cela fait maintenant six jours qu'il a quitté l'enceinte de la caserne de Fontainebleau, en région parisienne, pour une longue permission d'été, avec une première halte à Vichy où il a assisté à une compétition de parachutisme. L'homme n'est pas pressé et, de toute façon, il aime bien rouler au volant de son Combi Volkswagen, un véhicule dont l'arrière a été soigneusement aménagé pour lui permettre d'y prendre ses repas et d'y dormir. C'est ce qu'il aime : être totalement autonome.

Sur la route de Mourmelon, il a brusquement décidé de faire un détour par Saint-Chamond, où réside sa mère, une halte d'une soirée pour renouer avec la famille qu'il n'a pas vue depuis des années.

Il est presque 19 h. À hauteur de Chalon-sur-Saône, le militaire s'engage sur la bretelle qui mène à l'A6. Comme c'est souvent le cas sur cette autoroute du sud, il y a là plusieurs auto-stoppeurs. Leurs regards se portent sur le Combi vert pomme : ils espèrent un voyage gratuit vers le soleil de la Côte. Parmi ces jeunes gens attendant le bon samaritain, juste avant le péage, il y en a un que le militaire remarque et ne peut s'empêcher de dévisager. Il a une vingtaine d'années, les cheveux courts, porte un short en jean et des baskets...

Le conducteur hésite, mais fait brusquement demi-tour et repart vers Chalon où il s'arrête à une station-service.

Finalement, trois quarts d'heure après son premier passage, le militaire revient devant le péage. Le jeune auto-stoppeur est toujours là, pouce levé.

– Tu vas où ?

– Je... Côte-d'Azur...

Le jeune homme n'est manifestement pas français, et il sourit, heureux que quelqu'un accepte enfin de le prendre :

– Comment tu t'appelles ?

– Palazs… Hongrois… *And you ?*

– Pierre. Je suis militaire.

Les deux hommes font route pendant un peu moins d'une heure, tentant de se faire comprendre par gestes et avec quelques rudiments d'anglais, puis ils font une pause pour dîner. Ils passent ensuite à l'arrière de la camionnette pour se reposer d'une longue journée.

– Eh ! Quoi toi faire ?

Le militaire s'est brusquement jeté sur son passager et n'a aucun mal à le maîtriser en lui passant une corde autour du cou. Il sert suffisamment fort pour enlever à l'autre tous ses moyens. En quelques minutes, il est totalement immobilisé, attaché à l'enrouleur de la ceinture de sécurité et à la paroi du véhicule. Palazs Falvay réalise qu'il aurait mieux fait de refuser de monter dans le véhicule de cet homme dont le regard est aussi étrange. Commence alors pour le jeune homme une nuit de sévices particulièrement traumatisants.

Le lendemain, à 17 h 30, une patrouille de gendarmerie qui rentre de mission passe devant un chemin isolé qui longe le nouveau chantier du TGV, un petit chemin boueux qui s'enfonce dans les vignes :

– Tu as vu ce camping-car vert ? dit l'un des deux militaires. C'est un drôle d'endroit pour stationner…

– C'est peut-être un véhicule volé abandonné ou des écolos qui préparent un mauvais coup contre le chantier… Ça s'est déjà vu dans le coin, on ferait mieux d'aller voir.

La construction de la ligne TGV suscite à ce moment-là des discussions assez houleuses avec les défenseurs de la nature.

Le break bleu de la gendarmerie s'engage sur le chemin. À quelques mètres de là, le conducteur du Combi Volkswagen se précipite au volant et tente de faire demi-tour, mais le chemin aboutit à un cul-de-sac :

– Descendez du véhicule !

– Il n'y a pas de problèmes, messieurs... Je suis de la maison... Je suis sous-officier... de passage dans le coin !

L'homme brandit sa carte militaire et tente d'afficher un sourire complice qui aurait pu fonctionner si les gendarmes n'avaient pas trouvé son attitude suspecte. L'un d'eux fait le tour du véhicule et jette un coup d'œil par la vitre arrière : il aperçoit une forme humaine couchée sur le matelas, les pieds dépassant de la couette, entravés par une corde :

– Ouvrez le véhicule !

Le bruit de la porte réveille le jeune auto-stoppeur, qui se met à s'agiter et à crier en voyant les gendarmes :

– He wants to kill me ! He wants to kill me !

Le jeune homme est pieds et poings liés, et une chaîne lui enserre le cou. Dans ses yeux se lit toute la terreur de la trentaine d'heures qui viennent de s'écouler.

Devant les gendarmes, le militaire a beau affirmer que son partenaire était consentant, qu'il ne s'agissait que de jeux sexuels, personne ne le croit après avoir entendu le récit de Palazs Falvay : son geôlier l'a déshabillé, s'est d'abord livré à des attouchements et à une fellation, avant de tenter, sans succès, de le sodomiser. Finalement, le militaire l'a violé plusieurs fois au cours de la nuit en utilisant son doigt puis un godemichet vibromasseur. Le lendemain, le jeune homme a été contraint de se masturber pendant que l'homme le filmait avec une petite caméra.

– Il était comme fou, excité, les yeux exorbités [...], à la limite de l'hystérie, racontera plus tard le jeune hongrois, qui a cru sa dernière heure arrivée.

Qui sait ce qui se serait passé sans l'intervention providentielle des gendarmes ?

****

C'est presque par hasard également que cette arrestation de Pierre Chanal* pour viol va relancer le dossier des « Disparus de Mourmelon ».

Lors de son interrogatoire par un magistrat de Mâcon, le militaire tente d'arranger son emploi du temps, avant de reconnaître finalement qu'il se dirigeait vers Mourmelon, où il pratique le parachutisme. « Mourmelon », le nom qui défraye régulièrement la chronique et qu'il ne voulait pas prononcer. La gendarmerie envoie alors, comme le veut la procédure, un message d'information aux brigades concernées. Dans son bureau de Reims, le capitaine Joël Vaillant sursaute en découvrant le nom de Chanal. Un nom qui évoque l'affaire dont il s'occupe depuis des années : il vérifie dans ses dossiers et constate qu'il s'agit bien du supérieur hiérarchique direct de quatre des jeunes gens qui ont disparu du camp militaire de Mourmelon depuis 1980.

* En vertu de la loi sur la présomption d'innocence, Pierre Chanal est présumé innocent dans les affaires pour lesquelles il n'a pas été jugé.

À cet instant, le destin du sous-officier Pierre Chanal bascule.

Un an auparavant, quasiment jour pour jour, le ministre de la Défense, André Giraud, est interrogé sur ces disparitions suspectes :

– Je me demande, dit-il, particulièrement perspicace, si l'on n'est pas en train de construire de toutes pièces une affaire à partir de faits artificiellement rapprochés [...]. Sur le plan militaire, il n'y a rien d'anormal a priori.

Le moins que l'on puisse dire, c'est que l'armée met une bonne dose de mauvaise volonté dans cette affaire, qui commence, semble-t-il, le 4 janvier 1980, lorsque Patrick Dubois, 19 ans, ne revient pas de permission. Sans se poser de questions, l'armée le considère alors comme un déserteur et c'est à peine si une enquête est lancée.

Un an plus tard, le 20 février, Serge Havet, 20 ans, s'apprête à partir en permission dans sa famille, mais sa R12 refuse de démarrer. Il se fait alors déposer à l'entrée du camp, pour faire du stop sur la nationale 44, qui mène à la gare de Mourmelon-le-Petit :

– Ne vous en faites pas, dit-il à ses camarades, j'ai toujours de la chance !

Le jeune appelé du 3e régiment d'artillerie ne donnera plus jamais signe de vie. Là encore, l'armée se contente de mettre son nom sur la liste des déserteurs. Déserteur ? Alors qu'il ne lui restait que quelques mois à effectuer ? Alors qu'il allait se marier avec sa compagne enceinte de deux mois ?

Le 7 août, c'est Manuel Carvalho qui s'évanouit dans la nature. Puis, treize jours plus tard, c'est au tour de Pascal Sergent, affecté au 503e régiment de chars de combat. Lui aussi aurait déserté ? Lui, qui comptait bien s'engager dans l'armée une fois son service terminé !

Cela fait tout de même beaucoup de disparitions, et les médias, alertés par les familles, se font enfin l'écho du mystère des « Disparus de Mourmelon ». Le service de presse des armées, le Sirpa, se contente de faire remarquer que *« quelques disparitions dans un régiment de trois mille personnes n'ont rien d'exceptionnel »*. La Grande Muette refuse de donner du crédit à ce qu'elle considère comme « des rumeurs sans fondement ». Il n'y a, pour elle, que des disparitions volontaires. Et la série continue :

Le 30 septembre 1982, Olivier Donner rate le train qui doit le conduire à Troyes pour y passer le week-end. Il fait du stop et n'arrive jamais dans sa famille. Comme ses camarades se souviennent de l'avoir trouvé *« triste et déprimé »*, c'est la thèse de la fugue qui est privilégiée, en tout cas, pendant un mois. Le 31 octobre, un promeneur qui cherche des champignons tout près de la nationale 77 entre Châlons-en-Champagne et Troyes aperçoit une forme humaine émergeant en partie d'une mare boueuse. Un corps tellement décomposé qu'il n'est pas possible de l'identifier immédiatement. Après l'autopsie, au cours de laquelle le légiste notera une *« fine ligne de strangulation autour du cou »*, la dépouille est inhumée dans la fosse commune de Troyes par l'agent municipal de service. Élément particulièrement macabre, l'homme ne sait pas alors qu'il enterre son propre fils. En effet, ce n'est que deux semaines plus tard que les résultats de l'analyse dentaire révèlent qu'il s'agit d'Olivier Donner.

Comme, cette fois, il y a un corps il n'est plus question de parler de fugue et de désertion. Mais les investigations menées par les gendarmes tournent court et ne permettent pas d'apporter le moindre début de piste sur ce meurtre. Faute d'éléments, l'enquête aboutit à un non-lieu.

Au camp de Mourmelon, dans ce monde à part où vivent en permanence trois mille appelés, on ne parle que du crime et la peur s'installe. Pour la première fois, la hiérarchie militaire est forcée de reconnaître les risques, elle conseille aux appelés de ne plus faire de stop à la sortie du camp et d'être prudents dans leurs fréquentations. Des consignes soigneusement relayées auprès des jeunes du 4e régiment de Dragons par un certain adjudant-chef Pierre Chanal. L'armée ne juge toutefois pas utile de reconsidérer les précédents cas de « désertion ». D'autant que, pendant deux ans et demi, les disparitions cessent.

En janvier 1985, Chanal part pour le Liban, il est volontaire pour intégrer la Force internationale de paix des Nations unies. Il y passera quatre mois en tant qu'observateur français. Il y fait preuve d'un tel professionnalisme qu'il en revient avec *« la croix de la valeur militaire avec étoile d'argent »*, décernée pour honorer son sang-froid et sa détermination. Sur le terrain, l'homme se comporte en vrai légionnaire parfaitement entraîné.

Deux mois après le retour de l'adjudant-chef à Mourmelon, le « triangle maudit » refait la une des journaux.

Le 23 août 1985, Patrice Denis, électronicien employé des PTT, se prépare à rejoindre le camp de Mourmelon pour y participer au lancement d'une minifusée que son club d'aéronautique a mise au point. Il a 20 ans, le look militaire : cheveux courts, jeans, baskets, sac à dos. Il se fait conduire à la gare de Châlons-en-Champagne, mais le train est déjà parti :

– Tant pis, je vais faire du stop... Merci !

Après tout, il n'a qu'une trentaine de kilomètres à parcourir.

Le jeune homme ne parviendra jamais à destination. Sa famille s'affole, porte plainte et demande une enquête. Pour une fois, le disparu n'est pas un militaire, mais malgré tout, il est majeur et la loi spécifie qu'une enquête approfondie ne peut être lancée que s'il y a un *« indice d'infraction pénale»*. Or, il n'y a ni corps ni témoin de violences quelconques. La famille n'a pas d'autre choix que de se constituer partie civile dans le dossier et verse à la justice ce que l'on appelle une « consignation » pour obtenir la désignation d'un juge d'instruction.

Les gendarmes reprennent alors l'enquête de zéro et interrogent des centaines de personnes susceptibles d'avoir aperçu Patrice Denis ou un véhicule suspect circulant sur la route de Mourmelon. Comme le souligne la mère de Serge Havet, qui n'a pas donné signe de vie depuis quatre ans : *« Il aura fallu la disparition d'un civil pour qu'enfin une véritable enquête soit engagée.* » Des appels à témoins sont lancés lors d'émissions de télé-réalité et quinze mille affichettes avec les portraits de tous les jeunes appelés disparus sont placardés dans toute la France. Un énorme battage médiatique qui va produire une foule d'informations mobilisant les enquêteurs en France mais aussi à l'étranger puisque des témoins affirment y avoir aperçu certains des disparus, notamment aux Pays-Bas. Autant de pistes et de témoignages qui ne donneront strictement rien. Bientôt, les collègues des gendarmes Joël Vaillant et Jean-Marie Tarbes, de la brigade de Reims, se moquent de leur acharnement en parlant d'« affaire Mistral » : une affaire dans laquelle il n'y a que du vent. Mais les deux hommes restent persuadés que les disparitions ont un lien entre elles et qu'un tueur en série écume les environs de Mourmelon en s'en prenant aux jeunes appelés et sachant bien que l'enquête sera alors réduite au minimum.

Les gendarmes ont par ailleurs noté que les disparitions ont presque toutes eu lieu un vendredi soir, c'est-à-dire lors des départs en permission, et non pas lors du retour à la caserne, comme c'est habituellement le cas lors des désertions. La logique aurait voulu que les jeunes militaires passent un dernier week-end dans leurs familles avant de prendre leurs affaires et de disparaître. C'est d'ailleurs la thèse que défendent les familles, qui, pour avoir plus de poids, se sont constituées en association et font pression sur les pouvoirs publics pour que l'armée enlève enfin ses œillères et considère que les disparus sont des victimes et non pas des coupables de désertion.

Mais la hiérarchie se réfugie derrière les chiffres : chaque année, 40 000 personnes disparaissent en France et l'on n'entend plus jamais parler de 2 500 d'entre elles...

Ce discours de la Grande Muette est d'ailleurs renforcé par des disparitions de jeunes appelés qui sont ensuite retrouvés : c'est le cas de Laurent Puypalat, dont on retrouve le corps, en novembre 1985, près d'un relais de télévision. Instable et dépressif, il s'était perdu dans les environs de Mourmelon et avait erré pendant des jours avant de succomber au froid et à la faim. De tels épisodes donnent du crédit à la thèse des disparitions accidentelles. Au début de l'année 1986, le ministre de l'Intérieur fait à son tour preuve de sa « clairvoyance » en affirmant : *« C'est une affaire où il n'y a que du vent. »*

Malgré les efforts mis en œuvre pour tenter de trouver un fil conducteur dans cette affaire, rien de probant ne vient alimenter l'espoir des familles. Les environs du « Triangle maudit » – Mourmelon, Suippes et Châlons-en-Champagne – sont minutieusement fouillés. Les gendarmes utilisent même des caméras spéciales, capables de repérer la chaleur de corps en décomposition, et des radiesthésistes viennent proposer leurs services. Mais le temps passe et élément ne vient relancer l'enquête dont se désintéressent progressivement les médias.

Au début de l'année 1987, Pierre Chanal est muté. Il quitte Mourmelon pour le centre sportif d'équitation militaire de Fontainebleau, une affectation qu'il n'a pas recherchée, mais il n'est pas homme à contester les décisions de ses supérieurs. Bien décidé à revenir régulièrement dans la région, il garde son abonnement au club de parachutisme. D'ailleurs, dès le 30 avril, il fait le chemin depuis Fontainebleau pour passer le long week-end du 1er mai à Mourmelon.

Le 30 avril, justement, Patrick Gache, clairon au 4e régiment de Dragons, s'apprête à passer quelques jours dans sa famille, à Annonay. Mais il rate la navette conduisant les appelés à la gare et décide de faire le chemin à pied : pas de quoi faire peur à ce jeune homme de 18 ans… Hélas, Patrick Gache s'évanouit dans la nature… Et une nouvelle fois, l'armée envoie à la famille, un mois plus tard, une lettre très officielle :

« Nous vous informons que votre fils est condamné pour désertion à cinq mois de prison et à une amende de 312 F (soit 47 euros). »

On imagine sans peine la colère des parents, persuadés que leur fils a été victime de celui que la presse a parfois appelé « l'Ogre de Mourmelon ». Des parents qui ont beau rappeler que leur fils n'avait aucune raison de déserter, qu'il n'avait plus que quelques semaines à faire avant la « quille »… Mais, non, décidément, rien ne fait douter l'armée.

D'ailleurs, durant l'été de la même année, un autre appelé, Guy Antoniack, disparaît… Mais, cette fois-ci, il s'agit bien d'un cas de désertion puisqu'il est retrouvé au mois de septembre au domicile de son amie où il se cachait. L'armée souligne le fait avec insistance, et la presse comme la gendarmerie se mettent à douter : et si, effectivement, il n'y avait rien d'anormal à Mourmelon ?

Le parquet envisage de clore tout bonnement ce dossier, véritable serpent de mer qui touche d'un peu trop près l'institution militaire.

C'est sans doute ce qui se serait produit si, un an plus tard, deux gendarmes n'avaient pas trouvé étrange la présence d'un Combi Volkswagen vert à côté d'un chantier désert, près de Mâcon.

****

L'arrestation de Pierre Chanal pour le viol de l'auto-stoppeur hongrois relance toute l'affaire des Disparus. Lorsque le gendarme Joël Vaillant tombe sur le nom de Chanal, il constate que le militaire avait été le supérieur hiérarchique direct de Patrick Dubois, Manuel Carvalho, Olivier Donner et Patrick Gache au 4e régiment de Dragons. Après le premier interrogatoire de Chanal, il demande la fouille complète et approfondie de son véhicule. Les experts en ratissent chaque recoin et enregistrent soigneusement tous les détails. En plus des sangles et des chaînes qui ont servi à attacher Palazs Falvay, il y a là une cordelette de Nylon munie de deux poignées de fortune, une arme utilisée par les commandos spéciaux en opération pour étrangler l'adversaire par derrière. Il y a aussi, dans un compartiment aménagé dans la paroi du Combi, une pelle pliable qui porte encore quelques traces de terre et, dans un sac en plastique, plusieurs slips d'homme, soigneusement lavés.

Dans le studio qu'occupe Chanal à Fontainebleau, les enquêteurs trouvent des cassettes de Caméscope, que l'on a pris soin d'effacer, des vidéocassettes gay, et d'autres films montrant des commandos à l'entraînement et en opération. Ces différents éléments ne permettent pas de prouver l'implication du militaire dans les disparitions, mais ils étayent la conviction du capitaine Vaillant :

– Dès que j'ai vu Chanal, j'ai su que je tenais enfin celui que je cherchais, affirme-t-il.

Encore faut-il réussir à trouver des preuves, alors que seul un corps a été retrouvé, qu'il n'y a aucun témoignage à charge et que l'adjudant-chef s'est muré dans un silence total dont il ne sort que pour clamer son innocence !

Les gendarmes fondent de grands espoirs sur la science en demandant l'analyse de quelque quatre cent cinquante poils que les techniciens de la brigade scientifique ont recueillis dans la moquette et le matelas du véhicule de Chanal. Mais nous sommes en 1985, et la science ne permet pas de faire des analyses d'ADN fiables sur des matières « mortes » comme les cheveux ou les poils. Les scientifiques avouent leur impuissance à tirer quelque chose des échantillons.

Le capitaine de gendarmerie Vaillant surmonte sa déception et se rabat sur un autre élément qui l'intrigue : sur les trente-trois slips masculins retrouvés dans le Combi – ce qui fait tout de même beaucoup pour aller passer quinze jours de vacances –, plusieurs ne sont pas à la taille de Pierre Chanal, et l'étiquette de l'un d'eux affiche la marque Saint-Michael, la marque de l'enseigne Mark's & Spencer, magasin britannique qui, à cette époque, n'est pas implantée en France. Comme Chanal dit n'être jamais allé de l'autre côté de la Manche, que fait donc ce sous-vêtement dans ses affaires ? Bien sûr, il peut s'agir d'un produit importé et acheté au détail, comme l'affirme le prévenu, mais les enquêteurs sont sceptiques et fouillent des dossiers : ils tombent alors sur la découverte, un an plus tôt, du corps d'un jeune Irlandais enterré dans la forêt d'Alincourt, dans l'Aisne. Trevor O'Keefe a été étranglé d'avant en arrière à l'aide d'un fil très fin : une technique qui évoque immanquablement celle des commandos. Ce jeune routard visitait la France et effectuait des petits boulots pour assurer l'ordinaire. Des affaires lui appartenant avaient été retrouvées à proximité du lac de Der, en Haute-Marne. Justement là où, pendant l'été 1987, Pierre Chanal était allé faire de la planche à voile. À un moment ou à un autre, il semble vraisemblable que les routes du routard et de l'adjudant-chef se sont croisées.

Les enquêteurs analysent alors la terre retrouvée sur la pelle pliable appartenant à Chanal. Mais la science, une nouvelle fois, n'est pas d'un grand secours : une première expertise d'un laboratoire privé de Bordeaux conclut que la composition biologique et géologique de cette terre est très proche de celle de la forêt d'Alincourt, où l'on a découvert le corps de Trevor O'keefe, mais une contre-expertise du laboratoire de la police scientifique parvient à un résultat contraire.

Enfin, la troisième analyse effectuée par un laboratoire de Toulouse ne permet absolument pas de trancher.

Les enquêteurs n'ont rien d'autre qu'un faisceau de présomptions. Aucune preuve contre l'adjudant-chef. Les nouveaux éléments sont tout de même suffisants pour faire – enfin – réfléchir l'armée.

Trois semaines après l'arrestation de Chanal, le 30 août, l'association des familles de disparus est reçue au ministère de la Défense par Olivier Guérin, membre du cabinet de Jean-Pierre Chevènement :

– Nous voulons que l'honneur de nos enfants soit lavé ! demande pour la centième fois Gisèle Havet, la porte-parole de l'association. Il est inconcevable de toujours considérer qu'ils sont coupables de désertion alors que tout porte à croire que leur assassin a été arrêté !

– Rien ne prouve quoi que ce soit, en tout cas, pour l'instant… Et, de toute façon, c'est au ministère de la Justice de se prononcer, s'entendent-ils répondre.

Interpellé par les médias, Jean-Pierre Chevènement se dit cependant *« ému par la détresse des familles »*. Il écrit alors très officiellement à Pierre Arpaillange, son homologue de la Justice, en lui demandant d'amnistier les disparus *« à la lumière de différentes découvertes récentes qui permettent d'envisager que ces disparitions soient d'origine criminelle »*.

C'est la toute première fois dans cette affaire que l'armée envisage que son attitude n'était peut-être pas la bonne. Elle a peut-être fait une erreur en soutenant, pendant huit ans, qu'il n'y avait rien d'anormal à Mourmelon !

Le 3 septembre, enfin, Patrick Dubois, Serge Havet, Manuel Carvalho, Pascal Sergent, Olivier Donner et Patrick Gache, appelés du contingent, ne sont plus considérés comme déserteurs et leurs condamnations sont annulées. C'est une première victoire pour les familles, mais il reste maintenant à découvrir ce qui leur est arrivé.

Et là, il n'y a rien de neuf. Les corps ne sont pas retrouvés et, malgré le battage médiatique autour de l'interpellation de Chanal, avec diffusion de sa photo, aucun témoin nouveau ne se manifeste. L'interrogatoire des 1 500 appelés de Mourmelon qui ont servi sous les ordres de Chanal ne donne rien. L'adjudant-chef, lui, campe sur ses positions.

– Je suis totalement innocent ! répète-t-il inlassablement.

Son entraînement militaire lui permet de résister à la pression des enquêteurs et de ne pas céder un pouce de terrain. Dans sa cellule, il fait chaque jour une série de pompes, profite de chaque instant pour faire du sport et respecte la discipline carcérale à la lettre comme il a respecté celle de l'armée. Comme à la caserne, il limite au maximum ses contacts avec les autres détenus. C'est un véritable « moine-soldat » que les gendarmes tentent une nouvelle fois, à la mi-mars 1989, de faire parler.

– Nom, prénom, âge ?

– Chanal, Pierre. 41 ans.

Les volets de la petite pièce de la gendarmerie ont été fermés et la lumière des néons accentue les ombres du visage anguleux et maigre du prévenu. Les gendarmes tentent de lui faire perdre ses repères et le soumettent à un questionnaire très serré, près de six cents questions s'enchaînent et reviennent pour tenter de confondre le militaire.

– Il refusait toute nourriture, raconte le gendarme Jean-Marie Tarbes, de peur qu'elle soit empoisonnée. Même l'eau devait être en bouteilles bien fermées. On sentait à chaque instant l'entraînement du militaire habitué aux techniques commandos.

Pendant les heures passées dans cette pièce, et malgré les efforts des enquêteurs, Chanal va garder le contrôle de la situation. La plupart du temps il répond aux questions, froidement, mais sans jamais céder à la colère ou à l'exaspération. Et lorsque la pression est trop forte, il se mure dans un silence total, les bras autour de la tête et les coudes posés sur ses genoux, comme pour se donner le temps de reprendre la maîtrise de lui-même.

– À aucun moment, il n'a perdu la notion du temps… Un soir, je lui ai demandé l'heure, il n'avait aucun moyen de la connaître puisque nous lui avions enlevé sa montre, et pourtant il m'a répondu : *« 23 h 15 ! »* C'était l'heure juste, à cinq minutes près ! En fait, je crois qu'il égrenait dans sa tête les secondes tout en répondant à nos questions. Chanal a appliqué les consignes données à tout militaire fait prisonnier : ne pas divulguer d'informations et ne pas perdre la notion du temps.

De cette garde à vue de quarante-six heures et du rapport d'audition de cinquante pages ne sortiront aucun nouvel élément. Chanal sait que le dossier à charge est mince et qu'il a tout intérêt à garder le silence.

Dans sa prison de Mâcon, puis de Dijon, il prépare sa défense avec son avocat, Pierre Gonzalès de Gaspard :

– Vous risquez au maximum dix ans de prison pour viol, explique l'avocat, ce qui, avec les remises de peine possibles, vous ferait sortir à mi-peine, au bout de cinq ou six ans, en 1993… À condition que vous ne soyez pas poursuivi pour les disparitions de Mourmelon…

– Je n'ai rien à voir avec cette affaire-là ! On veut me la mettre sur le dos parce que je suis homosexuel, c'est tout !

Pierre Chanal ne changera pas de ligne de conduite pendant son procès pour viol, qui a lieu en octobre 1990 devant la cour d'assises de Chalon-sur-Saône. L'homme apparaît amaigri, le regard toujours aussi dur et inexpressif. Cela fait plusieurs semaines qu'il ne s'alimente plus correctement : il est terrorisé à la perspective de devoir parler de ses déviances en public.

À la barre, il reconnaît avec la froideur d'un technicien avoir pratiqué *« une fellation avec stimulation anale »*.

Lorsqu'on lui demande s'il a violé le jeune Hongrois, il répond :

– Non… J'ai senti une certaine réticence de sa part et j'ai cessé cette tentative par le sexe. Il m'a dit *« no ! »* J'ai alors recouru à un vibromasseur à usage anal.

Selon lui, Palazs Falvay était consentant :

– Après l'avoir pris à bord de mon véhicule, je lui ai posé la main sur la cuisse et il m'a souri.

Suit alors la diffusion de la vidéocassette dans laquelle Chanal force le jeune homme à se masturber face à l'objectif :

– J'étais terrorisé, raconte le jeune Hongrois, j'aurais fait n'importe quoi pour sauver ma vie !

La cour demande à l'accusé pourquoi, une fois l'acte sexuel consommé, il a gardé le jeune homme prisonnier, pieds et poings liés :

– Lorsque nous nous sommes couchés, je me suis senti un peu coupable. M. Falvay était fâché... Pour avoir plus de chances de réconciliation au matin, je lui ai passé une chaîne avec mousqueton pour la nuit afin qu'il ne s'échappe pas. Le lendemain, je lui ai donné des fruits, mais je reconnais qu'il n'était pas complètement réconcilié avec moi.

Tout cela est raconté d'un ton monocorde, sans émotion, sans passion. L'homme donne la plupart du temps l'impression de parler de quelqu'un d'autre, accentuant l'impression pénible d'une double personnalité. Son avocat tente de le présenter comme la victime d'un éphèbe consentant et séduit par la personnalité de Chanal, ce qui fait bondir l'avocat général, qui réclame entre quinze et vingt ans de réclusion contre le militaire, qu'il qualifie de *« sadique dangereux »*.

Finalement, la cour d'assises le condamne à dix ans de prison ferme pour viol, lui accordant des circonstances atténuantes basées sur l'attitude *« ambiguë »* de l'auto-stoppeur.

Pierre Chanal est condamné pour viol, mais il reste intouchable dans le dossier des Disparus de Mourmelon.

Le procès permet de se faire une idée plus précise de la personnalité de l'accusé. Pierre Chanal est le cinquième enfant d'une fratrie de quinze. C'est une famille nombreuse mais assez peu sociable installée à Saint-Chamond, à quelques kilomètres de Saint-Étienne. Le père, agriculteur, n'hésite pas à faire respecter ses principes très stricts en usant d'arguments physiques :

– C'était un homme violent, souvent complètement ivre, se souvient Chanal.

À 18 ans, le jeune homme s'échappe de cette ambiance familiale pesante qui laisse bien peu de place à l'amour et trouve un véritable refuge dans l'armée, une nouvelle famille qu'il s'attache à satisfaire. D'ailleurs, il n'a pas grand mal à se plier aux règlements et contraintes de cette vie parfaitement réglée. Sa hiérarchie note rapidement son goût pour l'exercice physique et la discipline. Une recrue de choix, un véritable profil de légionnaire qui ne parle pas beaucoup et préfère s'isoler que partager quelques soirées bien arrosées au mess des sous-officiers. Son perfectionnisme plaît : Pierre Chanal est promu adjudant-chef à 32 ans.

Mais derrière la façade très professionnelle, il y a une autre facette, moins reluisante. La véritable passion de Chanal, ce sont les commandos, les opérations extrêmes. Or, à Mourmelon, il est plutôt affecté à la distribution et à la supervision des corvées : il est loin de la vie de Rambo dont il rêve. Certains appelés témoigneront de cette frustration :

– Lorsque nous étions en manœuvres, il aimait bien, la nuit, se glisser dans les bois, derrière les sentinelles, pour leur passer une corde autour du cou… On croyait mourir de peur ! Il disait que c'était pour nous apprendre à ne pas se laisser surprendre.

Et puis, il y a dans les dossiers de l'adjudant, une vieille histoire datant de ses débuts dans l'armée et qui lui a valu un blâme officiel : pour apprendre à ramper à de jeunes recrues, Chanal avait tiré à balles réelles au-dessus de leurs têtes *« pour les motiver… »* Un peu extrême tout de même !

Il est indéniable que l'homme a un côté sadique affirmé, le signe d'une grande frustration née de son enfance passée sous la coupe d'un père abusif. Et pas question pour Chanal de trouver un équilibre dans la sexualité. Les experts psychiatres qui se sont penchés sur son cas sont tous d'accord :

– Il est attiré par les individus de son sexe avec des relations surtout orientées vers des masturbations réciproques. Il est atteint d'anomalie psychique et d'une probable impuissance partielle.

Chanal est homosexuel, mais il a du mal à l'admettre. Cela ne correspond pas à l'image qu'il veut donner de lui-même, celle du militaire pur et dur capable de faire la fierté de son père. Le sexe repose donc chez lui sur un grand sentiment de culpabilité qui ne semble trouver d'échappatoire que dans la violence.

****

Avec la condamnation de Chanal, l'armée, qui s'est empressée de lui retirer sa médaille gagnée au Liban, espère bien que l'affaire des Disparus de Mourmelon va retomber dans l'oubli. À la fin de 1989, le capitaine de gendarmerie Joël Vaillant est muté à l'étranger malgré les protestations véhémentes des familles :

– C'est surtout un moyen d'écarter un enquêteur qui gêne l'institution militaire !

Resté seul, le gendarme Jean-Marie Tarbes tente malgré tout de poursuivre l'enquête. Sa hiérarchie ne lui donne guère de moyens et, faute de nouveaux éléments, le dossier risque bien d'être classé. Heureusement, à la fin de l'année 1994, un nouveau juge hérite de l'affaire, et Jean-Marie Tarbes le convainc de relire tout le – volumineux – dossier d'instruction. Bien lui en a pris, puisque Pascal Chapard remarque, dans la liste des pièces mises sous scellés, que des indices pileux ont été prélevés dans le Combi Volkswagen lors de l'arrestation de Chanal.

– Peut-être que ces échantillons pourraient être analysés une nouvelle fois avec des techniques modernes ?

Le juge a entendu parler d'un laboratoire de Metz appliquant de nouvelles méthodes en matière d'analyses ADN. Il demande alors qu'on lui communique les quatre cent cinquante sachets de poils et cheveux :

– Désolé, on ne les trouve plus !

– Comment ?

– C'est qu'il y a eu des déménagements...

Il faudra un gros coup de colère du juge et des jours de recherches pour finalement remettre la main sur les cartons, remisés dans un grenier du palais de justice de Dijon. Mais les indices ont été stockés sans la moindre précaution. Du pain bénit pour l'avocat de Chanal :

– Vous savez bien que ce type d'échantillon doit être conservé dans des conditions bien particulières, à des températures très basses, sinon les résultats ne sont absolument pas probants !

Les analyses sont pourtant lancées en appliquant les dernières découvertes de décryptage de l'ADN des cellules mortes. Elles prennent du temps, beaucoup de temps. Les scientifiques définissent tout d'abord que vingt-deux individus différents sont passés dans le véhicule de Chanal, tous de sexe masculin. Le juge demande alors aux familles de disparus de faire une prise de sang pour comparer leurs structures d'ADN avec celle des échantillons. Finalement, en 1999, les conclusions arrivent sur le bureau du juge : elles vont donner une tout autre tournure à l'affaire.

Entre-temps, Pierre Chanal est sorti de prison.

En juin 1993, alors que le militaire vient de passer cinq années derrière les barreaux, le juge décide de le mettre en examen pour *« enlèvement, séquestration et assassinat »* dans l'affaire des Disparus de Mourmelon, une manière d'éviter que le militaire ne soit libéré comme il en a théoriquement la possibilité à la fin de l'année par le jeu des remises de peine.

Mais, parallèlement, l'enquête est au point mort, et l'avocat de Chanal dépose une première demande de libération. Elle est rejetée en août 1994, au grand dam du condamné qui, en signe de protestation, s'ouvre les veines. Il craint d'être rattrapé par la justice dans l'affaire des Disparus de Mourmelon. À la fin de l'année 1994, il fait l'objet d'une nouvelle mise en examen et détention provisoire, cette fois-ci pour le meurtre de l'Irlandais Trevor O'Keefe.

En avril 1995, l'ancien adjudant-chef tente une nouvelle fois de se suicider dans sa cellule, sans plus de succès que la première fois. Pour certaines familles de victimes, il ne s'agit *« que de lamentables tentatives d'apitoyer la justice afin d'obtenir sa libération »*.

Et, en juin 1995, malgré ses mises en examen dans les disparitions, Pierre Chanal obtient sa remise en liberté sous contrôle judiciaire : son avocat a plaidé avec succès la *« durée excessive de l'instruction »* – près de sept ans – et surtout l'absence de preuves matérielles.

En effet, de quoi dispose la justice ? Du corps d'un seul appelé disparu, Olivier Donner, et de celui de Trevor O'Keefe. Les soupçons contre Chanal reposent sur sa présence à proximité des lieux des disparitions, sur son profil psychologique bien particulier, et sur la découverte d'un slip de marque anglaise et de vêtements qui pourraient appartenir à certains disparus. La mère de Patrice Denis a en effet cru reconnaître la veste en jean de son fils lors d'une confrontation ayant eu lieu juste après la libération de Chanal. Mais le modèle est parfaitement courant et ne prouve rien.

Autant dire qu'à ce moment-là, les enquêteurs sont plutôt pessimistes sur la possibilité de faire condamner l'ancien militaire devant un jury.

Le 19 juin 1995, l'homme quitte donc la maison d'arrêt de Dijon. Il s'installe chez sa sœur, près de Saint-Étienne, une sœur qui est régulièrement venu le visiter pendant sa détention et qui se porte garante. La seule contrainte de Chanal, qui s'est mis en retraite de l'armée et touche une maigre pension, est de se présenter chaque mois à la gendarmerie et d'attendre que le dossier des Disparus de Mourmelon soit classé. Il est bien près d'échapper aux poursuites.

Mais c'est sans compter sur les progrès des expertises génétiques.

Le 8 février 1999, lorsque le juge prend connaissance des conclusions du laboratoire, il sait qu'il tient – enfin ! – un élément solide pour bâtir le dossier d'accusation.

Les comparaisons effectuées entre l'ADN des poils et cheveux retrouvés dans le Combi Volkswagen et celui des familles montrent en effet que trois des disparus sont montés à l'arrière du véhicule, ce que Chanal a toujours vigoureusement nié. Le rapport définitif précise : *« Parmi les échantillons des vingt-deux personnes qui sont passées dans le véhicules, certains appartiennent avec une très forte probabilité à Patrick Gache et à Patrice Denis, d'autres pourraient appartenir à Trevor O'Keefe, mais dans une moindre mesure. »*

Cette fois-ci, le juge possède des éléments de preuve suffisamment tangibles pour être présentés devant le tribunal. Reste que ces preuves ne sont pas irréfutables. La conservation des échantillons de cheveux et de poils s'est faite dans des conditions déplorables : six ans dans un simple carton rangé dans un grenier ! Alors que les règles aujourd'hui en vigueur imposent un stockage des échantillons d'ADN dans des congélateurs spéciaux. Et que dire du temps qu'il a fallu pour les analyser ? Plus de deux ans avant de parvenir à des conclusions défendables ! Une lenteur insupportable pour les familles des disparus, et pour leur avocat, maître Duretette :

– Tout a été mené avec une lenteur inacceptable ! Les expertises auront duré près de six ans, auxquels s'ajoutent les cinq premières années pendant lesquelles la justice a refusé de croire à une piste criminelle !

C'est finalement le 13 août 2001 que le juge Chapard décide de renvoyer Pierre Chanal devant les assises de la Marne, pour les *« meurtres avec préméditation de Patrice Denis, Patrick Gache et Trevor O'Keefe »*, c'est-à-dire dans les dossiers qui sont étayés par les analyses ADN. Pour Patrick Dubois, Serge Havet, Manuel Carvalho et Olivier Donner, le juge préfère ne pas donner suite, par manque de preuves. On imagine sans peine la détresse de ces familles dont les enfants resteront des « disparus » dont on n'a même jamais retrouvé les corps – sauf pour Olivier Donner. Comment faire son deuil dans de telles conditions ? Comment ne pas en vouloir à la justice pour sa lenteur et son manque de résultat ?

Gisèle Havet s'est battue pendant vingt ans pour alerter la justice, obtenir la réhabilitation de son fils et la condamnation de celui qui l'a tué, quel qu'il soit :

– C'est une honte pour la France, s'indigne-t-elle, après l'énoncé des poursuites contre Chanal. Ma petite fille a désormais 20 ans : elle n'a jamais connu son père et elle ne saura sans doute jamais ce qui lui est arrivé.

Les familles soulignent *« que toutes les disparitions se ressemblent et qu'il est évident qu'il y a un seul et unique tueur en série. Soit il s'agit de Chanal, soit il s'agit d'un autre... Mais, quoi qu'il en soit, laissons à la cour d'assises le soin d'examiner tous les cas ».*

Ces protestations ne sont pas entendues et la décision du juge est confirmée par la cour d'appel de Reims, le 18 octobre 2001 : Chanal ne sera pas jugé pour les cas Dubois, Carcalho, Havet, Sergent et Donner... Le verdict du procès, qui vient de se dérouler, n'aura pas apporté la paix à ces familles qui ont le sentiment légitime d'être privées de justice.

Même le gendarme Jean-Marie Tarbes, qui s'est investi pendant dix-huit ans dans cette affaire, reconnaît *« une impressiont d'inachevé, comme une énigme pas résolue, surtout pour les familles qui attendent toujours une sépulture pour leurs enfants ».*

Mais, comme le soulignait, dès 1988, le père de l'un des disparus dans un courrier envoyé à Chanal dans sa cellule :

– Même si vous n'avouez pas, vous savez très bien que vous représentez maintenant le coupable idéal, et même si les tribunaux ne vous jugent que sur un cas précis, il y aura toujours dans la réaction des jurés toutes les autres affaires en mémoire.

Vingt-trois ans se sont écoulés entre la première disparition et le jugement. Il a fallu huit ans avant que Chanal soit interpellé, par le plus grand des hasards. Des années pendant lesquelles, s'il est bien le coupable, il a pu donner libre cours à ses pulsions meurtrières, simplement parce que l'armée a refusé de se remettre en question et de considérer froidement les faits. Forcément, pour cette grande institution, les disparus étaient coupables de désertion, et forcément, si coupable il y avait, il ne pouvait pas provenir de ses rangs.

Sans l'obstination des familles, sans un sérieux coup de pouce du hasard, sans l'acharnement des gendarmes Tarbes et Vaillant, la justice n'aurait jamais pu s'exprimer, même si ce n'est que partiellement.

Et qui peut dire s'il n'existe pas d'autres victimes de l'Ogre de Mourmelon, d'autres « disparus », militaires ou non, qui ont pu emprunter un soir la mauvaise route. Et, toujours dans l'hypothèse d'un Chanal coupable de l'ensemble des crimes, on peut s'interroger : entre 1980 et 1983, quatre jeunes appelés de l'armée ont disparu, ainsi qu'un routard irlandais. Or, de 1983 à 1985, date de l'arrestation, aucune mort suspecte n'est signalée, simplement quelques « disparitions ». Des fugues, des désertions ?

Tous les psychiatres et *profilers* s'accordent pourtant sur un point : lorsqu'un tueur en série a commencé à céder à ses pulsions, il a bien du mal à leur résister par la suite, surtout s'il a le sentiment de pouvoir évoluer en toute impunité. Le tueur a-t-il vraiment cessé d'agir ? Ou bien les corps d'autres « disparus » ont-ils été bien cachés, comme les autres ? Au regard de la manière, particulièrement chaotique, dont s'est déroulée l'affaire de Mourmelon, il est légitime de s'interroger.

Érignac :
l'assassin du préfet court toujours

Tristement exemplaire de la manière dont les différents services de l'État peuvent se télescoper, « l'affaire Érignac » n'a toujours pas trouvé de conclusion. Yvan Colonna, l'homme le plus recherché de France, a profité de ces disfonctionnement et court toujours. Un formidable ratage national…

Les six hommes se sont donné rendez-vous à Baleone, juste à côté de l'aéroport d'Ajaccio. Une zone industrielle triste et sans intérêt, comme toutes les zones industrielles de France, surtout sous le ciel couvert de ce 6 février 1998. Ces hangars sont particulièrement propices à une rencontre discrète. C'est Alain Ferrandi qui a fixé le lieu de rendez-vous, un endroit qu'il connaît bien puisque c'est là que l'agence Hertz, dont il est le responsable, gare ses voitures de location :

– Tu les as ?

– Bien sûr. Tout est en place.

Ferrandi remet des objets à deux hommes, des objets petits mais lourds, enveloppés dans des chiffons. Ils les saisissent avec précautions et les soupèsent : une sorte de rituel chaque fois qu'ils ont une arme entre les mains. Et Dieu sait qu'Yvan Colonna* et Pierre Alessandri* en ont eu, et des plus puissantes que ces deux 9 mm, peu impressionnants mais efficaces.

Ils se jettent un dernier regard dans lequel ils sont rassurés de lire la même détermination que lors des réunions précédentes, avec peut-être une pointe d'excitation supplémentaire. Ce jour est le bon, ils vont écrire une nouvelle page de l'histoire de la Corse en dépassant les luttes fratricides entre nationalistes pour redonner son « vrai sens » à la « noble cause ». Et ils se sentent fiers.

Le groupe prend tranquillement la direction d'Ajaccio, ils ont largement le temps de mettre en place le dispositif avant l'heure prévue. Ce soir, ils savent que le préfet Claude Érignac doit assister à un concert Symphonique. La plus haute autorité administrative de l'île se doit de participer à ce genre de grande messe mondaine pour montrer qu'il prend part à tous les aspects de la vie locale :

– Comme si c'était de ça que la Corse a besoin ! s'indigne Ferrandi* en surveillant la route, des concerts pour des pingouins ! Alors que l'identité même des Corses est menacée, alors que les racines culturelles du peuple sont pourries et que la France fait chaque jour sentir plus fortement son emprise sur l'île.

Les camarades ont bien l'intention de rappeler de manière magistrale que la fierté corse n'est pas morte,

---

* En vertu de la loi sur la présomption d'innocence, Yvan Colonna, Pierre Alessandri et Alain Ferrandi sont présumés innocents dans les affaires pour lesquelles ils n'ont pas encore été jugés.

que des hommes savent encore se battre et agir pour défendre une cause, loin des compromissions politiques avec Paris.

À cette idée, Ferrandi sent une vague d'exaltation l'envahir et il sait que les autres membres du groupe sont dans le même état d'esprit : chacun accomplira au mieux la tâche qui lui a été confiée.

Dans son bureau de la préfecture d'Ajaccio, Claude Érignac jette un coup d'œil à sa montre et termine de parcourir les quelques feuillets qui attendent son paraphe. Le reste attendra le lendemain. En partant, le préfet laisse quelques dossiers à côté du sous-main, ce qu'il évite d'habitude, mais il ne se souvient pas d'y avoir mis quelque chose d'important. De toute façon, il est pressé. Dominique, son épouse, l'attend.

Il est déjà 20 h 45 lorsque la voiture franchit le portail principal de la préfecture. C'est le préfet qui conduit la voiture de fonction, qui semble avoir été repeinte la veille tellement elle a été briquée et polie. Le couple se réjouit de la soirée qui commence, tous deux apprécient ces mondanités, surtout lorsqu'elles se déroulent en compagnie de Berlioz ou de Beethoven. À quelques dizaines de mètres de là, de l'autre côté de la vitre d'un café, un homme n'a rien perdu de la scène. Il est en place depuis déjà un bon bout de temps, jetant toutes les deux minutes un coup d'œil à sa montre. L'attente commence à avoir des répercussions pénibles sur ses nerfs. Pour la septième fois depuis une demi-heure, il compose un numéro sur son téléphone portable, activant la borne-relais de l'hôtel voisin, et cette fois-ci ce n'est pas pour vérifier que le réseau est accessible. Cette fois-ci, c'est la bonne.

Tout près de l'opéra, Ferrandi décroche sans rien dire, il sait qui appelle :

– La cible est en route… C'est à vous d'agir.

Enfin, le moment est arrivé. Ferrandi raccroche et se tourne vers le reste du groupe, le visage grave :

– L'opération continue, mettez-vous en place !

La circulation est totalement fluide et le trajet depuis la préfecture dure à peine cinq minutes :

– Je te laisse ici, cela t'évitera de salir ta robe, dit Claude Érignac à son épouse en s'arrêtant devant l'entrée. On se retrouve à l'intérieur.

Il redémarre et rejoint la cour Napoléon pour y laisser la voiture.

Une minute plus tard, le téléphone sonne une nouvelle fois, comme prévu. Didier Maranelli informe Ferrandi que le préfet est maintenant à pied et qu'il approche de l'entrée de l'opéra. Il est 20 h 57.

C'est là, d'après les aveux de ses camarades, qu'Yvan Colonna entre en scène, descendant de la Peugeot blanche de location dans laquelle il attendait avec Pierre Alessandri et Alain Ferrandi. Il remonte la rue. Derrière les mèches de sa perruque blonde, il regarde fixement devant lui, chaque parcelle d'énergie focalisée sur l'objectif à atteindre, sur sa cible, qui vient quasiment à sa rencontre. Dans quelques secondes, lui, le simple berger, va écrire une page d'histoire, accomplir un acte d'une portée incalculable pour relancer la lutte corse contre l'État oppresseur. Trente mètres, vingt, dix, cinq… Yvan Colonna a répété ce geste depuis des semaines : il lève le 9 mm et tire, sans hésiter une seule seconde. Claude Érignac s'écroule. La balle a pénétré dans la nuque et est ressortie par le front. À ce moment-là, déjà, il n'a plus aucune chance de survivre. Pourtant, comme prévu, Colonna appuie encore sur la gâchette. Deux autres détonations résonnent dans la nuit ajaccienne. Une flaque de sang s'élargit sur le trottoir. On vient d'abattre le préfet de Corse.

À quelques mètres de là, en retrait, Alessandri serre de toutes ses forces la crosse de son arme : il se tient prêt à tirer lui aussi pour couvrir Colonna en cas de pépin.

Dans une voiture qui passe juste à ce moment-là, une jeune femme et sa mère assistent avec stupeur à la scène, ne comprenant pas tout de suite ce qui se passe. Elles aperçoivent un homme qui se penche sur un corps allongé, un homme « *âgé d'une trentaine d'années, d'un mètre soixante-dix, plutôt mince, avec des cheveux blonds mi-longs partagés par une raie* ». Un peu en retrait, elles aperçoivent un autre individu, de type « européen du Sud », qui jette de part et d'autre de la rue des regards inquiets. Ce n'est qu'au bout de quelques longues secondes que les deux femmes réalisent qu'elles viennent d'assister à un assassinat en règle. Il est 21 h 05.

– On y va ! C'est fait ! Viens ! lance Yvan Colonna à Alessandri. Ils remontent en courant la rue du Colonel-Colonna-d'Ornano, jusqu'à la 306 qui les attend, moteur ronflant.

Ferrandi ne dit pas un mot, il sait que le travail a été fait et que l'opération, selon ses critères, est un succès magistral. Dans sa tête, il récapitule chaque étape du plan qu'il a mis au point ces dernières semaines : tout se déroule comme prévu. En quelques minutes, les membres du commando sont revenus à leur point de départ, dans la zone industrielle d'Ajaccio, où les attend Marcel d'Istria*, qui s'occupe de toute la logistique du groupe.

Les uns et les autres se débarrassent de leurs vêtements, qu'ils fourrent dans un sac de toile. Il y a là des armes, les fausses lunettes et les casquettes que les guetteurs ont utilisées pour cacher leurs visages. Le sac est rapidement caché dans le maquis. Ce n'est que plus tard que les vêtements seront brûlés et les armes jetées à la mer.

Il est à peine 22 h et le commando s'est déjà évanoui dans la nature. Les recherches immédiatement lancées par la police dans toute l'île ne donnent pas le moindre résultat.

Les abords de la préfecture ressemblent à un camp retranché. Dans la lumière des puissants projecteurs à halogène déployés par la sécurité civile sur la scène du crime, les officiers de police et les pompiers s'activent autour du corps. Enfin, le médecin fait signe que les constatations sont terminées et que le corps a suffisamment été photographié sous toutes les coutures. Le préfet termine là sa vie et sa carrière, à 61 ans et après

* En vertu de la loi sur la présomption d'innocence, Marcel d'Istria est présumé innocent dans les affaires pour lesquelles il n'a pas été jugé.

deux années en poste en Corse, dans la housse plastique du légiste, emportée toutes sirènes hurlantes dans les rues d'Ajaccio sous le regard incrédule des badauds.

À Paris aussi, c'est la consternation. Jamais depuis la fin de la deuxième guerre mondiale, des agresseurs n'avaient osé s'en prendre à la plus haute autorité de l'État en région, à l'homme qui personnifie le pouvoir administratif :

– Qui est chargé de l'enquête ? demande le ministre de l'Intérieur, Jean-Pierre Chevènement, contacté d'urgence.

– Le commissaire Démétrius Draguacci, du SRPJ d'Ajaccio... Marion n'attend que votre feu vert.

– Il l'a.

Roger Marion, c'est le grand patron de la DNAT, la Direction nationale antiterroriste, un homme de 52 ans, travailleur acharné et opiniâtre, décrit par ses collaborateurs comme quelqu'un de *« nerveux et exigeant »*, sûr de son pouvoir et de sa réussite. Dès les premières heures de l'enquête, il sait que les indices sont trop maigres pour permettre une arrestation rapide. Et puis, il y a cette signature laissée par le commando, sur le lieu même de l'assassinat : un pistolet 9 mm dont le numéro de série n'a pas été limé, ce qui est inhabituel. D'ordinaire, lorsque des terroristes utilisent une arme, ils font tout pour que sa provenance soit impossible à déterminer. Pas là. Et pour cause. Avec ce numéro de série : A 00 199, le commando a voulu au contraire signer son crime. Rapidement, les enquêteurs font le rapprochement avec un attentat mené dans la nuit du

5 au 6 septembre, cinq mois plus tôt, à la gendarmerie de Pietrosella, qui avait été généreusement plastiquée. Deux fonctionnaires s'étaient retrouvés ligotés dans le maquis, abandonnés dans le plus simple appareil et délestés de leurs armes de service, situation particulièrement humiliante revendiquée plus tard par un mystérieux groupe nationaliste baptisé Sampieru. Ce même groupe qui a également signé deux attentats contre le bâtiment de l'ENA à Strasbourg et contre le palais des congrès de Vichy.

Les investigations menées par les hommes de la DNAT autour de Sampieru ont abouti à plusieurs interrogatoires mais à aucune arrestation, d'autant que le groupe semble s'être sabordé quelques semaines avant l'assassinat : le 21 janvier, dans un communiqué authentifié, il annonçait sa dissolution et condamnait à l'avance toute violence dans l'île. Roger Marion y voit maintenant une annonce anticipée de la mort du préfet Érignac, une manière de se désolidariser de la suite des événements. C'est ce qui le pousse progressivement sur la piste d'un groupe nationaliste radical : il est convaincu d'une dérive brigadiste de certains éléments issus d'autres formations moins dures :

– Il faut mettre toutes les chances de notre côté et retrouver la piste de ces fous. Je veux que l'on obtienne tous les listings des appels téléphoniques passés dans les quartiers de la préfecture et de l'opéra.

Le travail est titanesque : il faut éplucher toutes les liaisons de téléphones fixes avec le continent, ce qui ne donnera rien, mais également les appels passés depuis des portables. À ce moment-là, le grand public ne sait pas trop comment fonctionne le réseau de téléphones cellulaires, et la police fait tout pour accréditer la thèse selon laquelle les coups de fil passés depuis des portables sont cryptés et impossibles à localiser. Les enquêteurs, eux, savent que tous les numéros sont stockés dans les mémoires des ordinateurs des opérateurs, France Telecom, Bouygues Telecom et Cegetel, et qu'en face de chaque numéro figure le code de la borne qui a reçu l'appel. Ce travail se révélera payant, mais bien plus tard.

Sur les lieux du crime, la chaussée est de nouveau rendue aux piétons. Le trottoir a été lavé à grandes eaux et il ne reste plus la moindre trace de la mort de Claude Érignac. Ce qui, d'ailleurs, provoque la colère de la police scientifique de Lyon lorsqu'elle arrive sur les lieux au matin : les spécialistes n'ont plus rien à analyser, fouiller, relever, puisque des centaines de passants et de voitures ont déjà envahi la scène du crime. Le commissaire Draguacci se défendra, plus tard :

– Que vouliez-vous que l'on fasse ? On s'est demandé à quoi cela servirait de laisser cette tache jusqu'au lendemain. On a tamisé le sang et fait les prélèvements... De toute façon, qu'on le fasse tout de suite avec les lampes de la sécurité civile ou en plein jour, ça change quoi ? Nous avions retrouvé les douilles des balles et fait tous les relevés. Alors ?

Alors, le lendemain du meurtre, les enquêteurs découvrent, sur le petit écran du journal de 13 h de TF1, un habitant d'Ajaccio qui arbore fièrement un morceau de projectile tiré par le commando et que les experts ont « oublié » de ramasser sur les lieux du drame. Au lendemain de l'assassinat du préfet, cela fait un peu désordre et provoque un premier début de polémique. Les spécialistes retourneront sur le terrain dès le samedi après-midi et trouveront d'autres résidus balistiques.

****

Pourquoi a-t-on assassiné Claude Érignac ? Cette question va faire la une des journaux pendant des semaines et alimenter les éditoriaux des chroniqueurs télé et radio qui se focalisent jour après jour sur l'île de Beauté. Dans les heures qui suivent le drame, les policiers annoncent qu'ils tiennent une piste et que trois personnes ont été interpellées : des Maghrébins qui habitent dans un quartier populaire d'Ajaccio et qu'un jeune témoin croit avoir reconnu.

Deux des trois hommes sont effectivement connus des services de police, pas pour des délits, mais pour aider les enfants à traverser à la sortie des écoles, en tant qu'emplois-jeunes… Les suspects – bien commodes pour montrer que la police progresse : *« Bien sûr que la police a une piste, pensez donc ! »* – vont rester en garde à vue pendant trois jours, le temps pour les enquêteurs de passer leurs faits et gestes au peigne fin. Au bout de soixante-douze heures, ils seront totalement innocentés grâce aux analyses de poudre déposée sur leurs vêtements qui n'ont pas donné le moindre résultat. Cette première piste, très médiatisée, est un fiasco.

La deuxième piste, qui prend immédiatement le relais, est liée à la filière agricole et à l'un des nombreux scandales qui émaillent l'économie corse.

À peine quelques heures après l'assassinat, le bureau de Claude Érignac à la préfecture est rapidement perquisitionné par Démétrius Draguacci et Bernard Lemaire, le préfet délégué à la sécurité. Ils font un rapide tour d'horizon, cherchant un élément qui pourrait avoir un lien avec le meurtre, mais les quelques feuillets trouvés sur le bureau ne font référence qu'à des affaires courantes. Du moins, c'est ce que les deux hommes affirmeront ensuite, lors de leurs auditions. Certains, pourtant, affirmeront que des dossiers ont été subtilisés à un moment ou à un autre. Mais rien n'a été prouvé.

Le lendemain de cette première perquisition, une seconde est menée, bien plus fouillée et en présence du directeur de cabinet du préfet, qui leur révèle la présence d'un coffre-fort dissimulé à l'intérieur de l'armoire Empire du bureau. Il n'y a pas grand-chose à l'intérieur : un dossier relié et une enveloppe classique de papier kraft dans laquelle se trouvent cinq feuillets manuscrits. Claude Érignac y raconte son arrivée dans l'île et les difficiles perspectives de sa mission :

– Ce n'est pas possible, il doit y avoir d'autres notes, dira plus tard la veuve du préfet à la juge Laurence Le Vert. Il écrivait régulièrement depuis deux ans, sur des feuilles ou dans un carnet. Il avait l'intention d'écrire un livre sur son expérience en Corse une fois qu'il aurait terminé sa mission… Ces feuilles doivent bien se trouver quelque part !

En avril 1999, un livre intitulé *Crime politique en Corse* reprendra cette thèse en affirmant que le préfet écrivait des carnets secrets comportant des réflexions, des comptes rendus d'entretiens avec les personnalités locales et que ces écrits ont été subtilisés après sa mort : donc, quelqu'un *« a fait le ménage »*. Mais rien n'a jamais permis par la suite d'étayer cette thèse.

Dans le coffre-fort, il reste malgré tout un dossier confidentiel qui va beaucoup intéresser les enquêteurs. Il a été remis en octobre 1997 par Gérard Bougrier, l'ancien préfet délégué à la sécurité. Celui-ci préconise de lancer une série de contrôles fiscaux contre des personnes ou des organismes qui interviennent notamment dans le domaine agricole : des primes versées par l'État seraient détournées de leur objet, avec la complicité du Crédit Agricole corse. L'une des personnes mises en cause dans ce document aurait-elle eu intérêt à se débarrasser d'un préfet un peu trop efficace ? Une hypothèse d'autant plus crédible que cette note confidentielle ne l'est plus. Claude Érignac s'était inquiété auprès de ses proches de sa divulgation dans les milieux concernés, ce qui le mettait dans une situation embarrassante au moment où il entamait des discussions importantes sur la question de l'endettement agricole. Les dettes, couvertes par l'État, dépassent le milliard de francs. Ces sommes sont plus souvent investies dans des achats de commerces et de véhicules privés que dans des trayeuses automatiques ou des tracteurs. Matignon envisage de demander le remboursement de leur ardoise aux 1 827 exploitations qui ont bénéficié de ces prêts. Les discussions entraînent de vives tensions avec la filière et certains de ses responsables personnellement concernés.

La piste agricole sera suivie pendant des mois par les enquêteurs, qui s'appuient sur la lettre de revendication non signée, envoyée trois jours après le meurtre et qui est authentifiée par le numéro de série de l'arme laissée sur place. Le texte est littéralement disséqué par la DNAT et comparé aux autres revendications reçues après les attentats de la gendarmerie de Pietrosella, mais aussi de Strasbourg. En effet, dans la nuit du 4 septembre, une charge explosive est placée devant la porte en verre de l'École nationale d'administration, à Strasbourg : une action signée Sampieru, dont le texte de revendication fait allusion aux difficultés de la filière porcine et au manque d'investissements de l'État français dans ce domaine.

Roger Marion est persuadé que retrouver les organisateurs de ces deux attentats conduira forcément aux auteurs de l'assassinat. L'arme est le seul fil conducteur.

Les investigations aboutissent rapidement à la mise en cause de personnages importants du nationalisme agricole : Dominique Mathieu Filidori et Marcel Lorenzoni. Tous deux sont issus du FLNC et travaillent depuis des mois à la mise en place d'un mouvement plus radical : le Collectif pour la nation. Lorenzoni est également l'un des responsables du syndicat des paysans corses et Filidori dirige le syndicat corse de l'agriculture. Les tracts diffusés par ces organisations contre « *l'État français* » et contre « *le préfet au double langage* » rappellent fortement les termes employés lors des revendications des attentats et de la mort de Claude Érignac.

Les deux hommes sont interpellés et, lors des perquisitions menées à leurs domiciles, en février et en juin, des documents sont saisis. Leur analyse conforte la conviction de Roger Marion, qui conclut que *« les similitudes sémantiques relevées dans les textes retrouvés au domicile de Mathieu Filidori et dans les messages subversifs permettent de désigner ce dernier comme le principal rédacteur de ces communiqués subversifs et comme le leader idéologique du groupe terroriste ayant revendiqué l'assassinat du préfet Érignac »*.

Les analyses de texte sont toutefois jugées insuffisantes pour entraîner la mise en examen de Filidori pour complicité d'assassinat. Il est donc libéré par la chambre d'accusation le 10 novembre 1998 après avoir plaidé son innocence et accusé le pouvoir de vouloir faire de lui *« un bouc émissaire »*. Aucun élément ne permet d'établir un lien direct avec l'action commando menée contre le préfet.

Les enquêteurs ne se sont pas contentés de cette piste agricole. Ils ont sorti la grosse artillerie pour ratisser les milieux nationalistes avec 345 interpellations. 48 personnes sont mises en examen et 36 écrouées. La méthode ne fait pas dans la dentelle, mais, malgré les critiques, elle porte ses fruits. Deux des personnes entendues lâchent enfin un nom : celui de Jean Castella*, professeur d'histoire-géographie au

* En vertu de la loi sur la présomption d'innocence, Jean Castella est présumé innocent dans les affaires pour lesquelles il n'a pas été jugé.

lycée de Bastia et à l'université de Corte. Ce « Jean Moulin corse », comme il aime à se faire appeler, est issu de la Cuncolta dont il a été exclu pour position trop radicale, un comble ! C'est donc un nationaliste pur et dur qui est placé dès novembre 1998 sous surveillance par les Renseignements généraux, qui cherchent à déterminer quel est son réseau de connaissances. Il sera interpellé le 18 novembre par les policiers, une opération qui provoque la grande colère des gendarmes qui l'avaient également placé sur écoute dans le cadre de leurs propres investigations et qui voulaient attendre un peu avant de l'interpeller afin de ne pas faire peur à ses amis. Car la gendarmerie est aussi active sur le terrain, non pas dans le cadre de l'enquête sur la mort de Claude Érignac, mais pour élucider l'attentat contre la gendarmerie de Pietrosella... Comme les deux affaires sont liées par l'arme du crime, il était inévitable qu'elles aboutissent à un même carrefour et se télescopent. Ce qui aurait pu être évité, en revanche, c'est cette absence totale de communication entre les services de gendarmerie et ceux de la DNAT. Une collaboration, même mineure, aurait permis d'avancer bien plus vite.

Avec l'interpellation de Castella, l'enquête semble être sur la bonne voie, même si les services de sécurité se déchirent.

Outre ce couac avec la gendarmerie, il y a la - très forte - rivalité entre le SRPJ d'Ajaccio dirigé par Démétrius Draguacci et la DNAT de Roger Marion, qui n'a pas grand mal à obtenir, dès le 22 avril 1998, le remplacement de son rival. Draguacci est en effet indirectement mis en cause dans l'enquête sur la divulgation du fameux « rapport Bougrier » puisque l'exemplaire confidentiel qui circule dans les milieux agricoles est la copie conforme de celui que le commissaire a eu entre les mains. Est-ce lui qui le leur a fait parvenir ? Les investigations montreront en tout cas que le rapport a été reproduit sur la photocopieuse du SRPJ d'Ajaccio. Et puis, il est connu pour avoir des liens –indirects- avec la famille Collona, à Cargèse, est-ce que ce n'est pas lui qui aurait prévenu le père d'Yvan que son fils était placé sous surveillance ? Malgré ses protestations, Draguacci est invité à laisser son poste à Frédéric Veaux. Outré, il n'aura de cesse ensuite de critiquer l'action de Roger Marion en Corse, allant même jusqu'à porter plainte contre lui pour diffamation. Une plainte à laquelle se joindra l'ancien préfet, Bernard Bonnet

Quelques semaines après l'arrivée de Nicolas Sarkhozy au gouvernement, Roger Marion sera écarté, officiellement promu préfet de police à Marseille.... Chaude ambiance dans l'île de beauté !

Lors de la perquisition chez Castella, les policiers découvrent les preuves que l'homme s'est rendu à Strasbourg en compagnie de Philippe Antolini* le 12 juin 1998, c'est-à-dire deux mois avant l'attentat de l'ENA, et la découverte de plusieurs papiers va permettre à la justice de le mettre en examen pour association de malfaiteurs. Ils mettent également la

* En vertu de la loi sur la présomption d'innocence, Philippe Antolini est présumé innocent dans les affaires pour lesquelles il n'a pas été jugé.

main sur des photos très précises du commissariat de Bastia, avec des gros plans de véhicules et de certains fonctionnaires de police, mais surtout, dans l'un de ses vêtements, les policiers trouvent la revendication manuscrite d'un attentat commis en septembre 1994… Une maladresse de taille pour ce nationaliste pur et dur qui n'a plus d'autre choix que de se murer dans le silence.

Les enquêteurs sont désormais persuadés de suivre le bon fil avec cette piste d'un groupe de nationalistes radicaux issu du fameux groupe Sampieru, qui a revendiqué les actions contre la gendarmerie de Pietrosella et l'ENA. Les policiers s'intéressent ainsi de très près aux proches de Castella et placent sous surveillance un certain Alain Ferrandi, ancien responsable agricole, dont la nièce suit les cours de Castella à l'université.

À partir de là, les policiers des Renseignements généraux et de la DNAT vont aller de surprise en surprise. Tout d'abord, lors de l'une des écoutes téléphoniques, ils entendent Ferrandi se moquer ouvertement des policiers :

– Tu sais quoi ? Ils ont placé une balise sous ma voiture… un gros truc impossible à rater ! J'en ai fait un puzzle !

Pour une surveillance discrète, c'est réussi !

Malgré cela, les fonctionnaires de la DNAT ont eu le temps de repérer les principaux contacts de Ferrandi, et notamment un certain Stéphane Colonna. Là aussi, ils placent son téléphone et sa voiture sous surveillance.

Apparemment, la discrétion est impossible en Corse puisque, au bout de quelques semaines, le ministère du l'Intérieur reçoit un coup de téléphone de l'ancien commissaire de police du SRPJ d'Ajaccio, Démétrius Draguacci, qui s'est retiré à Cargèse, là où les Colonna possèdent plusieurs maisons :

– Le gars Colonna, raconte le commissaire, il se promène dans le village avec un gros machin électronique qu'il montre à tout le monde au café du coin. Vous êtes sûr que votre balise est toujours en place ?

Parallèlement, le directeur de cabinet du nouveau préfet de Corse, Bernard Bonnet, doit faire face à la colère du père Colonna, Jean-Hugues. L'homme n'est pas commode, et lorsqu'il a appris que son fils faisait l'objet d'une surveillance policière, son sang de Corse n'a fait qu'un tour. Ancien député, ancien conseiller technique du ministère de l'Intérieur, c'est une personnalité locale que l'on écoute, très influente et qui a ses entrée en haut lieu : il connaît Pierre Joxe, l'ancien ministre de l'Intérieur, Michel Charasse, ancien ministre des Finances, Jean Glavany, ministre de l'Agriculture, Christian Vigouroux, directeur de cabinet au ministère de la Justice, et bien sûr Lionel Jospin, Premier ministre en exercice et ami de longue date. Un coup de téléphone de cet homme là ne reste pas sans résultat.

Stéphane Colonna affirme qu'il a enlevé la balise placée sous sa voiture, mais les policiers reçoivent toujours un signal. Les hommes du Raid se rendent discrètement dans son garage et, là, ils ont la surprise de constater que leur mouchard électronique est toujours en place. En fait, ils découvrent bientôt qu'une première balise a bien été trouvée par Colonna sous sa voiture, mais que celle-ci appartenait non pas aux policiers, mais aux gendarmes. Un engin perfectionné mais bien peu discret et plus facile à repérer.

Gros coup de colère de Roger Marion, le patron de la DNAT, qui affirme que le travail de son équipe a été « saboté » par les investigations parallèles des gendarmes.

Comment les deux services se retrouvent-ils une nouvelle fois sur la même piste, sans passerelles entre eux ? Le juge Gilbert Thiel n'a pas d'autre choix que de prendre des mesures : les gendarmes sont dessaisis de leur enquête sur l'attentat de Pietrosella. Ce nouveau dysfonctionnement fera grand bruit à l'Assemblée nationale et au Sénat, dont les commissions d'enquête pointeront du doigt le *« ballet maladroit des écoutes et des surveillances, un problème majeur de coordination ».*

Malgré la pression exercée par l'ancien député Colonna et malgré la découverte des balises, Roger Marion demande aux Renseignements généraux de poursuivre leur surveillance, mais avec plus de discrétion. Lorsque les frères Colonna se rendent en Italie, en janvier 1999, pour acheter des oliviers à Gênes, ils sont longuement interrogés par les douaniers, à la demande des autorités françaises, mais, pour l'instant, les enquêteurs n'ont aucune preuve de l'implication de Ferrandi et Colonna dans l'assassinat du préfet.

C'est fin avril que les choses s'accélèrent. Au bout de quinze mois de recherches, les policiers entrent enfin en possession de tous les numéros de téléphones portables demandés dès le lendemain du meurtre. Il a fallu plus d'un an pour dépouiller les 300 000 appels passés entre 20 h 10 et 21 h 50, la plage horaire définie par les enquêteurs, et en tirer des renseignements exploitables. Malgré la masse de travail que cela représente, on peut tout de même s'étonner qu'il ait fallu autant de temps pour recouper les numéros des bornes émettrices, même si les informaticiens ont dû mettre au point un logiciel spécial pour isoler les différents appels et établir la chronologie des faits et gestes de chaque personne. Aujourd'hui, il suffirait de quelques semaines pour obtenir un tel résultat.

La patience, en tout cas, semble avoir payé puisqu'il ressort des listings informatiques qu'un homme a passé huit appels sur son téléphone portable entre 20 h 16 et 20 h 57, des appels de quelques secondes relayés par les différentes antennes installées tout près de la préfecture et de l'opéra d'Ajaccio.

– Cette fois, on les tient !

Roger Marion ne cache pas sa satisfaction : les heures et les lieux correspondent et les enquêteurs ont désormais une idée assez précise du déroulement de l'opération commando. Car le numéro qui revient huit fois, c'est celui d'Alain Ferrandi. Il a appelé le numéro d'un portable qui appartient à l'hôtel *Le Grand Bleu* à Calcatoglio dont Didier Maranelli* est le comptable. Bingo !

---

* En vertu de la loi sur la présomption d'innocence, Didier Maranelli est présumé innocent dans les affaires pour lesquelles il n'a pas été jugé.

À partir de là, les policiers de la DNAT ont l'intention de préparer très soigneusement leur intervention finale pour ne pas effrayer les suspects. Ils veulent se donner le temps de découvrir tous les membres du commando. Mais, le 19 mai, inquiets du peu de résultats concrets de l'enquête, les trois groupes de l'Assemblée nationale déposent une motion de censure contre le gouvernement qui doit être discutée le 25 mai, à l'issue du week-end de Pentecôte. Il ne fait guère de doute que cette procédure a accéléré l'intervention de la DNAT, sans doute poussée par le ministère de l'Intérieur. Des voix s'élèveront ensuite pour dire que le déclenchement des interpellations était un peu précipité et que de meilleurs résultats auraient été obtenus en poursuivant les opérations d'écoutes et de « planques ».

Nous sommes le 21 mai, le soleil n'est pas encore levé lorsque les policiers se déploient dans trois communes, Alata, Cargèse et Sagone. À la même minute, ils investissent les domiciles d'Alain Ferrandi, Didier Maranelli, Pierre Alessandri et Marcel d'Istria, qui sont interpellés avec leurs compagnes. Les quatre nationalistes se retrouvent en garde à vue dans les locaux de la DNAT à Paris. Les policiers leur jouent le grand jeu : il faut des résultats rapidement. Et ils ont de quoi confondre les suspects. Le premier à craquer est Didier Maranelli. Il affirme d'abord que le soir de l'opération il était dans le maquis, à la « chasse à la bécasse », puis, confronté aux relevés téléphoniques de son portable, il reconnaît finalement sa participation à l'assassinat, tout d'abord sans livrer les noms de ses complices. Ce n'est qu'à 2 heures du matin qu'il précise :

c'est Yvan Colonna, le tireur… J'ai su qu'après le meurtre, Yvan avait jeté l'arme au sol comme cela avait été convenu lors des réunions de préparation.

Les enquêteurs ont gagné. Il ne leur reste plus qu'à lancer le coup de filet final.

Mais les premières interpellations ont fait grand bruit dans toute la presse nationale, et notamment dans *Le Monde* du samedi 22 mai sous la plume de Jacques Follorou. Le quotidien souligne que les personnes arrêtées sont issues d'un groupe nationaliste radical et que ce groupe compte d'autres figures qui n'ont pas été inquiétées : des proches d'Alain Ferrandi, dont Yvan Colonna, *« représentant de la Cuncolta, qui milite pour un nationalisme intransigeant »*. Le journaliste, particulièrement bien renseigné, révèle que toutes ces personnes font l'objet d'une surveillance depuis des mois.

À la lecture de l'article, Axel Girard, journaliste à TF1, qui se trouve par hasard en Corse, fait tout pour décrocher une réaction d'Yvan Colonna, qu'il obtient finalement le 22 au soir. Celui-ci clame son innocence devant la caméra : il n'a rien à voir avec le meurtre. Le journaliste quitte le motel ou s'est déroulé l'interview un peu avant 23 h.

Le lendemain matin, à 6 h, les enquêteurs se déploient dans l'île et interpellent Ottaviani et Versini. Ils investissent aussi Cargèse, mais là, ils font chou blanc : Colonna ne les a pas attendus. Alerté par l'article du *Monde* et les remous médiatiques de la surveillance dont il fait l'objet depuis des mois, il a pris ses dispositions pour disparaître.

Les policiers fouillent les cinq maisons que possède la famille dans la commune et tous les proches de Colonna sont interrogés. Mais le suspect s'est envolé. Comme le dira alors son frère : *« Il est parti aux chèvres. »*, pour ramener les animaux perdus en montagne.

Et à nouveau, c'est la polémique.

Pourquoi avoir attendu jusqu'au dimanche matin pour lancer l'opération ? Le nom de Colonna est connu des enquêteurs et dévoilé dans la presse dès le samedi midi. Un nom qui était d'ailleurs déjà venu à l'oreille des enquêteurs, dès le vendredi soir, dans la déposition de l'épouse de Maranelli. Celle-ci leur a dit qu'Yvan Colonna était un ami de son mari et qu'il était venu le lendemain de l'assassinat prendre un café avec son époux.

Et même si ce n'est que le samedi à 3 h du matin que Maranelli prononce le nom de Colonna, pourquoi avoir attendu le dimanche matin pour intervenir ? Pourquoi, à défaut de l'interpeller dès le vendredi, ne pas avoir au moins resserré immédiatement la surveillance autour du nationaliste ? On aurait sans doute pu éviter le scandale.

Le vendredi après-midi, Yvan Colonna, a retiré 30 000 F (soit 4574 euros) de son compte à la Banque Populaire, préparant ainsi une disparition facilitée par le fait qu'il s'est récemment séparé de Pierrette, sa compagne, et qu'il n'a plus vraiment de domicile fixe.

Il dort souvent chez sa tante, chez un cousin ou dans sa bergerie.

Lorsqu'il devient évident que Colonna a échappé aux mailles du filet, des opérations de recherches tous azimuts sont lancées sur les routes, dans les hôtels, les aéroports, les ports… Rien n'y fait. L'homme n'a pas laissé la moindre trace, sans doute aidé par l'impénétrabilité du maquis que, en tant que berger, il connaît comme sa poche, et par des sympathisants. À la faveur du manque de discrétion des enquêteurs, il a eu le temps de préparer sa fuite.

D'ailleurs, l'homme n'en est pas à son coup d'essai. Les policiers, qui connaissent forcément par cœur son dossier, savent bien qu'il a déjà été soupçonné, fin 1994, d'être impliqué dans l'assassinat de Pierre Pogglioli, un nationaliste rival du groupe de Cargèse-Sagone, dont Colonna était alors l'un des piliers. À l'époque, les enquêteurs avaient eu le plus grand mal à entendre le nationaliste, qui avait tout bonnement disparu dans le maquis. Déjà.

Une autre question se pose à propos de cette première interpellation, qui mettra hors de cause le nationaliste : un dossier existe bien, mais, bizarrement, on constate à sa lecture que les policiers n'ont pas à l'époque relevé ses empreintes digitales alors que c'est la procédure. Des empreintes qui ne figurent donc pas aujourd'hui dans l'avis de recherche diffusé par les autorités dans l'Europe entière…

La presse se déchaîne après le « raté » de l'arrestation de Colonna. Et Roger Marion est « invité » à s'expliquer, notamment devant les commissions d'enquêtes mises en place par l'Assemblée nationale et le Sénat. Et comme il est bien connu que la meilleure défense, c'est l'attaque, ces auditions donnent lieu à une nouvelle passe d'arme. Selon le patron de la DNAT, il y a eu ratage parce que ses consignes n'ont pas été suivies : il avait bien demandé de renforcer la surveillance autour du suspect, mais les Renseignements généraux se sont laissé berner. Il laisse même sous-entendre que c'est le commissaire Draguacci, du SRPJ, qui aurait prévenu le père du nationaliste que son fils faisait l'objet d'une surveillance et que son arrestation était imminente. À la suite de quoi Yvan Colonna se serait mis à inspecter régulièrement sa voiture et y aurait trouvé les balises de repérage, ce qui lui aurait mis la puce à l'oreille et lui aurait laissé le temps de préparer sa disparition. Cette version est bien sûr vigoureusement démentie par le commissaire Draguacci.

Roger Marion est également obligé d'expliquer pourquoi l'ordre d'arrestation de Colonna n'a pas été donné plus tôt, dès le vendredi :

– Lors de la première vague d'interpellations du vendredi matin, nous n'avions aucun élément à charge contre Yvan Colonna. Son numéro de portable n'apparaît à aucun moment dans nos investigations… Et pour cause, il n'en a pas. Nous n'avions pas la moindre preuve de sa présence sur le lieu du crime.

– Pourquoi alors ne pas l'avoir au moins interpellé le vendredi soir, lorsque son nom a été cité dans les dépositions ?

– Les personnels de la DNAT étaient répartis entre la Corse, où l'on vérifiait les alibis, et les bureaux de la rue des Saussaies à Paris pour y interroger les suspects et les témoins, explique en substance le patron de la DNAT, qui n'a pas voulu associer à l'opération le SRPJ et les Renseignements généraux, dans lesquels il n'avait aucune confiance… Il s'agissait de ne pas ébruiter l'affaire et de faire peur aux différentes cibles.

C'est très réussi !

En ce week-end de la Pentecôte, la DNAT n'avait donc pas suffisamment de personnel disponible pour mener à bien des interrogatoires à Paris, des vérifications en Corse et des interpellations de suspects. Voilà qui a profité à Yvan Colonna.

Bien sûr, les policiers ont mis la main sur le coordinateur de l'opération, Alain Ferrandi, sur le guetteur, Didier Maranelli, sur Pierre Alessandri, qui a assuré la protection du tireur, sur Marcel d'Istria et Martin Ottaviani, qui étaient chargés du transport du commando et de la logistique… Les enquêteurs ont suffisamment d'éléments pour arrêter ensuite Jean Castella, qui serait « l'inspirateur idéologique » du groupe d'assassins, de même que son lieutenant, professeur de mathématiques et intellectuel nationaliste militant, Vincent Andreuzzi. Mais celui qui a – selon ses complices – tiré trois balles dans la nuque de Claude Érignac court toujours.

****

Pendant dix-huit mois, personne ne va plus entendre parler d'Yvan Colonna, à part dans la presse et sur l'avis de recherche A-368/6-1999 placardé partout en France. Jusqu'au 4 janvier 2001, date à laquelle le quotidien *L'Est Républicain* publie une lettre signée du tueur présumé en cavale. Cinquante-deux lignes en langue corse qui sont adressées au journal nationaliste corse U Ribombu :

« Je nie avec force les faits qui me sont reprochés [...], je n'y ai pas participé [...], deux militants nationalistes incarcérés m'ont mis en cause [...], pourquoi ? »

L'homme en fuite en profite également pour dédouaner sa famille et ses proches, *« qui ne sont pour rien dans sa fuite »*, puisqu'il affirme n'avoir bénéficié d'aucune complicité pour quitter l'île : *« Là où je suis, j'ai peu de nouvelles de la Corse et toujours pas de nouvelles de ma famille, tant la pression est importante. »*

La lettre est expertisée grâce aux analyses ADN : lors de sa première interpellation dans l'affaire de l'assassinat de Pierre Pogglioli, en octobre 1994, Yvan Colonna avait accepté, pour être disculpé, qu'un peu de son sang soit prélevé. La comparaison est positive.

La police scientifique détermine également que la lettre a été postée de Charenton-le-Pont, dans le Val-de-Marne : de quoi accréditer l'hypothèse de la fuite hors de Corse – en tout cas en apparence, car il est tout à fait possible que ce soit une fausse piste. Les enquêteurs répéteront d'ailleurs à plusieurs reprises que Colonna est resté dans l'île, protégé par des amis.

Pourtant, le 9 mars, ils montent une opération de grande envergure à Nice :

– Déployez-vous sur les quais ! Personne ne passe sans que son identité ait été soigneusement vérifiée ! Tout doit être bouclé !

Pendant deux heures, les forces de l'ordre prennent position et quadrillent les lieux jusqu'à l'arrivée du train de Toulon. Tous les compartiments sont passés au peigne fin, toutes les identités vérifiées, toutes les cachettes potentielles inspectées, mais personne ne correspond au signalement de Colonna. Le tuyau donné par un informateur proche des milieux du grand banditisme se révèle complètement percé.

Le 2 avril, retour en Corse : les policiers investissent cette fois le village de Vico, et notamment une bergerie où Colonna se trouverait, toujours selon cet informateur. Mais un informateur décidément bien mal renseigné puisqu'il n'y a pas la moindre trace du fugitif, ce qui alimentera les grands titres – moqueurs – des journaux.

Un mois plus tard, nouvelle perquisition, cette fois-ci dans le hameau d'Ogliastrellu. Les enquêteurs s'invitent à 21 h au domicile de deux frères, parmi les connaissances de Colonna, qu'ils questionneront sans résultats probants jusqu'à 1 h du matin, notamment sur les refuges potentiels du nationaliste dans le maquis. Les policiers vont jusqu'à se déguiser au parc Disneyland à Paris pour suivre Jean-Baptiste, le fils d'Yvan. On ne sait jamais.

À l'étranger aussi les différentes pistes suivies se heurtent à des impasses, notamment les investigations menées par le juge antiterroriste Bruguière dans le canton du Jura, en Suisse, chez des sympathisants de la cause nationaliste corse. L'un d'eux sert notamment d'alibi à Jean Castella le jour de l'assassinat du préfet, certifiant que les deux hommes étaient ensemble à Bastia ce jour-là. Ce groupe jurassien a-t-il aidé Yvan Colonna à s'enfuir ? Rien ne peut être prouvé et il n'y a aucune interpellation.

L'enquête patine malgré les efforts des magistrats, qui sont persuadés que si Colonna a pu s'enfuir, c'est grâce à de puissants appuis. Ils s'intéressent notamment au grand banditisme parisien et à un certain Denis D., gérant d'un débit de boissons à Villejuif, dans le Val-de-Marne (le département où a été postée la lettre de Colonna), qui possède une maison en Corse, à Pietrosella. L'homme est impliqué dans plusieurs affaires judiciaires ayant des répercussions dans l'île, et il aurait tout à fait pu fournir de faux papiers à Colonna, ce qui lui aurait permis de gagner l'étranger. L'homme est suivi, étroitement surveillé, mais aucun élément nouveau n'est découvert.

Autre élément qui n'arrange pas les magistrats : le 25 octobre 2000, Pierre Alessandri revient sur ses aveux et déclare devant le juge : *« Yvan n'était pas sur le lieu de l'assassinat du Préfet… Je sais que cette déclaration mériterait plus d'explications mais je n'ai pas l'intention d'en donner davantage. »* Didier Maranelli emprunte le même chemin, trois mois plus tard dans un courrier officiel :

« La désignation d'Yvan Colonna ainsi que de toutes les déclarations relatives à sa personne sont totalement erronées (...) Je m'expliquerai ultérieurement sur les raisons qui m'ont poussé à abonder dans ce sens. »

Un revirement bien soudain, coordonné, dans lequel semble se dessiner une nouvelle ligne de défense.

À mesure que le temps passe, il semble de moins en moins probable qu'Yvan Colonna ait pu rester dans l'île, même avec d'importants appuis locaux. Les policiers poursuivent leurs opérations de surveillance, notamment en installant des caméras automatiques dans certains points de passage du maquis, mais elles n'ont rien enregistré à part quelques bergers en promenade et quelques chiens errants.

Pourtant, dans la nuit du 5 au 6 février 2002, anniversaire de la mort de Claude Érignac, les hommes de la DNAT sont persuadés de pouvoir enfin mettre la main sur le fugitif. En se basant une nouvelle fois sur le tuyau d'un informateur, ils montent une souricière au sud de la Corse.

La nuit est totalement noire, mais les jumelles infrarouges permettent de scruter la mer comme en plein jour et d'être à l'affût de la moindre embarcation approchant de la petite crique située entre Porto-Vecchio et Bonifacio. Au bout de deux jours de planque infructueux, l'un des guetteurs aperçoit enfin une forme qui se détache sur le littoral : quelqu'un tente apparemment de se dissimuler :

– Allez, on y va !

Les super flics se déploient et ne laissent aucune chance à l'ombre de s'évanouir dans la nature. L'ombre n'en a d'ailleurs aucune envie, il s'agit d'un journaliste de France 3, caméra au poing, qui a eu le même tuyau que les enquêteurs et qui pensait tenir là un scoop retentissant.

Tous en seront pour leurs frais. Pourtant, ils ont bien cru à un moment que les choses s'accéléraient, que leur surveillance était couronnée de succès : à 2 h du matin, un coup de feu déchire brusquement la nuit corse. Les hommes se précipitent, l'arme au poing… En fait, il s'agit de l'un des brigadiers des Renseignements généraux qui a fait une erreur de manipulation en nettoyant son arme, une manière comme une autre de s'occuper et de tromper l'attente. Il s'en sortira tout de même avec un fémur brisé, résultat de la balle qui a pénétré dans sa cuisse. Un succès sur toute la ligne !

Quelques jours plus tard, les enquêteurs pensent faire oublier le désastre grâce à une autre information… Une souricière est mise en place au nord de la Sardaigne, sur l'île de Giarnelli, qui est littéralement prise d'assaut par les policiers français et leurs collègues italiens sous l'égide du procureur de Sardaigne. Par précaution, le déploiement se fait également dans les îles voisines où Yvan Colonna pourrait couler des jours tranquilles grâce à des appuis très spéciaux, des gens qui considèrent que les nationalistes corses font presque partie de la « famille ». Malgré les impressionnants moyens mobilisés, l'opération ne donne rien.

Des témoins voient le nationaliste partout : à Toulon, à Saint-Etienne, à Marseille, à Romans dans la Drôme, à Paris, dans un couvent des Pyrénées Atlantiques, mais aussi en République Dominicaine, en Australie, au Mali, Guinée ou au Sénégal… il faut croire qu'Yvan Colonna voyage beaucoup ou qu'il a beaucoup de sosies !

Pourtant, à chaque fois les pistes sont explorées, y compris à l'étranger et notamment, comme l'a révélé l'hebdomadaire *VSD*, au Venezuela.

Nous sommes le 2 juillet 2000, jour dont se souviennent tous les amateurs de football puisque c'est le soir de la finale du championnat d'Europe des nations entre la France et l'Italie. Dans un bar de Mérida, au Venezuela, l'ambiance devant les téléviseurs est très chaude. De nombreux expatriés français se retrouvent là pour vibrer au rythme des exploits de l'équipe de France. Le *Hoyo del Queque* est plein à craquer. À l'une des tables se trouve un homme aux cheveux courts, short beige et chemise à carreaux, l'air sérieux et réservé, beaucoup plus que l'homme qui l'accompagne. Après la fin du match, les clients restent encore un bon moment à savourer la victoire tricolore.

Dix jours plus tard, les vacances se compliquent pour Alexandre, un touriste français, qui a perdu son passeport et doit le faire remplacer à l'ambassade de France de la région. En attendant que l'on s'occupe de lui, il remarque un avis de recherche placardé sur l'un des murs avec la photo d'un homme qui lui dit quelque chose :

– Ce gars, là, dit-il au fonctionnaire de permanence, je le connais !

– Yvan colonna ?

– Oui, il était dans un bar lors de la finale de l'Euro 2000, je l'ai vu... Il se faisait appeler Christophe !

Ce témoignage est transmis à l'un des fonctionnaires de police de l'ambassade, mais il ne suffit pas à justifier des investigations.

Deux mois plus tard, c'est au tour de Franck d'évoquer cette fameuse finale avec le même fonctionnaire de police que, par le plus grand des hasards, il connaît :

– Il y avait une sacrée ambiance ! J'ai fait la connaissance de deux français, Éric et Christophe...

Le fonctionnaire lui montre alors la photo du tueur présumé :

– Oui, il n'y a pas de doute, c'est bien lui.

Deux témoignages concordants... Il y a de quoi alerter la hiérarchie. La piste Vénézuélienne paraît plausible puisque le pays est, historiquement, une terre d'accueil des Corses en exil. Immédiatement, la police judiciaire et les Renseignements généraux lancent deux enquêtes parallèles, une nouvelle fois encore sans la moindre coordination et en critiquant les opérations menées par les collègues, attitude qui a d'ailleurs provoqué la colère de Nicolas Sarkozy, qui exige une meilleure collaboration des services de police. Du côté des RG, les investigations se concentrent surtout sur les bateaux ayant accosté à Puerto La Cruz, et notamment sur le *Paomia,* parti de Port-Leucate le 25 juillet 1998 pour longer l'Espagne et gagner le Venezuela, qui aurait pu transporter Colonna. Un agent secret local est contacté pour recueillir – discrètement – le maximum de renseignements à la capitainerie. C'est l'opération CY, avec comme dans toute bonne opération secrète, un code à faire pâlir d'envie James Bond lui-même, un message que les agents doivent transmettre si la piste se révèle bonne : « *Les ananas sont bien frais* », et un autre message en cas d'échec : « *J'ai reçu une noix de coco* ». Il semble bien que c'est la noix de coco qui a été récoltée…

De son côté, la police judiciaire s'intéresse elle aussi très sérieusement au soleil du Venezuela, à tel point que, en février 2002, Roger Marion s'y rend dans la plus grande discrétion. Le patron du bar le *Hoyo del Queque* et l'une des serveuses, qui a trouvé « Christophe » plutôt séduisant, reconnaissent à leur tour la photo de Colonna. Même si elle n'a pas donné de résultats concrets, la piste vénézuélienne paraît donc sérieuse. Le fugitif a pu y retrouver des sympathisants qui l'ont pris en charge et l'ont accueilli au sein de certaines communautés corses. Colonna, d'ailleurs, s'il s'y trouve, pourrait s'y livrer à l'un de ses loisirs favoris : la marche en montagne.

****

Cette rocambolesque traque, qui mobilise policiers, gendarmes, Renseignements généraux, super flics, indicateurs, informateurs dans les milieux du banditisme, voit également apparaître un autre acteur incroyable : le préfet Bonnet.

Le successeur de Claude Érignac mériterait un chapitre à lui tout seul. C'est un véritable personnage de roman, un homme qui s'est vu confier la tâche de remettre de l'ordre en Corse et qui se retrouve derrière les barreaux pour avoir ordonné l'incendie d'une baraque de planches en bord de mer, la fameuse paillote de ce non moins fameux Francis, qui peut se vanter d'avoir la tête d'un préfet à son tableau de chasse !

Bernard Bonnet est nommé dans l'île quelques jours après l'assassinat de Claude Érignac, dans un contexte particulièrement tendu. Dans le climat de méfiance qui entoure son arrivée et son action, le nouveau préfet décide de ne faire confiance à personne si ce n'est à l'armée, c'est-à-dire aux gendarmes. Il obtiendra d'ailleurs la création du GPS, corps d'élite qui ne survivra pas à l'affaire des paillotes. Méfiance notamment envers les Renseignements généraux, soupçonnés d'avoir de trop bonnes relations avec les milieux nationalistes mais également envers la DNAT et son patron, Roger Marion.

Le nouveau préfet de Corse se sent investi d'une mission avec l'appui qu'il croit indéfectible du gouvernement. Il va aller trop loin dans l'affaire des paillotes et ordonner aux gendarmes de mettre en œuvre – fort maladroitement – l'opération incendiaire qui conduira le préfet en prison. Mais, Bernard Bonnet a aussi pris une part active dans l'enquête sur la mort de son prédécesseur. Depuis sa cellule, il affirme que les membres du « commando Érignac » n'ont été confondus que grâce à l'enquête qu'il a lui-même menée durant de longs mois.

Retour sur une belle matinée du début du mois de juin 1998 : Bernard Bonnet rencontre dans la plus grande discrétion un homme dont, officiellement, il ne connaît que le nom de code : « Corte ». C'est un informateur particulièrement précieux puisqu'il évolue dans les milieux nationalistes les plus radicaux dans le nord de l'île. Une « gorge profonde » qui lui livre alors plusieurs noms et promet de lui en dire plus lors de leurs prochaines rencontres. Elles auront lieu au mois de septembre puis une dernière fois à la fin du mois d'octobre. Il lui donne en définitive le nom de l'organisateur de l'attentat, Alain Ferrandi, et de son commanditaire, Jean Castella.

Corte ne fait pas ces révélations par souci de justice ni par grandeur d'âme, mais contre des espèces sonnantes et trébuchantes : le leader nationaliste François Santoni affirmera plus tard que Matignon aurait alloué au nouveau préfet de Corse dix millions de francs prélevés sur les fonds secrets pour qu'il mène à bien son enquête. Deux millions seraient allés directement dans les poches de l'informateur.

Après chaque rencontre avec Corte, Bernard Bonnet rédige des notes confidentielles, précises, qui sont destinées au juge Bruguière, responsable de l'information judiciaire, avec qui il prend rendez-vous pour le 16 novembre. Un rendez-vous auquel il n'ira jamais : le samedi soir précédent, il affirme avoir reçu un coup de téléphone pressant du cabinet du Premier ministre, Lionel Jospin, qu'il a informé de sa démarche. On lui fait alors vigoureusement comprendre que cette rencontre avec le juge *« n'est pas opportune »* et que les informations recueillies doivent plutôt être transmises au procureur de Paris, Jean-Pierre Dintilhac, réputé bien plus proche du gouvernement que le juge Bruguière et que Roger Marion.

Il ne faut pas oublier qu'à ce moment-là, le ministre de l'Intérieur, Jean-Pierre Chevènement, est cloué sur un lit d'hôpital, dans le coma après son accident opératoire. De fait, c'est Matignon qui dirige les opérations. Finalement, ces notes du préfet – il est vrai, bien peu orthodoxes – ne seront transmises à la police judiciaire qu'après un long cheminement qui a retardé d'autant la conclusion de l'enquête.

Voilà pourquoi Bernard Bonnet affirme que les investigations de la DNAT auraient pu aboutir bien plus vite si ses propres notes avaient été traitées correctement, hors des rivalités politiques. Selon lui, la piste technologique, basée sur les relevés de téléphones portables, n'a pu aboutir que lorsque ses propres informations ont été connues. Les relevés n'auraient fait que confirmer les révélations de Corte.

La traque de l'homme le plus recherché de France revient régulièrement sur le devant de la scène judiciaire et politique. Le procès des membres du commando doit se dérouler sans Yvan Colonna, dont le cas a été disjoint. Cette chasse à l'homme, qui dure depuis plus de trois ans, en Corse, sur le continent et à l'étranger, coûte cher à l'État et donc au contribuable français pour des résultats nuls.

Nicolas Sarkozy, dès son arrivée au ministère de l'Intérieur, a fait de l'arrestation de Colonna l'une de ses priorités. Lui, qui connaît bien la Corse pour y séjourner régulièrement dans sa maison de Vico, lui dont la première épouse était Corse, lui dont les enfants issus de ce mariage, fréquentaient durant l'été les fils Colonna, lui voudrait bien accrocher ce nom-là à son tableau de chasse. Cela ferait bien sur son CV de candidat à l'Elysée, non ? Pour l'instant cette ligne-là reste vide.

Si l'enquête avait été menée correctement, avec rigueur, en faisant fi des conflits de personnes, en agissant avec plus de doigté, si les différents services avaient travaillé ensemble, alors Yvan Colonna serait sans doute aujourd'hui derrière les barreaux, attendant son procès et préparant sa défense.

Mais voilà : cette affaire a eu lieu en Corse. Et, une fois de plus, il faut constater que, vraiment, rien n'est jamais simple dans l'île de Beauté.

La mystérieuse disparition de la famille Godard

L'étrange disparition d'une famille partie en voilier sur l'Atlantique, des ossements découverts par des pêcheurs, des cartes de crédit trouvées sur des plages, des lettres envoyées par un mystérieux « corbeau » aux enquêteurs… L'affaire Godard réunit tous les éléments d'une insoluble énigme. Plusieurs années d'une enquête qui s'est enlisée n'ont pas suffi à lever le voile sur cette étrange affaire.

Profitant du calme de cette matinée du 1er septembre 1999, le petit village de Tilly-sur-Seulles est encore assoupi. Il est 7 h 30 lorsque la porte de la jolie maison en pierre s'entrouvre. Le Dr Godard pousse ses enfants vers le Combi Volkswagen blanc en surveillant sa montre, impatient de prendre la route. La camionnette quitte la grange aménagée perdue dans le bocage normand et s'engage sur la départementale, en direction de Saint-Malo. Au bord de la route, Yves Godard aperçoit l'une de ses voisines, qui revient de la boulangerie. Il ralentit et s'arrête à sa hauteur :

– Bonjour ! Nous partons quelques jours… Pouvez-vous vous occuper des chats ?

Bernadette Chasles a du mal à cacher son étonnement : elle trouve étrange que la famille parte en vacances alors que les enfants viennent tout juste de reprendre l'école :

– Oui, oui, bien sûr, répond-elle. Quand revenez-vous ?

– Dans quatre ou cinq jours… Merci de votre aide ! À bientôt !

Le docteur redémarre, adressant à sa voisine un petit signe de la main. Il est 10 h 15 quand il arrive à la cité corsaire ; il se gare rue Dauphine, tout près du petit magasin de location de bateaux *Alet Club Croisières*. C'est à cette société qu'il a réservé par téléphone, il y a déjà quinze jours, un voilier de type Sun Odyssey, un bateau de plaisance classique de 9,20 m.

– Tout est prêt, monsieur Godard ! Vous me suivez pour l'inventaire ?

Le docteur laisse un chèque de 870 euros et suit le loueur, accompagné de Camille, 6 ans, et de Marius, 4 ans, très excités à l'idée de prendre la mer. Le *Nick*, voilier de catégorie 2, est parfaitement adapté au périple de cinq jours que le Dr Godard avait annoncé au loueur : un petit tour jusqu'à Perros-Guirec, dans les Côtes-d'Armor.

– Vous avez la VHF à bord et du matériel de navigation qui vous permet de maintenir le cap en toute tranquillité même si le temps se gâte… Mais la météo est bonne pour les jours à venir, vous n'aurez pas de souci. Bonnes vacances !

L'inventaire n'a duré que quelques minutes, tout est en ordre :

– Venez les enfants, nous allons faire quelques courses avant de partir !

Ils passent une bonne demi-heure à Intermarché à acheter quelques paquets de pâtes, un filet d'oranges, de quoi faire un ou deux repas, guère plus. Le chariot contient aussi plusieurs serpillières, des produits d'entretien, des sacs plastiques, deux bouteilles de whisky et une boîte de crayons de couleurs demandés par Camille, qui a oublié les siens à la maison.

Il est midi passé lorsque le trio retourne au ponton E, celui réservé aux plaisanciers. Les enfants regardent tous les beaux bateaux, trompant leur impatience en jouant, pendant que leur père termine de s'affairer dans la camionnette.

Personne ne se souvient d'avoir vu le *Nick* prendre le large, mais cela n'est guère étonnant étant donné le chassé-croisé dans le port à cette période.

Le lendemain, la mer est toujours belle et le vent léger – à peine de force 2 –, mais cela suffit largement pour faire avancer un voilier de plaisance. Pourtant, le *Nick* navigue au moteur. C'est ce qui étonne le douanier qui croise au large et qui décide d'aller y voir de plus près. Il est 19 h 15 lorsqu'il parvient à la hauteur du voilier :

– Bonjour ! Vous avez un problème ?

Le Dr Godard maîtrise mal un tremblement de mains ; jamais il n'aurait imaginé qu'un agent des douanes puisse s'intéresser au *Nick* :

– Non, tout va bien... J'avais juste la flemme de hisser les voiles, c'est tout.

Le douanier remarque que l'homme n'a pas l'air très à l'aise, il semble fébrile :

– Vous avez les papiers du bateau ?

– Oui, oui... Je vais les chercher.

Comme le douanier fait mine de le suivre, il ajoute :

– Je vous demande de rester là et de ne pas faire de bruit... Il y a des enfants qui dorment...

Le fonctionnaire trouve un peu bizarre que des enfants soient déjà couchés à cette heure-ci, surtout avec le bruit que fait le moteur, mais après tout, cela ne le regarde pas :

– Pas de problème, fait-il.

Le Dr Godard disparaît dans la cabine pendant dix longues minutes, durant lesquelles le douanier a tout le temps de détailler l'équipement du bateau, d'ailleurs parfaitement conforme. Jetant un coup d'œil par l'un des hublots, il aperçoit effectivement un enfant, allongé sur le ventre, un bras le long du corps. Sur la table du carré, trois verres vides.

– Excusez-moi... Je ne trouvais plus ma carte d'identité.

– Vous avez un livret de famille pour les enfants ?

– Oui, tenez, dit-il en tendant le document.

Le docteur a du mal à dissimuler de l'agacement.

– Parfait, tout est en règle. Vous rentrez au port ?

– Non.

– Vous savez, il n'est pas très prudent de naviguer de nuit dans ce secteur. Il y a de forts courants qui peuvent se révéler assez traîtres.

– Ne vous en faites pas, je connais bien le coin, j'ai l'habitude de naviguer dans le secteur, répond-il d'un ton cassant.

Le douanier reste un peu intrigué par l'attitude du docteur, mais, n'ayant aucune raison de s'éterniser, il le salue et retourne sur la vedette, après avoir renouvelé ses conseils de prudence.

Le lendemain, un promeneur qui profite du soleil du début d'après-midi sur le chemin côtier de l'anse de Bréhec remarque le *Nick*, dont les voiles sont toujours repliées :

– Il était au large de Plouha, sur la rive ouest de Saint-Brieuc… Il y avait deux enfants à bord qui jouaient : je pense que c'étaient une fille et un garçon. Ce qui m'a un peu étonné, c'est qu'il n'y avait pas d'adulte sur le pont, témoignera plus tard le promeneur.

Étaient-ce Camille et Marius ? Était-ce effectivement le *Nick* ? Il n'y a aucune certitude…

Le dimanche 5 septembre, le loueur d'*Alet Club Croisières* attend le retour du *Nick*. Malgré le retard, il ne s'inquiète pas ; le temps est au beau fixe et, pour faire naufrage par une mer pareille, il faudrait vraiment le faire exprès ! Pourtant, ce matin-là, à 35 miles au nord de Roscoff, l'équipage du chalutier *L'Alaska* aperçoit une annexe à la dérive, un Zodiac dont les rames sont engagées. Avertis, les gendarmes alertent immédiatement le procureur de Saint-Malo, Rémy Heitz :

– Nous avons trouvé à bord de l'annexe un ciré jaune avec, dans une poche, un carnet de chèques au nom de la SCI Hanneman-Godard, explique le gendarme. Je pense qu'il faudrait lancer des recherches.

– À quel nom l'annexe est-elle enregistrée ? interroge le procureur.

– Le *Steval II.*

Les gendarmes ont tôt fait d'établir qu'il s'agit là de l'ancien nom du *Nick* et que le voilier appartient à une société de location de Saint-Malo. Comme pour chaque naufrage, avéré ou supposé, de gros moyens de recherche sont mis en œuvre. Les occupants sont-ils tombés à l'eau en tentant d'atteindre la côte ? Des équipes de plongeurs inspectent les alentours, des hélicoptères et des navettes de la marine ratissent la zone, sans réussir toutefois à repérer de trace de naufrage, de vêtement, de morceau d'embarcation ou de tache d'huile. Un appel en boucle est lancé sur le canal 16 de la VHF pour inciter tous les navires croisant dans le secteur à être attentifs et à signaler tout objet inhabituel.

Devant l'absence de résultat, c'est la gendarmerie de Rennes qui prend les choses en main :

– C'est cette camionnette, là, la blanche, le numéro correspond ! s'écrie le brigadier.

Les gendarmes forcent facilement la portière du Combi Volkswagen et repèrent tout de suite des traces suspectes. À l'arrière, une compresse de gaze est tachée de sang ; juste à côté, une trousse médicale en cuir, mal fermée, laisse échapper une partie de son contenu : une boîte de Spasfon, contre les crampes d'estomac, des flacons de morphine et d'autres flacons vides et sans étiquette. Sur le siège avant, sont posés deux livres, *La Révolution du silence*, de Krishnamurti, et *Le Saut dans l'inconnu*, de Bernard Dubant et Rachel Marguerie, deux classiques des années 70. Ils ont manifestement déjà été lus. Que s'est-il passé dans ce véhicule ? Les questions restent sans réponses, d'autant que le voilier semble s'être littéralement volatilisé. Une information judiciaire est ouverte et la zone de recherches est élargie, toujours sans la moindre trace de naufrage. Le *Nick* a théoriquement pu descendre vers les îles de l'Atlantique, les Açores, les Canaries ou Madère, ou tenter de rejoindre l'Irlande, mais il n'est signalé dans aucun port.

M. et Mme Michel n'auraient jamais imaginé un tel déploiement des forces de l'ordre dans leur village si tranquille. Les gendarmes ont garé leurs estafettes devant la maison des Godard, jetant des coups d'œil investigateurs aux alentours, et plusieurs voitures banalisées stationnent un peu plus loin. Les voisins ont été un peu surpris lorsque le capitaine est venu leur demander d'assister à la perquisition en tant que témoins. Cela leur fait un drôle d'effet d'être sollicités ainsi ; c'est à la fois vaguement inquiétant et assez valorisant… Ils vont pouvoir en raconter, des choses, à l'auberge ! D'autant que cela fait déjà quatre jours que tout le village ne parle plus que de la disparition de la famille Godard. Cette histoire sent le drame à plein nez.

La maison, une ancienne grange, avait été achetée par le couple en 1993 et soigneusement rénovée. Elle était plutôt jolie, avec sa façade de vieilles pierres, nichée au cœur du bocage, tout près d'un pont de pierre.

Les gendarmes traversent en silence la pelouse bien verte, où traînent encore quelques jouets d'enfants à côté d'un toboggan et d'une table de ping-pong :

– Nous allons procéder à l'ouverture de la porte, annonce un pandore.

– À l'intérieur, se souviendra plus tard M. Michel, le voisin, il y avait un désordre un peu bohème, mais tout paraissait normal jusqu'à ce que nous atteignions la chambre… Là, sous la couette roulée en boule, le matelas était couvert de sang. Des traces sur les murs avaient été essuyées sommairement.

Même les gendarmes, qui en ont pourtant vu d'autres, sont impressionnés par le sang qui macule le matelas, les murs et les marches de l'escalier. Que s'est-il donc passé ici ?

Les analyses montreront que le sang est celui de Marie-France, l'épouse du médecin, mais qu'il n'y en a pas suffisamment pour conclure à une hémorragie mortelle. Quant au sang retrouvé sur le gant de toilette dans la salle de bains, il appartient au Dr Godard. Tous les signes d'une dispute familiale qui aurait mal tourné semblent réunis. Hypothèse renforcée lorsque les gendarmes apprennent que le couple s'est violemment querellé la veille de la disparition, à Caen dans le bureau du cabinet médical du Dr Godard. Bien qu'ils soient incapables de dire de quoi il s'agissait, les voisins ont bien entendu des éclats de voix et des cris.

Le 12 septembre, une nouvelle perquisition est menée au domicile des Godard. Des sous-vêtements du docteur sont emportés, de même que son rasoir, en vue de procéder à des comparaisons d'ADN.

Les gendarmes se demandent à ce moment là si le docteur n'est pas impliqué dans la disparition de Caroline Dickinson, la jeune Anglaise assassinée à Pleine-Fougères, une affaire qui défraye la chronique. En effet, la camionnette blanche du Dr Godard ressemble fort à celle que les témoins ont aperçue près de l'auberge de jeunesse dans laquelle séjournait la victime au moment du crime, la nuit du 17 au 18 juillet 1996. En outre, son signalement présente quelques similitudes avec le portrait-robot de l'assassin de Caroline.

Le juge Zaug espère un instant avoir trouvé celui qu'il recherche : cela fait en effet deux ans qu'il dirige l'instruction sur la mort de la jeune fille, sans succès. Il attend avec impatience les résultats des tests ADN. Des tests qui, finalement, disculperont totalement le docteur.

Une disparition en mer, du sang dans une maison isolée d'un village du Calvados... Les médias, toujours à l'affût d'une bonne histoire, viennent envahir Tilly-sur-Seulles. L'auberge des Michel, située juste en face de la « maison maudite » ne désemplit pas. Les journalistes soulignent à l'envi le caractère atypique du docteur, acupuncteur de 45 ans. Il est considéré par ses confrères comme assez marginal et ne cache pas sa sympathie pour les théories du Dr Beljanski, qui ne sont pas reconnues en France, basées notamment sur l'instinctothérapie. Dès l'installation de son cabinet, les mots « gourou » et « illuminé » avaient circulé dans le village, d'autant que le docteur avait eu maille à partir avec le conseil de l'ordre pour avoir prescrit à certains patients des produits peu orthodoxes, ce qui lui avait valu, en 1997, quatre mois d'interdiction de pratiquer pour exercice illégal de la pharmacie. On murmure même – sans doute à tort – qu'il administre à certains du sérum de tortue importé de l'étranger... Le Dr Godard est certes atypique, mais ses patients sont fidèles et insistent sur son professionnalisme et sur l'attention qu'il porte à chacun. C'est incontestablement un praticien très original, adepte des médecines douces et parallèles, mais c'est avant tout un homme sérieux qui croit sincèrement en ses méthodes, même s'il a souvent le sentiment de lutter seul contre tous.

Le 15 septembre, un mandat d'arrêt international est lancé. Le docteur est officiellement considéré comme suspect, même si le procureur de la République prévient que *« cette affaire nécessitera encore de nombreuses recherches, de très nombreuses auditions, de très nombreuses investigations »*. Il n'imagine pas, à ce moment-là, à quel point l'avenir lui donnera raison !

Le lendemain soir, le soleil commence à disparaître à l'horizon lorsqu'un navire britannique qui croise à l'ouest de l'île anglo-normande d'Aurigny, près de la Hague, dans la Manche, repère un gilet de sauvetage. Un gilet bien plié, comme s'il n'avait jamais servi. Le capitaine du navire remarque immédiatement le nom qui y est inscrit : *Steval II*, autrement dit, le *Nick*, activement recherché par les autorités. C'est le premier élément de ce qui s'avérera être un interminable jeu de piste.

Le 23 septembre au matin, c'est le canot de survie du voilier qui est retrouvé, échoué sur une plage du Dorset, au sud de l'Angleterre. Il a été gonflé manuellement et se trouve dans un état pitoyable, en grande partie déchiqueté et dépourvu de ses éléments de survie, notamment des fusées d'alerte. Des gamins se sont peut-être amusés à le lacérer.

À partir de ce moment-là, la thèse de la fuite du Dr Godard est ouvertement privilégiée. Le scénario pourrait alors être celui-ci : l'homme tue Marie-France à la suite d'une dispute, il se débarrasse du corps et tente de gagner avec les enfants un pays étranger, la Grande-Bretagne ou, pourquoi pas, l'Irlande.

– Oui, c'est bien lui ! C'est sûr ! Il a passé trois nuits ici…

Le patron de l'hôtel *Mannin* est formel, la photo que lui montrent les enquêteurs est bien celle de l'homme qui a séjourné dans son établissement, en compagnie de deux enfants.

L'hôtel n'a vraiment rien de reluisant : 67 chambres sans confort, aux moquettes et aux papiers peints usés, aux matelas trop mous, à l'éclairage aléatoire, aux tuyauteries bruyantes, bref, un petit hôtel provincial bon marché :

– … Il avait l'air vraiment fatigué, reprend le patron de l'hôtel, et ne portait qu'un sac à dos. Les enfants avaient l'air plus soignés.

Enfin ! Une première piste sérieuse pour les gendarmes : le Dr Godard semble bien être passé par l'île de Man, un piton rocheux coincé entre les côtes britanniques et l'Irlande du Nord, dont la capitale, Douglas, ne compte que 70 000 habitants.

– Oui, oui, je me souviens bien d'eux.

Cette fois, c'est la réceptionniste qui reconnaît les photos, surtout celles des enfants :

– Le bureau de l'office de tourisme les avait envoyés ici. L'homme portait un petit garçon endormi sur son épaule et la petite fille était assise un peu à l'écart pendant qu'il récupérait les clés ou réglait sa note. Les enfants portaient des petits sacs à dos, ils étaient si mignons ! Je m'en souviens bien ! Ils partaient assez tôt le matin pour ne revenir que le soir.

– Et l'homme, vous êtes sûre de le reconnaître ? insiste l'un des gendarmes.

– Oui, je crois… Il parlait correctement l'anglais, et il me semble qu'il portait une petite moustache. Cela fait déjà longtemps, je ne sais plus bien.

Le docteur serait donc descendu au *Mannin* à la mi-septembre, quelques jours après la disparition du *Nick.* En tout cas, il aurait eu le temps de gagner l'île et d'y jeter l'ancre. Ce qui apparaît tout de même troublant aux enquêteurs, c'est qu'ils ne trouvent pas la moindre trace du voilier. Il ne se trouve dans aucun port de l'île et personne ne se souvient l'avoir vu au mouillage. Le skipper aurait-il coulé le voilier au large et pris le canot de survie pour rejoindre la côte anglaise du côté du Dorset et, de là, gagner Liverpool en bus ou en train ? Là, trois heures de traversée suffisent pour atteindre Man… Ce scénario, un peu compliqué, est plausible.

D'ailleurs, un autre témoignage renforce la conviction des gendarmes, celui de Janet, la jeune employée chargée de l'entretien des chambres de l'hôtel :

– Un jour, j'ai vu le petit garçon dans le couloir, il était tout seul, il paraissait triste… Je lui ai demandé ce qui n'allait pas, si sa mère lui manquait…

Le garçon, qui pourrait donc être Marius, ne répondit pas et se précipita vers la chambre. Une attitude que la jeune employée mit sur le compte de la timidité, à moins que l'enfant ait obéi à des consignes paternelles : *« Surtout, tu ne parles à personne ! »*

En tout cas, Janet est sûre qu'il s'agissait bien du petit garçon dont on lui montre la photo.

Même assurance chez l'un des barmen de l'hôtel, qui pense les avoir vus partir à bord d'une Clio en compagnie d'une femme blonde. Une femme blonde ? Les enquêteurs insistent un peu et, du coup, l'homme n'est plus très sûr de lui.

« Have you seen these children ? » titre, dès le 11 octobre, la une du journal local, à la demande des gendarmes français, qui espèrent susciter des témoignages. Mais, à part le personnel du *Mannin*, aucun habitant de l'île ne semble se souvenir du père et des deux enfants.

L'employé qui vend les billets de l'unique compagnie de ferrys pense avoir aperçu le docteur et ses enfants, mais il n'en est toutefois pas certain... Pour ne négliger aucune piste, les enquêteurs visionnent des heures entières de bandes vidéo qui filment l'embarquement des voyageurs. Mais aucun passager ne répond, même approximativement, au signalement et l'employé préfère se rétracter.

Après quelques jours, les policiers français réalisent que la piste ne mène nulle part... D'ailleurs, le procureur du parquet général d'Édimbourg les prie vigoureusement de quitter les lieux, reprochant aux enquêteurs français de n'avoir pas attendu la commission rogatoire pour se rendre sur place :

– Nous avions déjà attendu trop longtemps et notre piste était sérieuse, se défendent-ils.

Cela n'empêche pas le dépôt d'une plainte officielle auprès de la France.

Les gendarmes rentrent à Rennes sans la moindre preuve matérielle permettant d'affirmer que le docteur est effectivement passé par Man.

– Le corbeau s'est bien fichu de nous ! songent-ils alors.

Le corbeau ? Oui, en effet, un correspondant anonyme donne des renseignements aux enquêteurs. Le 2 octobre, les gendarmes de la brigade de Falaise avaient reçu une lettre manuscrite d'un correspondant anonyme ; on pouvait y lire ces mots : *« Le Dr Yves Godard est bien vivant, il vit en mer d'Irlande sur l'île de Man. Prendre ce message au sérieux. »* C'est donc lui qui les avait orientés vers Man, une piste dont personne ne peut affirmer si elle est bonne ou mauvaise : s'il n'existe en effet aucune preuve concrète, trois personnes sont tout de même certaines d'avoir reconnu le docteur et ses deux enfants.

Le 8 octobre, une nouvelle lettre leur était parvenue : « *Le Dr Yves Godard est dans la région des îles Hébrides, plus spécialement à Lewis. Sauvez Marius et Camille !* »

Les graphologues sont formels, l'écriture est la même que celle de la lettre précédente :

– Les lettres sont bien formées, assez rondes, il s'agit d'une femme ; la forme des déliés indique qu'elle est sans doute âgée d'une cinquantaine d'années. L'écriture ne semble pas contrefaite.

Des experts se penchent également sur la composition ADN de la salive ayant servi à coller le timbre de la lettre ; ces résidus exploitables pourraient constituer une véritable signature involontaire du corbeau. L'ADN est ainsi comparé à celui des proches du docteur et de son épouse, ainsi qu'à leurs relations plus lointaines, comme Janine, une magnétiseuse et voyante qui correspondrait au portrait dressé par les graphologues. Elle est convoquée à la gendarmerie :

– Vous connaissez bien le Dr Godard, non ? Quelle est la nature exacte de vos relations ?

Janine ne se laisse pas impressionner par le ton autoritaire ni par les insinuations de son interlocuteur :

– Je l'invite régulièrement aux conférences que je donne, répond-elle. Yves Godard s'intéresse à la voyance et surtout au magnétisme, c'est tout.

– C'est un centre d'intérêt un peu bizarre pour un médecin, vous ne trouvez pas ?

– Pourquoi ? C'est un homme formidable, réellement à l'écoute de ses patients. Il m'a appelé plusieurs fois, alors qu'il était au chevet de gens sur le point de mourir, pour que je les soulage à l'aide de mes énergies positives.

Faisant mine de ne pas apercevoir les regards lourds que se lancent les gendarmes, Janine poursuit :

– C'est quelqu'un de formidable, insiste-t-elle. Il n'est pas très apprécié par ses confrères parce qu'il s'intéresse aux médecines douces, à l'homéopathie, à la sophrologie, à l'acupuncture... Mais c'est un vrai médecin, très ouvert.

– Comment expliquez-vous sa disparition ?

– Je ne l'explique pas... C'est un excellent père de famille qui adore ses enfants.

– Vous a-t-il parlé de problèmes particuliers, de quelque chose qui expliquerait son départ précipité ?

Janine s'était posé plusieurs fois cette question depuis la disparition du Dr Godard :

– Je l'ai appelé en février dernier pour l'inviter à une conférence... Je m'attendais à ce qu'il accepte, comme d'habitude, mais il m'a répondu d'une voix angoissée : *« Je ne pense pas pouvoir venir, j'ai de gros, gros problèmes »*. Je n'ai pas insisté.

Les gendarmes demandent à Janine de recopier les lettres du corbeau et lui prélèvent un peu d'ADN. Les résultats des tests graphologiques et des analyses ADN se révèlent négatifs, il n'y a pas la moindre correspondance.

Avant de laisser partir la voyante, ils ne résistent pas à l'envie de lui poser une dernière question, d'un ton un peu goguenard :

– Puisque vous êtes extralucide, vous pourriez peut-être « voir » où se trouve la famille Godard…

Janine dissimule un sourire, elle s'attendait à cette question :

– Désolée… Je me suis interdit d'utiliser la voyance sur Yves Godard. J'espère seulement que lui et ses proches sont en vie… De toute façon, il n'aurait jamais pu leur faire de mal.

Le corbeau garde encore tout son mystère. Car les recherches aux îles Hébrides suggérées par la deuxième lettre anonyme sont loin d'être concluantes. Un touriste pense avoir repéré le docteur en train d'acheter un billet pour l'attraction des *Western Isles*, permettant de visiter quelques-uns des cinq cents îlots de cet archipel britannique. La visite dure une bonne semaine et, lorsque le bateau revient sur l'île de Lewis, les gendarmes français sont là, discrètement installés sur les quais et aux alentours : personne ne passe sans un contrôle minutieux. Mais aucun des passagers n'a aperçu Yves Godard. Encore une piste pour rien…

Cela fait à présent quatre mois que l'enquête a débuté, et la famille de Marie-France Godard commence à désespérer de recevoir des nouvelles… S'il s'agit d'une cavale, comment est-il possible d'échapper aussi longtemps aux recherches ?

– Tout ce que nous voulons, au bout de ces mois d'enfer, confie la mère de Marie-France, c'est connaître la vérité... Saura-t-on un jour ce qui est arrivé à ma fille et à ses deux enfants ? Je n'en suis plus si sûre.

Les parents de Marie-France se constituent partie civile afin d'avoir accès à l'intégralité du travail d'enquête et inciter les enquêteurs à poursuivre leurs efforts.

Le matin du 13 décembre, les gendarmes investissent une nouvelle fois la maison de Tilly-sur-Seulles, à grand renfort de pelleteuses. Deux plongeurs se préparent également à enfiler leur combinaison néoprène sous l'œil des journalistes, qu'un cordon de sécurité tente de tenir à l'écart. Et si le corps de Marie-France avait été enterré à proximité ?

Au PC opérationnel, les gendarmes sont penchés sur la carte du secteur où ont été matérialisés les soixante points qui vont être fouillés : des champs, des bois, une décharge, des carrières – nombreuses dans la région – et plusieurs étangs, le tout dans un rayon de vingt kilomètres autour de la maison. Étant donné la reconstitution des faits des dernières heures du drame, il semble impossible que le corps ait pu être dissimulé plus loin.

Pendant plusieurs jours, des dizaines d'hommes arpentent la région, armés de pelles, de pioches et de détecteurs. Comme toujours, les voisins des Godard sont aux premières loges, notamment à l'auberge, en face, où les commentaires vont bon train :

– De toute façon, je n'ai jamais aimé sa tête, dit la patronne.

– J'y étais, vous savez, pour la perquisition, rappelle son époux. Du sang partout, sur l'oreiller, le matelas… Même les enquêteurs ont été impressionnés, il y avait de quoi !

– Sa femme, elle était plus agréable, plus causante.

– Elle méritait mieux que le docteur !

Un avis partagé par plusieurs habitants du village. On murmure même que le couple allait de moins en moins bien ; Marie-France aurait même cherché du réconfort ailleurs… Des commérages auxquels les enquêteurs s'intéressent, comme c'est la règle dans ce genre d'affaires. Ils interrogent surtout un certain M. B., psychothérapeute, qui recevait régulièrement dans son cabinet de Caen l'épouse du docteur. Des rencontres très discrètes, semble-t-il, puisque Yves Godard n'avait été informé de cette thérapie que très récemment. Les deux premiers enfants de Marie-France, issus d'un mariage précédent, Fanny et Léo, qui passaient deux semaines par mois chez leur mère, auraient affirmé qu'elle s'était confiée à eux en évoquant le projet de quitter son mari…

M. B. nie la moindre intimité avec sa patiente :

– J'ai eu avec elle des relations strictement professionnelles. Ses éventuels sentiments pour moi ne sont qu'un banal problème de transfert, comme cela se produit souvent, sans conséquence.

Mais le psychothérapeute évoque aussi les difficultés de communication de Marie-France, qui souffrait d'un rejet familial ; elle avait coupé les ponts depuis bientôt trois ans. Selon différents témoignages, elle connaissait de plus en plus de problèmes relationnels dans son couple, elle avait perdu sa joie de vivre, fumait de plus en plus et se plongeait dans les livres consacrés au karma, à l'accomplissement personnel ou à l'art du bonheur.

Marie-France ne paraissait donc pas très satisfaite de sa vie à Tilly-sur-Seulles. Une dispute plus violente que les autres aurait-elle mal tourné ? En tout cas, les recherches d'un éventuel corps sont vaines et sont interrompues brutalement par la tempête. Pour les gendarmes, en cette fin du mois de décembre 1999, l'urgence est ailleurs.

L'année 2000 commence avec un nouveau rebondissement. Le 16 janvier, le chalutier *Mélisandre* jette ses filets au large de l'île de Batz. Dans ses filets, parmi les poissons, on découvre un sac vert contenant des vêtements d'enfants, un maillot de bain de femme, une trousse à maquillage et tous les papiers du couple Godard, à l'exception du passeport du docteur. La découverte est presque trop belle. Le naufrage semble tellement évident que les enquêteurs doutent : et s'il ne s'agissait que de leurres jetés là pour faire cesser les recherches et permettre une fuite tranquille ?

La marine affrète un chasseur de mines, *Le Sagittaire,* pour passer au peigne fin le nord de Batz, non seulement en surface mais aussi sous la mer, grâce à des sonars militaires ultra-perfectionnés dont les ondes peuvent dénicher le moindre écho d'épave. Mais les sonars resteront muets.

Pourtant, c'est dans le même secteur, à quelques dizaines de miles, que sera repêché un mois plus tard un morceau de mât, sans qu'il soit possible d'en déterminer l'origine. La mer sait garder ses secrets...

Bientôt, Yves Godard devient l'un des hommes les plus recherchés dans le monde et, à la demande du juge d'instruction, sa fiche est même mise en ligne sur le site d'Interpol, dans lequel figurent seulement dix Français faisant l'objet d'un mandat d'arrêt international.

Si la mer reste avare de renseignements, les réseaux électroniques, eux, se montrent plus loquaces. Le 9 mai, les enquêteurs découvrent qu'Yves Godard avait ouvert un compte bancaire à Madère ; dans cette jolie île portugaise, l'argent est beaucoup moins taxé qu'en France. C'est une publicité retrouvée par hasard au domicile des Godard qui les avait mis sur la piste de *Pinoga Management*, une société spécialisée proposant des délocalisations fiscalement avantageuses aux entreprises françaises. Le docteur avait d'ailleurs montré quelques réticences à payer ses impôts et, surtout, à régler ses cotisations sociales ; il avait adhéré à la Confédération de défense des artisans et commerçants, un mouvement néo-poujadiste fermement opposé aux taxes et prélèvements divers et qui propose des solutions pour en payer le moins possible, notamment grâce à l'ouverture de comptes discrets à l'étranger.

Il faut trois longues semaines avant que la justice obtienne le droit de se livrer à des investigations sur ce territoire portugais... Les autorités locales sont d'autant moins pressées de faciliter le travail des Français que nous sommes alors en pleine affaire Sid Ahmed Rezala : le tueur en série est enfermé à Lisbonne et il accumule les recours juridiques pour éviter l'extradition vers Paris, ce qui alimente pendant des semaines la polémique sur la coopération judiciaire européenne.

Enfin, trois gendarmes sont « invités » à profiter du soleil de Funchal, la capitale de Madère. Ils ne trouveront rien à la *Pinoga Management*, qui n'a jamais entendu parler d'Yves Godard. En revanche, ils font mouche à la *Banif Banco Internacional do Funchal*, établissement vénérable, réputé pour sa discrétion, comme le souligne sa brochure publicitaire : *« Précision et discrétion, compétence et flexibilité. Un service efficace et personnalisé pour toute transaction offshore. »* Dans les locaux prestigieux de la rue Joa-Tavira, un directeur un peu réticent leur confirme que le docteur possède bien chez lui un compte numéroté 325156. Enfin ! Voilà qui expliquerait comment le fugitif financerait sa cavale, car le compte courant du couple, lui, n'a pas enregistré le moindre mouvement depuis la disparition :

– C'est un compte ouvert depuis 1997, précise le directeur.

– Vous pouvez nous faire le détail des derniers mouvements ?

– C'est vite fait : il n'y a eu aucun prélèvement et aucun versement depuis l'ouverture. C'est ce que nous appelons un compte « dormant ».

Encore une piste qui, même si elle se termine en cul-de-sac, a tout de même le mérite d'avoir permis d'apporter quelques lumières sur la situation financière de la famille. Et c'est peut-être là que réside l'explication de la fuite.

L'examen des différents comptes révèle une accumulation de dettes, divers remboursements d'emprunts en retard, des arriérés de charge, des majorations d'impôts… En tout, un peu plus de 300 000 euros. C'est beaucoup et peu à la fois pour une profession libérale. Le cabinet de Caen, la maison de Tilly-sur-Seulles et un petit appartement situé à Lyon valent bien plus que cela ; la clientèle était fidèle et en constante augmentation ; ses consultations rapportaient près de 80 000 euros par an, largement de quoi obtenir un échelonnement de ses dettes. Pour arrondir ses fins de mois, le docteur avait même repris ses gardes de nuit aux urgences de l'hôpital.

Malgré tout, il est évident qu'Yves Godard n'aimait pas être acculé de la sorte, angoissé par les échéances ; il avait même fait mettre sa Volkswagen au nom de sa fille Camille pour éviter une saisie. D'ailleurs, le 15 septembre, deux semaines après sa disparition, un huissier devait se présenter au domicile des Godard pour déposer un dernier avis avant saisie. Le docteur avait donc des soucis financiers. Le chèque de caution qu'il avait laissé pour la location du *Nick* est même rejeté par la banque pour insuffisance de provision. Mais est-ce suffisant pour partir ? Est-ce suffisant pour tout quitter ? Et pour aller où ?

La mer est tranquille et la température est déjà bien agréable en ce début du mois de juin. Rien à voir avec le travail en mer pendant l'hiver, quand les vagues s'amusent à ballotter le chalutier comme une vulgaire coquille de noix et que le froid vous mord le bout des doigts malgré les gants. Pour les marins, c'est une bonne période.

Il est près de 3 h du matin et *L'Indomptable* poursuit sa campagne de pêche, la nuit permettant de compenser un peu la diminution des rendements. Sans relâche, il ratisse le fond marin dans la zone comprise entre les phares de Rohein et la bouée de Petit-Léjon, dans la baie de Saint-Brieuc. Une exclamation vient soudain troubler le ronronnement régulier des machines :

– Patron ! Venez voir ! On a remonté un drôle de truc dans le chalut…

Jérôme Cabaret quitte sa cabine et jette un coup d'œil sur le pont baigné par la lumière des projecteurs. Il grimace :

– On dirait bien un os, un bout de crâne, quelque chose dans le genre…

On distingue clairement la calotte crânienne qui surmonte une orbite.

– Qu'est-ce qu'on en fait ?

Ce genre de pêche est assez rare, mais il arrive à tous les bateaux de remonter des morceaux de squelettes restitués par la mer. Une pêche jamais bien agréable. Il n'hésite pas :

– Remets ça à l'eau, ça n'est pas notre affaire !

Quelques coups de filet plus tard, le patron est de nouveau appelé sur le pont :

– On en a un autre !

Aucun doute, il s'agit bien encore une fois d'un crâne, plus petit mais presque complet, en partie recouvert par des coquillages et des concrétions. Tous les hommes d'équipage se rassemblent à l'arrière, contemplant les restes humains avec une appréhension perceptible.

– Bon Dieu ! Qu'est-ce qui s'est passé par ici ?

Comme tout marin, Jérôme Cabaret ne peut réfréner un esprit quelque peu superstitieux… Il préférerait se trouver à plusieurs miles de là, à pêcher la coquille. Il n'y connaît pas grand-chose, mais ce crâne-là ressemble à celui d'un enfant :

– Trouver deux crânes d'un coup dans le même secteur, ce n'est pas courant… Il a dû y avoir quelque chose… Peut-être un naufrage.

L'homme réfléchit un moment, puis se décide :

– Mets ça de côté, on ira voir les gendarmes demain.

La découverte de ce crâne donne une tout autre tournure à l'affaire Godard. Un moment, les gendarmes ont pensé qu'il pouvait s'agir des restes de l'une des victimes d'un naufrage qui avait eu lieu au large de Perros-Guirec. Les corps de Guillaume, 31 ans, et de Jean-Baptiste, 17 ans, n'avaient jamais été restitués par la mer. Mais, une nouvelle fois, ce sont les scientifiques qui vont faire parler les indices.

Le 20 juin, le procureur de Saint-Malo, Rémy Heitz, convoque la presse au palais de justice. La bibliothèque est bien trop petite pour accueillir tous les représentants des journaux, radios et télévisions, impatients de connaître les résultats des expertises. Le procureur fait son entrée, ajuste sa cravate sous les flashes et la lumière des projecteurs et donne lecture de son communiqué :

– Le crâne se révèle être celui d'une personne issue de la branche maternelle de la famille Godard. Étant donné sa taille, il s'agit de celui de la plus jeune des enfants, Camille.

Cette découverte est un choc. Autant la mort de Marie-France ne fait plus de doute, autant la découverte des restes de la fillette bouleverse toutes les hypothèses.

Tous les témoignages sur le docteur ont en effet décrit un père aimant, particulièrement attentif au bien-être de ses enfants. Comment imaginer qu'un tel homme ait pu assassiner de sang-froid Camille et Marius, puis jeter leurs corps à l'eau ?

Les deux enfants étaient vivants au départ du voilier, comme en atteste l'employé de la société de location *Alet Club Croisières*. Plus tard, lorsque le douanier contrôle les papiers du *Nick*, il aperçoit bien l'un des enfants, endormi dans la cabine… Mais était-il encore vivant à ce moment-là ?

Quant au premier crâne rejeté à la mer par les pêcheurs, c'était manifestement celui d'un adulte. Celui de Marie-France ? Les gendarmes font draguer le secteur, mais aucun autre reste humain n'est retrouvé. Que ce soit en mer ou sur terre, le corps de la femme du docteur reste introuvable.

– Vu l'attachement du docteur pour ses enfants, résume le procureur, il ne fait aucun doute que son propre corps gît par le fond.

Tout porte donc à croire à la thèse du triple meurtre et du suicide final, même si les fouilles sous-marines menées quinze heures durant par le chasseur de mines *Éridan* dans la baie de Saint-Brieuc ne permettent pas de repérer d'épave. Mais l'endroit est balayé par de très forts courants qui ont pu l'entraîner au large. Si c'est le cas, il est tout de même très étonnant de n'avoir pas retrouvé le moindre débris, alors que deux crânes ont été repêchés dans le même périmètre. Et puis, s'il s'est sabordé, comment se fait-il qu'on ait retrouvé le canot de survie ?

L'affaire Godard semble donc bien se terminer là, sur l'incroyable hasard de la découverte du crâne de Camille, et sur un grand silence… Car l'enquête n'a pas répondu aux questions élémentaires, notamment sur le mobile de toute cette affaire.

En effet, le grand point d'interrogation sur lequel semble s'achever l'enquête ne satisfait pas du tout la famille de Marie-France, dont l'avocat, Me Mézerac, saisit la cour d'appel de Rennes pour obtenir une expertise complète de tous les éléments recueillis et lancer de nouvelles recherches. Il est inadmissible que les corps ne puissent être retrouvés, pas plus que l'épave, ce qui permettrait de mettre un point final à l'affaire.

L'avocat demande la constitution d'un vrai collège d'experts maritimes pour définir de quelle manière le voilier a pu sombrer sans laisser de trace, et dans quel secteur l'épave peut se trouver. La famille insiste auprès des autorités judiciaires pour éviter que le dossier, épais de deux mille pièces, ne soit tout bonnement classé :

– Les gendarmes ont accompli un travail considérable, reconnaît Me Mézerac, mais je constate que leurs certitudes sur un supposé passage en Grande-Bretagne ont polarisé l'enquête sur une fuite à l'étranger au mépris des investigations maritimes. Aujourd'hui, mes clients ne veulent pas attendre que la mer livre d'elle-même ses secrets. Pour qu'ils puissent vivre leur deuil en paix, pour que leur cauchemar s'arrête, il faut engager un maximum de recherches en mer !

Quelques jours plus tard, le juge Zaug quitte Saint-Malo pour Lons-le-Saunier. Il fait part de son sentiment *« très amer d'avoir buté sur le cas Godard »*, à peine deux ans après avoir été dessaisi du dossier Dickinson, demeuré jusqu'alors sans réponse.

Les gendarmes ne sont pourtant pas totalement convaincus par la thèse du triple meurtre suivi du suicide ; trop d'éléments du puzzle ne collent pas. Il y a beaucoup de suppositions et peu de certitudes. C'est sans doute pour cela qu'ils continuent de solliciter les témoignages, même à l'étranger. Ainsi, à la fin de l'année 2000, un couple pense avoir aperçu le docteur en Crète ; les enquêteurs s'y rendent, mais ne recueillent aucun indice probant. Une fois encore, c'est la mer qui va faire rebondir l'affaire.

Le 11 février 2001, un couple de retraités se livre à son occupation favorite, la pêche à pied, sur la plage des Ebihens, au large de Saint-Jacut-de-la-Mer, dans les Côtes-d'Armor. Ceux-ci trouvent près du rivage un petit étui en plastique en partie enfoui dans le sable. Il manque la photo, mais le nom est encore parfaitement visible et connu de toute la France : Yves Godard. Il s'agit de la carte professionnelle du docteur, avec son numéro d'affiliation à l'ordre des médecins. Que fait ce document à cet endroit, si loin de la baie de Saint-Brieuc, lieu supposé du naufrage ? Le sinistre jeu de piste n'est pas fini.

Trois semaines plus tard, le 4 mars, des pêcheurs de l'île des Ebihens trouvent l'une des cartes bancaires de l'acupuncteur, elle aussi dans un état de conservation étonnant après dix-huit mois d'immersion supposée. Le 24 mai, un plongeur remonte une autre carte de crédit appartenant à Yves Godard, trouvée dans le même secteur et elle aussi dans un état presque impeccable.

Il est évident que cette succession de trouvailles en l'espace de quelques semaines ne peut pas être le fruit du simple hasard… Et si le docteur était en vie et qu'il avait demandé à quelqu'un de semer des indices pour accréditer la thèse du naufrage ? L'hypothèse paraît dans certains articles de presse.

Le nouveau juge, le juge Jérôme Laurent, décide de reprendre les choses en main et fait ratisser soigneusement tout le secteur de la baie des Ebihens. La presse, reflétant l'opinion publique, trouve que l'enquête est décidément bien aléatoire, soumise au gré des vents et des courants…

– Je ne veux plus voir surgir d'indices au hasard ! commande le juge aux gendarmes. C'est à nous de prendre les devants et de trouver les éventuels indices restants.

Dominique est l'un des quelques habitants permanents de l'île qui accueille l'été de nombreux touristes. L'endroit, encore sauvage, superbe, attire pêcheurs de coquillages, plongeurs et baigneurs. Le 22 juin 2001, du haut de la plage, Dominique surveille à la jumelle ses casiers à crabes et assiste soudain à un véritable débarquement : des dizaines de gendarmes, des plongeurs en combinaison noire, de grosses machines à l'usage indéfinissable... L'homme s'installe aux premières loges avec un petit rire moqueur. Il sait bien que la mer ne rend que ce qu'elle veut bien rendre.

Le capitaine Macé dirige les recherches et fait quadriller la plage, les rochers, les criques, en profitant des forts coefficients de marée, qui dévoilent de larges bandes de sable blanc et de rochers restant d'ordinaire immergés. Une petite grue permet même d'atteindre les endroits difficiles d'accès et une sorte de tracteur remue le sable de la plage et le tamise en récupérant tous les objets pendant qu'un Zodiac croise au large.

L'opération est de grande ampleur, les moyens déployés sont impressionnants : les enquêteurs veulent comprendre comment les documents retrouvés sont arrivés là. Car les experts sont formels : l'étude des courants porte à conclure que les découvertes faites sur l'île des Ebihens ne cadrent pas avec le lieu supposé du naufrage, en baie de Saint-Brieuc :

– On peut affirmer avec certitude, explique un enquêteur, qu'Yves Godard a fait escale sur l'île quelques jours après son départ de Saint-Malo et s'y est débarrassé de son portefeuille, qui livrerait son contenu avec le temps... Mais il apparaît exclu que l'épave se trouve près de Saint-Jacut : nous n'aurions pas retrouvé le crâne de Camille aussi loin.

Après trois jours de fouilles, les gendarmes abandonnent les lieux, bredouilles et persuadés qu'il n'y a plus rien à trouver dans ce coin. Les habitants, eux, retrouvent avec soulagement leur calme et leur isolement habituels.

Mais l'affaire Godard n'a pas fini de tourmenter les enquêteurs. Plus d'un mois plus tard, le 31 juillet, un homme se présente à la brigade de gendarmerie de Ploubalay et dépose un nouvel étui en plastique, une carte d'adhérent à un crédit-bail au nom du Dr Godard :

– Je faisais ma promenade sur la grève à Saint-Jacut-de-la-Mer... L'étui était là, tout près de l'eau.

Comme le soulignent les enquêteurs, cette remontée d'indices n'est décidément pas naturelle, d'autant que l'état de conservation des documents est toujours aussi surprenant. Les analyses scientifiques effectuées démontrent qu'ils n'ont pas pu séjourner longtemps en mer : leurs couleurs, notamment, sont presque intactes. Comment expliquer ces mystérieuses réapparitions ? La thèse la plus plausible est celle d'un mauvais plaisantin qui aurait trouvé le portefeuille d'Yves Godard vers Saint-Jacut et qui s'amuserait à en livrer progressivement le contenu. Le 28 août, les expertises judiciaires concluent officiellement à une supercherie : les documents ont bien été déposés sur la plage par un inconnu, et non par la mer.

Chacune de ces découvertes relance l'intérêt du public pour le « Petit Poucet de la mer » et donc, celui des journalistes, qui décident de donner eux-mêmes un coup d'accélérateur aux recherches.

En ce 29 octobre, le port d'Erquy connaît une agitation pour le moins inhabituelle. Plusieurs voitures immatriculées 75 sont stationnées près de la jetée, et des hommes *« un peu bizarres »*, attablés au café du coin, parlent fort en regardant curieusement autour d'eux. Toute la troupe embarque ensuite sur le petit chalutier réservé quelques jours auparavant, transportant à bord des petites caisses en métal :

– Ce sont des policiers, affirme une commerçante dont le regard n'a rien perdu des dernières allées et venues. Ils posent des questions à tous les pêcheurs. C'est sûr, c'est encore pour le Dr Godard !

– Mais non, ce sont des gens de la télé... J'ai vu une caméra, réplique un pêcheur.

Ce sont effectivement des journalistes qui prennent le large, des équipes de télévisions, de radios et des photographes de presse venus de la capitale pour tenter de décrocher le scoop : retrouver l'épave du *Nick*. Ils veulent en effet exploiter un « tuyau » selon lequel des filets de pêche auraient accroché un obstacle qui ne se trouvait pas là avant la disparition du Dr Godard. Pendant trois jours, accompagnés de pêcheurs locaux, les journalistes croisent au large en scrutant les instruments de mesure. Dans la nuit du dimanche au lundi, leur bateau se trouve à douze miles de la côte lorsque, soudain, un important écho provoque un regain d'agitation à bord :

– Regardez ! Le sonar s'anime, il y a quelque chose ! On va revenir un peu en arrière…

Il semble bien y avoir, à vingt mètres de profondeur, une forme de deux mètres de haut sur dix mètres de long, ce qui pourrait tout à fait correspondre au voilier loué par le Dr Godard. Des plongeurs inspectent le fond, mais, à cause du manque de visibilité, ils ne parviennent pas à retrouver l'endroit précis.

Au beau milieu de ces opérations très médiatisées, un bâtiment de la marine accoste le bateau de pêche des journalistes. À bord, des militaires de fort méchante humeur vérifient un à un tous les documents administratifs :

– Nous n'avions besoin de personne pour mener cette enquête ! lance l'un des gendarmes d'un ton bougon.

– Étant donné la manière dont elle avance, votre enquête, vous ne devriez pas refuser un peu d'aide ! réplique un journaliste, répercutant à voix haute l'opinion de nombre de ses confrères.

Les réticences administratives n'empêcheront pas Alain Mallardé, le président de la Confédération maritime, de faire une déclaration officielle de découverte : l'écho reçu ne correspond à aucune épave référencée. Les autorités voient peut-être d'un très mauvais œil l'incursion – vexante – des journalistes, mais cela ne les empêche pas, dès le lendemain, de mener des recherches au même endroit, puis d'envoyer des plongeurs professionnels pour tenter à leur tour de retrouver l'épave. Mais eux aussi font chou blanc.

Si le voilier a bien été sabordé au large, il peut paraître étonnant que le *Nick* ait échappé à toutes les recherches menées dans la baie de Saint-Brieuc. Dans les premières semaines, elle aurait pu dériver lentement avant de s'envaser en haute mer, mais près de trois cents bateaux de pêche évoluent régulièrement dans le secteur, leurs filets ratissant la baie, et il aurait fallu vraiment un malheureux hasard pour que l'épave leur ait échappé. À moins que ce ne soit pas le cas...

Si l'on traîne un peu dans les bars de Penthièvre, là où aiment se réunir les vieux loups de mer, on entend des choses intéressantes, loin des oreilles des gendarmes. La corporation est très soudée, soucieuse d'éviter des ennuis inutiles dans un métier déjà pas facile. On murmure ainsi que certains pêcheurs auraient accroché dans leurs filets un objet non répertorié dans la baie, entre le phare de Rohein et la bouée du Petit-Léjon, tout près de l'endroit où avait été découvert le crâne de Camille. Bien sûr, il peut s'agir d'un vieux container, mais il n'y avait rien dans cet endroit avant septembre 1999. Certains chalutiers auraient même remonté d'autres ossements, vite rejetés à la mer pour éviter les ennuis judiciaires. L'un des pêcheurs se justifie :

– On a vu ce qui est arrivé au collègue qui a trouvé le crâne de la petite. Il a été cuisiné pendant des heures par les enquêteurs... Ils le soupçonnaient de l'avoir trouvé dans une zone interdite à la pêche, et le gars, il a bien regretté d'avoir prévenu les autorités ! Alors si c'est pour avoir des ennuis, nous, on préfère rester discrets.

Peut-être qu'un peu plus de doigté de la part des gendarmes aurait permis de s'attacher la collaboration des professionnels de la mer et peut-être de trouver – enfin ! – un élément probant sur le naufrage.

Le jardin de la maison de Tilly-sur-Seulles est envahi par les mauvaises herbes ; le rosier est mal taillé et un vélo d'enfant commence à rouiller à côté d'un réfrigérateur, sous l'abri de jardin. Seul l'un des deux chats des Godard, nourri par la voisine, est resté pour garder les lieux. En ce 26 septembre, celle-ci observe avec étonnement le nouveau déploiement de gendarmes dans la propriété. Le soir commence à tomber, et le juge d'instruction, Jérôme Laurent, donne le signal de la reconstitution. Il veut retrouver précisément la chronologie de la dernière nuit des Godard dans la maison et *« revoir les lieux dans les conditions évoquées au début de l'enquête »*. Le Combi Volkswagen blanc du couple a été ramenée à leur domicile et les gendarmes lui font faire plusieurs aller et retour. Le lendemain matin, dès 7 h 30, la reconstitution se poursuit en présence de la voisine, Bernadette Chasles, qui avait croisé le véhicule le matin du départ de la famille. A-t-elle vraiment pu apercevoir, comme elle l'affirme, les deux enfants à l'arrière du véhicule, malgré les vitres teintées ? Elle parlait également d'une femme qui lui aurait fait un signe de la main, mais cette nouvelle reconstitution montre la faiblesse de son témoignage :

– Je ne suis plus bien sûre d'avoir vu cette silhouette, reconnaît-elle.

Les enquêteurs tentent aussi de vérifier l'hypothèse d'un convoi nocturne au cours duquel le docteur aurait pu se débarrasser du corps de son épouse, en bordure de la départementale 9. Mais aucun témoin ne peut confirmer avoir entendu le bruit du moteur de la Volkswagen pendant cette dernière nuit. Étant donné la chronologie, il semble peu probable qu'Yves Godard ait eu le temps de sortir et de creuser une sépulture.

Près de quatre années se sont écoulées depuis que la famille Godard a quitté le domicile de Tilly-sur-Seulles. Quatre années d'enquête sans résultat définitif : Marie-France est-elle morte ? Le docteur s'est-il suicidé après avoir assassiné ses enfants ? A-t-il tout d'abord tenté de fuir ? Seul le hasard a permis de confirmer la tragique disparition de Camille. De temps en temps, les gendarmes réactivent l'affaire : à la fin de l'année 2002, on a parlé d'une mystérieuse « piste américaine » : des touristes auraient vu Yves Godard à l'étranger. Et puis, il y a même de nouveaux témoignages tardifs en France : le 5 octobre 2002, un gendarme de la brigade de Rennes raconte qu'il avait vu le *Nick* amarré en baie de Saint-Brieuc le 3 septembre 1999, c'est-à-dire trois jours après son départ de Saint-Malo.

Pourquoi ce gradé, parfaitement au courant des recherches, n'a-t-il pas livré ces informations plus tôt ? Il ne le jugeait pas utile, parce qu'à l'époque, deux pêcheurs avaient également affirmé avoir vu le *Nick* dans le même secteur, sur la pointe de Minard, à quelques miles de l'anse de Bréhec. Or, ces témoignages n'avaient pas été retenus à cause d'imprécisions. Eh bien, si même un gendarme hésite à livrer un témoignage à ses collègues…

Et ce nouvel élément a son importance, notamment parce que l'homme est sûr que le voilier était vide lorsqu'il l'a aperçu. Yves Godard pourrait donc avoir eu rendez-vous avec quelqu'un à terre avant de disparaître… Un homme ? Une femme ? Un autre plaisancier ? Un habitant de l'île des Ebihens ? Malgré les recherches et les interrogatoires, aucun élément ne permet de répondre à ces questions.

L'affaire Godard reste donc une énigme dans laquelle les conjectures se disputent aux hypothèses. À ce jour, peut-on seulement tenter d'imaginer un scénario possible…

Yves Godard ne s'entend plus avec son épouse, les tensions sont de plus en plus fortes au sein du couple. Marie-France lui annonce son intention de le quitter et de demander la garde des enfants, ce qui ne devrait pas être difficile étant donné la réputation un peu sulfureuse que traîne l'acupuncteur. Parallèlement, le docteur est embourbé dans des ennuis financiers : rien de réellement dramatique, mais cela le préoccupe.

Il ne conçoit pas la vie sans son épouse et surtout pas sans ses enfants. Une violente dispute tourne mal et Marie-France est sérieusement blessée, voire tuée. Au petit matin, le docteur prend la route avec les enfants, un peu étonnés mais excités à l'idée de prendre le bateau. À ce moment-là, le corps de Marie-France Godard est peut-être dans le coffre du véhicule, enveloppé dans un grand sac en plastique, celui qui sert habituellement à protéger la planche à voile du docteur. Le douanier qui contrôle le *Nick* après son départ a en effet remarqué ce sac sur le pont... Le docteur poursuit sa route vers la baie de Saint-Brieuc et mouille au large de l'île des Ebihens. Y rencontre-t-il quelqu'un ? Rien ne permet de l'affirmer, mais, en tout cas, il se débarrasse de son portefeuille sur les rochers pour brouiller les pistes. À ce moment précis, il a peut-être encore l'intention de fuir à l'étranger avec ses enfants.

Mais il se rend vite compte de la difficulté qu'il y aurait à gagner l'Irlande, Madère ou un autre pays sans refaire régulièrement le plein de victuailles et d'eau, en quel cas il serait immédiatement repéré. Alors, il drogue les enfants, qui sont enfermés dans la cabine. Lui-même fait tomber ses dernières réticences en buvant une bouteille de whisky. Il met cap au large et détache l'annexe avant de saborder le voilier. Petit à petit, l'eau envahit la cabine, puis le pont. Le *Nick* disparaît dans les courants, en partie disloqué par la pression avant de s'envaser.

Entretemps, un habitant de l'île des Ebihens a retrouvé le portefeuille du docteur et décide de ne rien dire. Ce n'est que plus tard que ce mystérieux personnage, dépassé par l'ampleur de l'affaire, décide de rendre à la mer les documents du docteur.

Mais cette reconstitution n'est que pure hypothèse… Tout juste a-t-elle le mérite de faire tenir ensemble les morceaux d'un puzzle rendu bien compliqué par des incertitudes que l'enquête n'a pas réussi à lever. Une enquête qui s'est engagée dès le début sur la piste d'une fuite à l'étranger du docteur avec ses enfants, et qui s'est transformée en une longue course après un fantôme à l'île de Man – où les témoignages semblaient pourtant crédibles – puis à Madère, aux Hébrides et encore en Crète. Peut-être aurait-il été judicieux de lancer tout de suite des recherches sous-marines de grande ampleur, en s'attachant les bonnes volontés des pêcheurs locaux.

Indéniablement, la chance n'aura pas été du côté des enquêteurs, entraînés sur de nombreuses fausses pistes par des témoignages erronés, par les lettres d'un corbeau dont on n'a jamais découvert l'identité, et par l'apparition progressive des cartes bancaires du docteur, rejetées non pas par la mer mais par un mauvais plaisantin.

La disparition de la famille Godard reste l'une des énigmes les plus médiatisées. Personne, aujourd'hui, ne peut avancer de réponse certaine.

Yves Godard avait un jour confié au Dr D., l'un de ses amis de l'époque : *« La mer est l'endroit où je me sens le mieux. »*

Les fiancés de Fontainebleau

31 octobre 1988 : Anne-Sophie Vandamme et Gilles Naudet, amoureux l'un de l'autre, disparaissent en forêt de Fontainebleau. Leurs cadavres sont retrouvés deux mois et demi plus tard : accident de chasse qui aurait mal tourné ? Exécution préméditée ? Nul ne sait aujourd'hui encore pourquoi les « Fiancés de Fontainebleau » ont été tués. Un jeune homme, Cédric, 17 ans au moment du drame, arrêté en 1999, a d'abord avoué le double meurtre avant de se rétracter... Et d'être finalement acquitté par la cour d'assises, les gendarmes ayant mené une enquête par trop insuffisante et incohérente.

Les hommes marchent lentement, sans faire trop de bruit pour ne pas effrayer les animaux. Sous leurs pieds, les branches tombées sur un tapis de feuilles mortes craquent dans un petit crépitement sec. Le fusil sur l'épaule, le petit groupe avance dans ce massif du Coquibus, connu pour la chasse du gros gibier. Ce matin, la forêt est belle : l'automne livre ses derniers beaux jours avec un pâle soleil bien agréable. Mais les hommes laissent tout cela aux promeneurs, déjà nombreux en cette matinée de dimanche. Eux ne sont pas là pour profiter du paysage. Il faut se tenir sur ses gardes, le fusil prêt et le regard aux aguets, au cas où un sanglier, ou bien peut-être un cerf, surgirait brutalement sans qu'on s'y attende. Dans la chasse, c'est cette attente qui est excitante :

– Arrêtez-vous ! murmure l'un des hommes. Vous n'avez pas entendu ?

– Non, quoi ?

– On dirait des bruits de sanglier… qui nous tourne autour…

– On a qu'à se mettre en planque, là, derrière cet arbre…

Quelques minutes plus tard, à une cinquantaine de mètres de là, les chasseurs voient surgir une forme animale, un sanglier, qui s'approche tranquillement. Fouillant le sol à la recherche de glands et de petites baies à manger, il n'a pas repéré l'odeur des prédateurs humains.

Dans le silence de la forêt, deux détonations résonnent soudainement. La bête, qui n'a pas compris ce qui lui arrive, fait encore un pas… puis s'effondre sans un cri. Les chasseurs se précipitent vers la carcasse encore chaude que la vie vient de quitter. Scène ordinaire de chasse.

Un peu plus tôt, ce dimanche 31 octobre 1988, un couple de jeunes amoureux s'apprête à rejoindre ce même massif du Coquibus en forêt de Fontainebleau. À 25 ans, Anne-Sophie et Gilles apprécient tous deux la nature, l'air pur, la végétation et les grands espaces. Le couple habite Versailles, en région parisienne. Anne-Sophie travaille à une dizaine de kilomètres en tant qu'assistante sociale pour l'office HLM du Val-d'Oise et Gilles est guichetier au Crédit Mutuel d'Évry. Alors, le week-end, une balade en forêt est bienvenue pour oxygéner le corps et la tête avant de reprendre le travail dans la grisaille du béton francilien :

– Tu veux vraiment aller marcher en forêt ? demande Gilles à son amie. Il ne fait pas très chaud… D'ailleurs, il a gelé…

– Oui, mais il y a un ciel magnifique. Regarde, il n'y a pas un seul nuage. Allez, viens, ce sont les derniers beaux jours !

Quelques instants plus tard, les deux amants sont prêts à partir. Anne-Sophie a préparé quelques victuailles dans un sac à dos rouge – des fruits et des barres chocolatées – au cas où la faim se ferait sentir. Gilles a mis sa parka bleue sur lui.

Avant de partir, Anne-Sophie lance à la mère de Gilles, qui se trouve là :

On ne rentrera pas tard, vers 16 h environ. Ce soir, on doit dîner chez des amis à Versailles. À tout à l'heure !

Quelques minutes plus tard, Anne-Sophie et Gilles arrivent dans cet endroit de la forêt que le jeune homme apprécie le plus et qu'il veut faire découvrir à son amie.

– Il voulait montrer la vue que l'on avait sur le canyon situé en contrebas, explique Colette Naudet, la mère de Gilles.

Le massif du Coquibus est un personnage à lui tout seul dans cette histoire. Un massif sombre et profond situé dans l'immense forêt de Fontainebleau, à cinquante kilomètres de Paris, entre les départements de l'Essonne et de la Seine-et-Marne, entre deux villages, Arbonne et Milly-la-Forêt, noms qui fleurent bon la province. Pourtant, nous sommes bien encore en Ile-de-France, dans un lieu qui offre un paysage étrange et même unique dans cette région. Cette partie de la forêt est composée de plusieurs hectares de rochers et de fougères. Le paysage y est presque lunaire, désertique. Les gros cailloux posés au hasard sur le sol voisinent avec des pitons émoussés dans de larges mais inquiétantes clairières cernées tout autour d'une épaisse forêt dense et sombre.

Les amoureux garent leur vieille Peugeot 304 sur le parking de la Feuillandière, juste à côté de la départementale 409 par laquelle ils sont arrivés. Ils descendent de l'automobile et ferment les portes à clé.

À hauteur du parking, se trouve l'allée de la Boulignière, un sentier praticable à pied qui mène à une zone marécageuse. Les deux jeunes gens s'engagent sur ce chemin, s'enfonçant dans la forêt.

À 11 h 30, peut-être midi, ils arrivent tranquillement à l'endroit que Gilles veut absolument montrer à Anne-Sophie : le plateau de la Mare-aux-Joncs, sur lequel ils débouchent depuis le sentier de randonnée GR 11. Ce lieu est réellement étrange, plus encore que le massif qui l'entoure. Son décor de lande lunaire prête volontiers à la rêverie, voire aux mythes. Une vieille légende locale affirme ainsi que Mesrine, l'ennemi public numéro un des années 70, venait s'entraîner ici au tir à la carabine. Peut-être est-ce un peu plus qu'une simple légende : dans le passé, une cache d'armes et d'explosifs de terroristes a été retrouvée sur ce plateau. Cette hauteur de la forêt de Fontainebleau semble avoir toujours inspiré aux hommes une sorte de peur instinctive. Comment expliquer autrement les noms de lieux qui s'y trouvent ? Le plateau est situé entre la Gorge-aux-Loups, la Gorge-aux-Fauves, la Gorge-aux-Voleurs et la Gorge-aux-Frissons. La carte des lieux n'a vraiment rien de rassurant ! Le jeune couple arrive donc sur le plateau…

17 h… 18 h… 20 h… 22 h… Minuit ! Les heures passent sans que Colette Naudet, la mère de Gilles, ait la moindre nouvelle du couple. Pourtant, elle est certaine d'avoir entendu Anne-Sophie lui dire qu'ils ne rentreraient pas tard. C'est étonnant et inquiétant. La gendarmerie est prévenue et, cinq jours plus tard, le 4 novembre 1988, plus de sept cents gendarmes à pied, à cheval, en moto et en hélicoptère, ratissent le secteur où les amoureux étaient partis se promener. Ils organisent une grande battue pour essayer de retrouver les deux disparus. Sans succès. Plusieurs hypothèses sont alors évoquées dans la presse. *Le Monde*, dans un petit entrefilet, explique : *« L'hypothèse d'une chute dans une faille rocheuse n'est pas totalement écartée. Les deux jeunes gens peuvent, en effet, avoir été victimes d'un éboulement rocheux, comme le furent deux enfants dans un autre secteur de la forêt, il y a une dizaine d'années. Les enquêteurs qui étudient très soigneusement les témoignages recueillis n'excluent pas non plus le tir d'un braconnier (un sanglier abattu sans doute illégalement a été découvert) ni l'hypothèse d'une*

agression. Pour leur part, les parents des jeunes gens ont porté plainte, samedi 5 novembre, contre X, pour séquestration. »

Une semaine plus tard, ceux que la presse ne va pas tarder à surnommer « les Fiancés de Fontainebleau » n'ont toujours pas été retrouvés. Pour les familles, s'ouvre alors une longue période d'angoisse durant laquelle toutes les hypothèses sont imaginées : le couple a-t-il été enlevé ? Pour quelle raison ? Est-ce une « fugue », comme il s'en produit chaque année plusieurs milliers en France, où des personnes disparaissent tout bonnement pour refaire leur vie ailleurs sans prévenir leur famille ? Voilà qui, en l'occurrence, est assez peu concevable, car le couple entretenait d'excellentes relations avec parents et famille. Les jeunes gens auraient-ils été victime d'un accident ? Dans ce cas, pourquoi les recherches, pourtant très poussées, n'ont-elles rien donné ? Difficile, en tout cas, de penser à l'hypothèse suivante, celle qui, pour un père, une mère, des frères et des sœurs, est totalement inimaginable : les jeunes gens ont-ils été victimes d'un tueur ? L'angoisse et les incertitudes vont durer plus de deux mois.

****

Ce 10 janvier de la nouvelle année 1989, cinq hommes sont sur les dents dans le secteur de Milly-la-Forêt. Un garde forestier de l'Office national des forêts et quatre chasseurs traquent un sanglier blessé la veille. Ils pistent l'animal depuis le matin, aidés d'un teckel à poil dur. Il est presque 14 h lorsqu'ils arrivent sur le plateau de la Mare-aux-Joncs :

– Regardez, il y a une chaussure ! lance le garde forestier à ses compères, montrant de la main la direction d'un taillis.

Les hommes sont intrigués. Ils connaissent bien la forêt. Or, ce n'est pas un secteur où les promeneurs ont pour habitude de jeter des détritus. La présence de cette basket est étrange et ils s'approchent pour voir d'un peu plus près.

La chaussure dépasse d'un amas de feuillages sous lequel se trouve le corps d'un homme… mort. Juste à côté, il y a également le cadavre d'un gros chien, un berger des Pyrénées :

– Nom de Dieu ! Il faut prévenir les gendarmes immédiatement !

– Tu crois que ça peut être…

Aussitôt, les chasseurs pensent à ce jeune couple disparu à la Toussaint de l'année dernière et aux grandes battues organisées dans le coin début novembre pour tenter de le retrouver. Ils donnent immédiatement l'alerte. Quelques minutes plus tard, une soixantaine de gendarmes, des gardes forestiers et le juge d'instruction chargé de la disparition des deux jeunes gens le 31 octobre 1988 se rendent sur place. En inspectant les talus et les abords des mares à proximité, ils découvrent un troisième corps : une femme, cette fois-ci. Ils sont persuadés qu'il s'agit bien des « disparus ». D'autant qu'un indice semble le confirmer : la plaque d'identité du chien, qui est retrouvée sur lui, fait état du même nom – Dundee – que celui du chien d'Anne-Sophie Vandamme et Gilles Naudet. Un peu plus tard, les corps et les vêtements des deux cadavres sont identifiés par les familles. Il n'y a désormais plus aucun doute : ce sont bien les « disparus » que l'on vient de retrouver, pratiquement par hasard, un peu plus de deux mois et demi après leur disparition.

Dès le lendemain de la découverte, le parquet d'Évry ouvre une information judiciaire pour homicides volontaires. Les spécialistes de l'Identité judiciaire fouillent tout le secteur du massif forestier pour rechercher des indices sur la scène du crime. Ils trouvent neuf douilles de calibre 22 long rifle. Comme ces découvertes semblent l'attester, et selon les premières constatations, le couple et leur chien ont été abattus de plusieurs balles. L'autopsie, le lendemain, confirmera cette première hypothèse, Gilles, Anne-Sophie et Dundee ayant reçu chacun trois balles de 22 LR.

Dès le début de l'enquête, les forces de l'ordre privilégient la thèse d'un accident de chasse et bâtissent un scénario qui marquera profondément l'enquête. Il s'agit en réalité d'une intime conviction qui guidera les gendarmes durant plus de dix ans. Ils pensent que Dundee surgit le premier sur le plateau de la Mare-aux-Joncs, émergeant à peine des bruyères. À environ vingt mètres de là, deux tireurs sont embusqués, l'un derrière un sapin, l'autre derrière un rocher. Ils ont leurs carabines 22 LR pointées en direction du bord du plateau. Ils tirent alors trois coups de feu sur le chien, qu'ils confondent avec un gibier. Trois coups de feu qui émanent de deux armes différentes : un détail essentiel, car cela signifie que deux tireurs – au moins – se trouvaient sur place. Gilles Naudet se rue alors sur les agresseurs qui, pris de panique, tirent à nouveau, mais sur le jeune homme cette fois-ci : une fois à l'épaule, une deuxième fois au visage en l'éraflant. Il est blessé. Anne-Sophie se met à crier et tente de fuir. Mais les tueurs sont déjà allés trop loin et ne doivent pas laisser de témoin : ils tirent une première fois en direction de la tête de la jeune femme, la blessent à la bouche, puis l'abattent ensuite de deux autres balles dans la nuque. Gilles étant encore en vie, les tueurs tirent une nouvelle fois sur lui une balle fatidique dans la nuque. Le drame n'a duré que quelques minutes. Les tireurs vérifient que leurs victimes sont bien mortes avant de prendre la fuite dans un 4x4 de couleur claire : ces deux informations sont attestées par des traces de pneus relevées sur place. Par ailleurs, sur un rocher, les gendarmes découvrent des restes de peinture claire appartenant peut-être à une Lada dont une aile aurait pu être éraflée. Voilà le déroulement probable imaginé par les gendarmes dès le lancement de l'enquête.

D'emblée, une question essentielle se pose : les corps ont-ils été transportés ou laissés sur place ? Cette interrogation restera au centre des débats de l'affaire pendant plus d'une décennie. Les enquêteurs penchent pour la thèse d'un déplacement, car plusieurs éléments ne « collent » pas. À commencer par le fait que les gendarmes ont ratissé tout le secteur en novembre, sans rien trouver, alors même que les cadavres, tels qu'ils viennent d'être découverts, étaient parfaitement visibles.

Et puis, surtout, la mère de Gilles Naudet, lorsqu'elle identifie le corps de son fils, fait une observation pour le moins étrange. Le manteau de son fils semble sortir du pressing :

– On a vu la parka bleue que portait Gilles et l'anorak d'Anne-Sophie. À part une tâche de sang au niveau du cou, les vêtements étaient sans auréoles, sans salissures… C'est bizarre ! déclare-t-elle aux enquêteurs.

Si les corps étaient restés dehors pendant plus de deux mois, les vêtements ne devraient pas être dans cet état. Surtout que l'hiver, en région parisienne, est pluvieux : une humidité qui aurait dû laisser des traces.

Par ailleurs, les médecins légistes affirment que l'état de décomposition des corps ne coïncide pas avec un séjour prolongé à l'air libre. Les cadavres sont en relativement bon état : auraient-ils été cachés quelque part, dans un lieu comme une chambre froide, par exemple ? Possible. En tout cas, les gendarmes se posent la question et vérifieront, au cours des semaines suivantes, tous les réfrigérateurs des restaurateurs des environs… Comme si ces indices confirmant la thèse du déplacement des corps n'étaient pas suffisants, des botanistes appelés pour expertiser le lieu du crime affirment que les fougères ont été coupées fraîchement au moment de la découverte des corps, *« tout au plus huit jours avant »*.

Les corps auraient donc pu être transportés dans une voiture après les meurtres, puis dissimulés quelques semaines avant d'être remis en place. Pour cela, il faut une voiture afin de circuler dans les allées secondaires de la forêt de Fontainebleau. Il faut aussi une clé pour ouvrir les barrières présentes à l'entrée de ces allées :

– Beaucoup de gens possèdent la clé, parce que c'est la même pour tout Fontainebleau. Et comme il s'agit d'un cadenas à numéro, le code est un secret de Polichinelle ! explique un chasseur.

En clair, l'accès en voiture n'est pas un problème pour qui connaît un tant soit peu les us et coutumes du milieu des forestiers et des chasseurs. Voilà qui, pour les gendarmes, renforce un peu plus encore l'hypothèse d'un accident de chasse ayant mal tourné. Accident de chasse ou plus exactement accident de braconnage. Car le calibre des balles – du 22 LR – ne correspond pas du tout aux habitudes des chasseurs dans ce secteur de la forêt. Ici, on chasse du gros gibier avec du 6 ou du 12 mm, des calibres très puissants qui arracheraient la tête de n'importe qui. Jamais un chasseur « régulier » dans le massif du Coquibus n'utiliserait du 22 LR :

– Les braconniers, en revanche, utilisent ce calibre-là, explique un chasseur, parce qu'ils se mettent en embuscade, attendant le passage d'une bête blessée par un chasseur pour l'achever, ce qui est possible avec une carabine 22 LR.

Mais, là encore, une question se pose : un braconnier viendrait-il ici un jour d'ouverture de la chasse, et, qui plus est, en plein week-end de la Toussaint, qui connaît une grande affluence de promeneurs ? Peu probable… Mais la piste des braconniers, tout comme celle des chasseurs, est à explorer.

C'est ce que font les enquêteurs dès le mois de mai. Un travail de titan : tous les chasseurs du canton de Milly-la-Forêt sont interrogés. Le milieu de la chasse est disséqué, étudié, les témoignages soigneusement recueillis et recoupés. Les gendarmes réussissent à identifier tous les chasseurs officiels et les promeneurs qui se trouvaient dans le secteur au moment des faits, soit une centaine de personnes au total :

– Avez-vous remarqué quelque chose ? Vous souvenez-vous d'un détail étrange ? demandent les enquêteurs.

– Rien, si ce n'est qu'il y avait beaucoup de promeneurs, ce jour-là, répond le secrétaire de la société de chasse de Milly-la-Forêt. C'était trop dangereux pour chasser. À midi, j'ai donné l'ordre de rentrer. Nous n'avons pas tiré une seule cartouche.

Mais ces chasseurs-là, respectueux des promeneurs, n'étaient pas les seuls dans le secteur : d'autres avaient reçu des autorisations de chasser sur les terres voisines, des concessions de chasse accordées à quelques grandes familles, les Michelin, notamment, qui possèdent une propriété non loin de là.

Un garde forestier, Philippe Gazzola, décédé depuis lors, raconte d'ailleurs aux enquêteurs :

– Ça tirait de partout, il y avait une trentaine de chasseurs.

À tel point que sa voiture de service avait même été traversée par une balle !

Dans le même temps, les enquêteurs tentent de faire « parler » les armes qu'ils trouvent aux domiciles des chasseurs, de leurs amis et connaissances ou des braconniers. Leur objectif est de retrouver les armes ou en tout cas des munitions d'une série identique à celle qui a servi à commettre les meurtres. Mais ces tentatives se révèlent vaines.

Dès le milieu de l'année 1989, l'enquête semble être au point mort, les gendarmes n'ayant aucune piste réellement sérieuse. En janvier 1990, quatre hommes dont plusieurs gardes-chasse sont placés en garde à vue, puis remis en liberté presque aussitôt. L'hypothèse de « l'accident de chasse ayant mal tourné » ne semble plus d'actualité tant les recherches dans cette direction sont infructueuses.

Les années qui vont suivre sont celles où les hypothèses les plus folles sont échafaudées. Un gendarme, l'adjudant Dominique Bellanger, de la section de recherches de Paris, a pris la direction de l'enquête. Il est affecté à temps plein sur ce dossier et travaillera exclusivement sur cette affaire pendant plus de dix ans. À l'époque, ce sous-officier a 27 ans et il vient de faire ses preuves en participant à l'arrestation très médiatique et délicate du milicien Paul Touvier. L'enquêteur est donc compétent. Cet homme qui porte la moustache et les cheveux longs cultive volontiers l'image d'un enquêteur à part. On le décrit comme quelqu'un d'obstiné et d'avenant. Ses méthodes sont un peu celles des plus fins limiers de romans policiers. Il passera ainsi trois semaines à camper dans la forêt de Fontainebleau, dans les environs du lieu du crime, pour s'imprégner de l'atmosphère et voir qui vient ici. Il aura quelques surprises en découvrant notamment que des messes noires se déroulent non loin, que des gens viennent déposer des fleurs pour rendre hommage aux victimes, comme si elles étaient l'archétype du couple d'amants unis à jamais dans la mort. Dans un autre style, il verra également des cavaliers surgissant dans la brume du petit matin, totalement nus sur leur monture ! Bref, le lieu est propice aux événements étranges.

C'est également à cette époque, au début des années 90, que sont arrêtées plusieurs personnes appartenant à des groupes paramilitaires d'extrême droite. Des groupes qui viennent s'entraîner ici au maniement des armes. Hypothèse facile : et si les fiancés avaient été assassinés « malencontreusement » par l'un de ces individus ? Cette piste ne donne rien et les personnes sont relâchées.

À un autre moment, on soupçonne un restaurateur voisin qui servirait à sa table du gibier braconné. Peut-être aurait-il pu abriter les corps dans sa chambre froide ? Celle-ci est minutieusement inspectée, sans succès. Un chauffeur routier portugais, impliqué dans des homicides – il est soupçonné du meurtre de plusieurs auto-stoppeurs –, est soupçonné et finalement mis hors de cause.

Enfin, une autre thèse circulera longtemps avant d'être complètement abandonnée : le couple aurait été assassiné par les services secrets français. Pourquoi ? Parce que, Gilles Naudet venait de terminer son service militaire au service du Chiffre. Aurait-il vu, à cette occasion, quelque chose qu'il n'aurait pas dû voir ?

Enfin, dans le même ordre d'idée, une autre rumeur se répand : le double meurtre de Gilles Naudet et Anne-Sophie Vandamme serait une « erreur ». On aurait en réalité cherché à assassiner le fils du président égyptien Hosni Moubarak, qui possède une résidence dans ce secteur de la forêt. Ainsi, Gilles Naudet aurait été confondu avec le fils du chef d'État arabe. Il est vrai que, de loin, dans un lieu sombre comme une forêt, on peut effectivement voir une ressemblance entre les deux hommes. Mais, là encore, cette hypothèse est bien vite écartée. De pistes avortées en thèses farfelues, l'enquête s'enlise et se perd dans les méandres d'une forêt aux secrets décidément bien impénétrables…

13 janvier 1998, presque dix ans plus tard.

– Il est 6 h du matin. Allez-y, procédez aux interpellations. Tous les hommes dont nous avons le nom doivent être entendus, aucun ne doit tenter de s'échapper.

En cette fin de nuit froide, environ soixante-dix hommes s'apprêtent à passer à l'action. Il y a là une trentaine de gendarmes de la section de recherches de Paris dont dépend l'enquête, une trentaine d'hommes du groupement interdépartemental de la Seine-et-Marne et de l'Essonne, ainsi qu'une dizaine de gardes de l'Office national de la chasse. Les forces de l'ordre n'ont pas lésiné sur les moyens. Il faut dire qu'au final, quelques minutes plus tard, treize personnes, des chasseurs et des braconniers fréquentant la forêt, seront arrêtées et placées en garde à vue.

Un coup de filet qui constitue un véritable rebondissement dans une affaire éteinte :

– Ces arrestations marquent une nouvelle étape dans cette longue enquête, se félicitent alors les enquêteurs.

Lors des perquisitions, quatre armes et deux voitures « suspectes » sont saisies. La découverte de ces pièces, qui pourraient se révéler capitales, redonne de l'espoir aux familles des victimes. Jusqu'à présent, en effet, les armes du crime n'avaient pas été retrouvées en dépit de centaines de perquisitions dans les maisons, les résidences secondaires, les caves, les garages, les dépendances… et les clapiers des environs ! En dépit aussi d'une enquête menée auprès de 1 600 armuriers de la région et d'un dossier comptant 3 500 pièces de procédure et 4 500 pages de procès-verbaux :

– Tous les documents amassés au fil de l'enquête représentent de quoi remplir une armoire complète, explique alors l'un des enquêteurs.

– Témoignages et renseignements continuent de parvenir à la gendarmerie, même au bout de neuf ans d'enquête, précise le lieutenant-colonel David Galtier, commandant la section de recherches de Paris. Ce sont de nouveaux témoignages qui nous ont permis de regrouper des éléments d'information ciblés sur des personnes pouvant représenter un sérieux intérêt et qui sont à l'origine de ces interpellations.

Un coup de filet rendu possible également par l'utilisation d'un logiciel canadien spécialisé en recherches criminelles et baptisé Anacrim. À l'époque, l'usage de l'informatique appliquée aux affaires de meurtres n'est pas courant en France. En la matière, les forces de l'ordre sont nettement en retard par rapport aux pays anglo-saxons, notamment, ce qui les a contraintes, jusqu'à très récemment, à aller s'équiper à l'étranger.

– C'est une incohérence pointée par le logiciel qui est à l'origine de ce coup de filet, reconnaît l'une des sources proches de l'enquête.

Le logiciel digère en effet toutes les dépositions et informations comme les noms et surnoms des protagonistes de l'affaire, tous les indices et rapports d'expertise. La machine modélise ensuite l'ensemble sous forme d'un graphique avec des flèches indiquant les relations de cause à effet, les simples rapports entre personnes, les coïncidences étranges, etc. Le logiciel, contrairement aux hommes, ne rate aucune incohérence. L'ordinateur constitue bien sûr un précieux allié pour les gendarmes, mais ce n'est qu'une machine à qui il ne faut pas demander d'avoir de l'intuition.

Résultat : le lendemain, les treize personnes interpellées sont finalement relâchées…

– Rien d'extraordinaire n'est sorti de ces dernières dépositions, dit un gendarme.

« Une fois encore ! », a-t-on envie de lui rétorquer. À l'excitation de la veille, succède une sorte de déprime fort compréhensible : ce n'est encore pas cette fois-ci que les coupables de la tuerie de Fontainebleau seront démasqués. Les gendarmes ne le disent pas aussi clairement, mais ils savent qu'aucun des treize gardés à vue n'est leur homme. Ne subsiste qu'un mince espoir : que les deux voitures confisquées la veille apportent de nouveaux éléments.

– Nous recherchons notamment des traces capillaires dans l'habitacle et des restes de terre sur la carrosserie afin d'établir un rapprochement avec les traces retrouvées là où reposaient les cadavres. Ce qui est étrange, c'est que ces voitures ont été volontairement laissées à l'abandon par leurs propriétaires depuis un certain nombre d'années.

Mais cette piste – mince – ne donnera, comme c'est prévisible, aucun résultat. Et pendant un an, l'enquête s'enlise une nouvelle fois.

Jusqu'au 26 janvier 1999, date à laquelle sept personnes sont interpellées dans des conditions similaires. Elles font à nouveau toutes partie du milieu de la chasse. Cette fois-ci, les gendarmes se montrent bien moins loquaces qu'un an auparavant. Les précédentes interpellations leur ont servi de leçon, ils avaient parlé à la presse trop tôt, avant même de savoir si de nouveaux éléments allaient apparaître à la faveur des auditions. Cette fois-ci, ils ont bien raison de se montrer plus discrets et de ne pas pérorer, car là encore, quelques heures après avoir été placés en garde à vue, les sept individus sont relâchés.

Environ trois semaines plus tard, le 11 février 1999, nouvelles interpellations sur commission rogatoire de la juge d'instruction d'Évry, Françoise Méry-Dujardin. Trois personnes, toutes issues du milieu de la chasse et du braconnage, sont arrêtées, l'une dans l'Essonne, la deuxième dans l'Hérault et la dernière dans le Pas-de-Calais. Il s'agit d'un père et de son fils, Jean-Bernard et Cédric, ainsi que d'un ami de la famille, Marcel

Blondeau. Ce dernier est aussi le père d'une ancienne petite amie de Cédric. Aucune piste, depuis le début de l'enquête, n'avait semblé plus sérieuse. C'est la première fois que sont interpellées des personnes ayant entre elles un lien clair. Et puis surtout, les gendarmes semblent réellement sûrs d'eux, cette fois-ci, faisant comprendre à demi-mot qu'un mystérieux informateur est à l'origine de ces arrestations.

Le lendemain, les longs efforts des gendarmes semblent couronnés de succès : Cédric, 17 ans au moment du drame, 28 ans lors de son arrestation, passe aux aveux. Il reconnaît avoir tué Gilles Naudet, Anne-Sophie Vandamme et leur chien, le 31 octobre 1988 en forêt de Fontainebleau :

– C'est un profond soulagement, dix ans après, pour ma femme et moi. Ce qui est important, c'est de savoir. Le principal, c'est de connaître la raison, même si c'est une raison folle ! confie alors, avec soulagement, le père de Gilles Naudet, Gaston, garagiste en retraite.

****

Cédric a avoué. Aux yeux des enquêteurs, il fait de toute façon figure de suspect idéal. Au moment de son arrestation, il est étudiant à Montpellier… en sciences criminelles. C'est un passionné d'armes et il ne s'en cache pas, souhaitant même devenir expert en balistique après son cursus universitaire. En outre, il possède depuis l'âge de 16 ans un permis de chasse et, après sa classe de 3e, il a suivi une formation d'armurier en Belgique, l'équivalent d'un bac Pro obtenu en 1995.

Dans le village de Gironville, près de Milly-la-Forêt, où il a grandi, les habitants gardent de lui un souvenir pour le moins contrasté. À l'adolescence, Cédric est un garçon qui ne passe pas inaperçu. Sa passion des armes et de la chasse le pousse à s'habiller en treillis militaire. Ce grand solitaire est capable de passer des heures à arpenter la campagne et la forêt environnantes avec son chien, un fusil sur l'épaule. Des voisins ne se privent pas de rappeler le surnom dont il était affublé : Rambo. L'image d'un fou de guerre et d'un « viandard » lui colle à la peau. Ce n'est sans doute pas tout à fait sans raison. Le jeune homme a en effet possédé de nombreuses armes, parmi lesquelles un fusil Beretta calibre 12, une 708 Remington, un pistolet 11-43, une 222 calibre 5.5, un fusil à pompe calibre 12 Mosberg et un fusil d'assaut M16. Il utilise d'ailleurs cette arme en tirant quelques coups de feu en direction de jeunes qui, selon lui, se seraient montrés trop agressifs. En 1996, il est interpellé et condamné à une peine de prison avec sursis pour avoir tiré cette rafale.

C'est Jean-Bernard, le père de Cédric, qui a donné à son fils la passion de la chasse et des armes. Commandant de bord à Air France, Jean-Bernard apprécie, lorsqu'il est en week-end dans sa propriété de Gironville, de partir de longues heures pour chasser le gibier. La mère, Nicole, a été maire du village de 1977 à 1983.

En 1992, une rupture qui marquera beaucoup Cédric se produit : les parents divorcent et la famille se déchire. Au début, Cédric prend fait et cause pour son père, mais un an plus tard, après son service national dans la marine, il engage des poursuites contre lui pour obtenir une pension alimentaire. Les disputes sont violentes et Cédric finit par obtenir une saisie sur salaire avant de prendre parti pour sa mère. Cet épisode de la guerre familiale est important, car lors de ses aveux, Cédric a donné plusieurs versions aux enquêteurs, certaines mêlant son père au double meurtre. S'agissait-il alors pour le jeune homme d'une sorte de vengeance, comme s'il avait voulu entraîner son père dans sa perte ? Peut-être. La question, en tout cas, aurait sans doute dû faire réfléchir les gendarmes qui recevaient ces aveux.

Les « aveux » sont en effet l'un des problèmes majeurs de cette affaire. Cédric a certes tout dit, racontant par le menu et avec des détails crédibles le déroulement du double meurtre des fiancés de Fontainebleau. Mais ce qui est ennuyeux, c'est qu'il a donné quatre versions différentes…

Le 11 février 1999, les gendarmes interrogent Cédric à Montpellier sur son emploi du temps de ce 31 octobre 1988 :

– Je ne sais plus très bien… Je ne me souviens plus, c'était il y a longtemps, commence-t-il par répondre en substance.

Cédric se montre d'abord évasif. Puis, les questions des gendarmes se font plus précises. Lorsqu'ils lui posent la question de son éventuelle culpabilité, il nie de manière catégorique avant de s'effondrer en larmes :

– Est-ce qu'on peut… arrêter un instant… suspendre la séance… implore alors le jeune homme, visiblement à bout de nerfs.

Les gendarmes acceptent. Peu de temps après, lorsque l'audition reprend, Cédric affirme avoir parlé de l'affaire des Fiancés de Fontainebleau avec Marcel Blondeau, chez qui, dit-il, il se serait trouvé cette veille de Toussaint. C'est à ce moment-là que son témoignage change de tournure et qu'il passe aux aveux.

Au départ, dans une première version, il affirme avoir agi avec Marcel. Ce 31 octobre 1988, ils se seraient trouvés tous les deux sur le plateau de la Mare-aux-Joncs. Embusqué, Cédric aurait alors aperçu une ombre derrière des branchages, à une cinquantaine de mètres de lui :

– Tire ! aurait alors lancé Marcel.

Cédric épaule sa carabine 22 long rifle et tire à deux reprises. Aussitôt, la victime s'effondre à terre en râlant. À cet instant, Cédric comprend qu'il vient de toucher un homme. Complètement paniqué, il prend la fuite à pied. Quelques dizaines de minutes plus tard, alors qu'il marche le long de la route, Marcel le rejoint en voiture. Dans l'automobile, l'homme se montre rassurant, expliquant qu'il a achevé le jeune homme, tué sa compagne et abattu leur chien pour ne pas laisser de témoin. Selon Cédric, Marcel serait retourné deux jours plus tard dans la forêt pour faire disparaître les traces de sang et récupérer son arme dissimulée dans un fourré.

Après cette première version, les enquêteurs font une pause. Lorsque l'audition reprend, Cédric change très sensiblement son histoire : en plus de lui-même et de Marcel, Jean-Bernard, son père, fait son apparition dans l'histoire. Son père et lui auraient tiré en même temps et à plusieurs reprises sur une ombre. En comprenant qu'il venait de toucher un homme, Jean-Bernard s'enfuit en laissant tomber sa carabine. Cédric dit alors avoir achevé la victime avant de tirer sur la femme, Anne-Sophie, qui se trouve une quinzaine de mètres plus loin. Marcel, quant à lui, aurait tué le chien. C'est lui également qui aurait demandé à Cédric de l'aider à tirer les corps un peu plus loin, dans une zone plus marécageuse :

– Ici, ils seront mangés par des sangliers, aurait alors expliqué Marcel.

L'interrogatoire de Cédric se poursuit dans la nuit. La deuxième version varie alors très légèrement. Dans celle-ci, Cédric « charge » son père. Jean-Bernard ne se serait pas enfui. Au contraire même : Cédric affirme que c'est Jean-Bernard qui a tué la jeune femme avant de cacher son corps. Quant à Marcel, il se serait occupé du cadavre de Gilles. Cédric donne alors des détails troublants : son père aurait emporté les affaires – des papiers d'identité et un sac – des victimes. Cédric aurait ensuite trafiqué l'arme de son père et l'aurait vendue, quelques mois après, en Belgique, pays dans lequel il fera effectivement des études d'armurier, mais quatre ans plus tard.

La nuit est désormais bien noire, les heures tournent et l'interrogatoire se poursuit. Cédric modifie à nouveau ses aveux. Au fur et à mesure, il semble vouloir faire porter à son père un maximum de responsabilités. Il dit maintenant avoir agi seul avec lui, innocentant complètement Marcel Blondeau :

– À l'époque, je ne le connaissais pas encore. Je ne l'ai rencontré qu'un an plus tard, en 1989, à l'occasion d'un ball-trap, explique-t-il aux gendarmes.

Cédric se serait donc rendu à la chasse en compagnie de son père, à bord d'une Volvo blanche, pour braconner le faisan et le lièvre. En entendant un bruit, ils auraient ouvert le feu sur le chien. Gilles Naudet se serait approché, extrêmement en colère. Et Cédric, affolé, aurait tiré. Avec son père, ils auraient fait feu ensemble à trois reprises sur Anne-Sophie, debout et hurlante. De retour dans la voiture, Jean-Bernard se serait montré rassurant, affirmant que les sangliers feraient rapidement disparaître les corps.

Enfin, quatrième et dernière version des aveux de Cédric : le jeune homme dit avoir agi seul selon un scénario identique au précédent, mais sans son père ni Marcel. Il explique alors les avoir impliqués afin de diluer les responsabilités.

Après les aveux de Cédric, que les deux autres hommes réfutent totalement, les prévenus sont écroués dans différentes maisons d'arrêt d'Ile-de-France et mis en examen pour « homicides volontaires ». Les enquêteurs sont enfin persuadés de tenir les coupables. Ils ont le profil idéal et en plus les gendarmes ont des aveux de l'un d'entre eux. Que demander de plus ?

– Des preuves ! répondent les avocats de la défense.

Or, de preuves matérielles, il n'y en a pas et il n'y en aura jamais, ce qui dans une affaire criminelle constitue tout de même un grave problème ! Comment, en effet, retenir un suspect puis éventuellement condamner un homme sur la simple foi d'une intime conviction ? Ce n'est pas possible, et les jurés, d'ailleurs, ne s'y tromperont pas, qui acquitteront Cédric, lorsque, quelques années plus tard, le jeune homme comparaîtra devant la cour d'assises des mineurs de l'Essonne.

Mais en ce mois de février 1999, nous sommes encore bien loin de ce dénouement. Trois jours après son interpellation, Cédric revient sur ses aveux devant la juge d'instruction. Il nie être coupable et affirme qu'au moment des faits, il se trouvait avec sa petite amie de l'époque, la fille de Marcel. Cet alibi mérite ici d'être mentionné, car c'est notamment ce qui sauvera Cédric lorsqu'il comparaîtra devant ses juges. Là encore, une question doit être posée : pourquoi, alors que Cédric fait état de son emploi du temps et d'un alibi, les enquêteurs n'ont-ils pas cherché à vérifier si ce qu'il disait était vrai ou non ? C'est incompréhensible. Sauf si l'on cherchait un coupable avant de vouloir la vérité. Peut-être n'est-ce pas le cas, mais c'est du moins l'amère impression que donne cette affaire :

– Pourquoi, s'il n'est pas coupable, Cédric a-t-il avoué ? s'interroge la presse à l'époque.

– Je me refuse à parler d'aveux et je m'interroge sur les conditions de la garde à vue, explique Me Franck Natali, l'un des avocats de Cédric. Notre client est resté assis pendant une journée et demie sur un tabouret sans même un matelas pour se reposer. D'ailleurs, dès qu'il est arrivé devant la juge, il a signalé tout cela et a clamé son innocence.

En clair, si Cédric a parlé, c'est qu'on l'y a incité, sous la pression :

– C'est une défense qui ne nous choque pas, déclare alors le lieutenant-colonel Michel Pattin, chef de la section de recherches de Paris.

Cédric n'est pas le seul à avoir un alibi. Marcel Blondeau avait déjà été interrogé – et innocenté – par les gendarmes en 1989, lorsqu'ils avaient enquêté dans le milieu de la chasse. À un journaliste du *Monde* qui l'interviewe en 1998, il se défend :

– Les gendarmes savent depuis 1989 que j'étais à la chasse à Arbonne, de l'autre côté de l'autoroute, mais ils continuent de m'emmerder ! J'ai pourtant une quarantaine de témoins ! Des chasseurs et des gardes ! Et puis je n'ai jamais braconné de ma vie ! Quant à Cédric, je ne lui en veux pas. C'était un bon gamin qu'il fallait sortir de l'impasse. Je m'en suis occupé. Il venait souvent à la maison, mais je n'ai chassé qu'une fois avec lui, toujours à Arbonne. Même s'il est vrai qu'il était fasciné par les armes de guerre, je ne peux pas croire qu'il soit coupable. Quoi qu'en disent les gendarmes, cette affaire ne tient pas : des chasseurs ou des braconniers n'utilisent pas du calibre 22.

Au fur et à mesure que les jours passent, de nombreuses failles mettent à mal le scénario privilégié par les enquêteurs. Le 2 avril, Marcel Blondeau est libéré par la juge d'instruction. Deux semaines après, c'est au tour de Jean-Bernard, le père de Cédric, d'être remis en liberté. Le jeune homme, lui, reste derrière les barreaux. Et sa détention sera pour le moins longue, puisque, le 31 janvier 2000, il n'est toujours pas sorti de prison lorsque la juge ordonne son renvoi devant la cour d'assises des mineurs.

La décision de boucler l'instruction émanant de la magistrate, précisément à cette date-là, est le signe d'une certaine précipitation presque suspecte. Cédric, qui avait 17 ans à l'époque, est en détention provisoire depuis son arrestation. Or, une nouvelle loi sur la présomption d'innocence est entrée en vigueur et Cédric arrive au seuil limite légal de détention provisoire :

– Il semble que les autorités judiciaires ont réalisé que le mandat de dépôt de Cédric, mineur au moment des faits, expirait au bout de deux ans, c'est-à-dire le 13 février, commente Me Franck Natali.

En clair, soit on relâche Cédric, soit on clôt le dossier avant la date fatidique et l'on ordonne un procès. Au risque, dans cette dernière hypothèse, de n'avoir pas fait toute la lumière sur l'affaire.

Le 20 novembre 2001, enfin, après que le « présumé innocent » – ou bien devrait-on dire « présumé coupable » ? – a passé près de quatre années de sa vie derrière les barreaux, son procès s'ouvre à Évry. L'affaire est jugée à huis clos par la cour d'assises des mineurs – en raison de l'âge de Cédric au moment des faits. Dix jours d'audience sont prévus pour un dossier de plus de 3 000 pièces de procédure, retranscrits dans 26 tomes. Treize experts et une cinquantaine de témoins sont cités à l'audience. Cédric risque quinze ans de réclusion criminelle, peut-être trente ans si les jurés ne retiennent pas l'excuse de minorité.

Pull gris sur une chemise verte, Cédric n'affiche pas la mine arrogante d'un Rambo qui lui a longtemps été prêtée. Le jeune homme, au contraire, est fluet et ressemble à un adolescent presque fragile, alors qu'il a aujourd'hui 31 ans. Les trois avocats de Cédric annoncent déjà qu'ils vont réclamer l'acquittement avec une ligne de défense :

– Ses aveux lui ont été extorqués par les gendarmes, insiste Me Franck Natali. En trente-huit heures de garde à vue, Cédric n'a pu s'allonger qu'une heure, à même le sol, et a continué d'être interrogé pendant les pauses annoncées sur les procès-verbaux.

C'est le procès de Cédric que l'on devait instruire, mais on verra finalement se dérouler le procès de l'enquête. Les journées d'audience sont l'occasion de pointer les dysfonctionnements et les éléments qui ont été négligés, en particulier la question du déplacement des corps. L'état des cadavres, on l'a vu, ne correspondait pas à une décomposition de deux mois en plein air :

– Dans l'année qui a suivi le double meurtre, les légistes ont laissé une dépouille de mouton pendant deux mois à l'endroit où l'on a découvert les corps des victimes. Ils n'ont retrouvé que les os, expliquent les avocats de Cédric.

Les cadavres, par conséquent, ont été déplacés. Or, si tel est le cas, leur client n'a pas pu le faire seul : il n'en avait ni la carrure ni la force. Or, le jeune homme est l'unique personne dans le box des accusés…

Le 22 novembre, nouveau rebondissement qui vient dégonfler un peu plus encore l'accusation. Il s'agit du témoignage de trois octogénaires : la grand-mère de Cédric et deux de ses voisines. C'est en effet la sœur d'une des voisines qui est à l'origine de l'interpellation de Cédric en février 1999. Cette personne, absente au procès parce que trop âgée, avait reçu de sa sœur une information « révélée » par la grand-mère maternelle de Cédric.

Jeanne, 86 ans, l'une des voisines de la grand-mère de Cédric, raconte :

– Un jour que j'étais avec Alice *(la grand-mère, NDLA)*, on a entendu à la radio les parents des jeunes gens qui ont été tués. Alice a dit, *« Mon Dieu, pourvu que ce ne soit pas notre gamin qui ait fait ça ! »* Je m'en souviens très bien.

La vieille dame explique alors qu'elle avait rapporté cette conversation à sa sœur, qui aurait – selon ce qui est mentionné dans le dossier d'enquête – passé un coup de fil aux gendarmes pour les prévenir. En fait, Jeanne explique que sa sœur n'a pas passé le coup de fil en question, mais qu'un jour où des gendarmes buvaient un café chez elle, elle a raconté cette anecdote. Étrange incohérence dans un dossier d'enquête censé ne receler que des informations exactes et vérifiées…

Plus grave : la seconde voisine, qui a assisté à ce déjeuner durant lequel la grand-mère de Cédric aurait évoqué l'éventuelle culpabilité de son petit-fils, affirme devant les jurés ne rien avoir entendu ! Quant à la grand-mère, elle a toujours nié avoir tenu les propos qui lui ont été prêtés et toujours affirmé que Cédric n'aurait jamais été capable de tuer.

Autrement dit, le « tuyau » qui avait permis l'arrestation du jeune homme semble bien être complètement percé...

Ce même jour, un autre témoignage vient troubler le procès. Il s'agit d'un agent de l'Office national des forêts :

– Cet agent a expliqué que son chef de l'époque lui avait demandé, en décembre 1988, de nettoyer la maison forestière appelée *La Vendée*, maison occupée par un agent de l'ONF, un homme si dépressif qu'on ne lui avait pas confié d'arme. Son chef lui aurait demandé de trouver les clefs de la cave : il avait peur qu'on y découvre les corps des disparus. La maison était dans un désordre indescriptible, avec des bruyères et des pots remplis de terre partout. Seule la cave avait été nettoyée, rapporte Me Marc-Antoine Lévy, l'un des avocats de Cédric.

Un témoignage qui tombe au plus mal pour l'accusation car il accrédite l'idée qu'il pourrait y avoir un autre coupable que Cédric.

Enfin, dernier élément qui achève de faire douter de la culpabilité de Cédric : les témoignages de deux anciennes petites amies du jeune homme. Patricia, avec qui il sortait au moment de sa formation d'armurier à Liège, parle d'un *« garçon secret mais équilibré, bien que perturbé par le divorce de ses parents »*, même si elle n'aimait pas « *sa façon de s'habiller comme s'il partait pour la guerre* ».

Et puis, surtout, le témoignage de Laure, la petite amie de Cédric à l'époque du double meurtre, fournit un véritable alibi au jeune homme. Elle explique aux jurés que ce jour-là, Cédric l'avait accompagné au train de 13 h 44 pour Montargis. Cédric, ensuite, n'aurait matériellement pas pu rentrer chez lui avant 14 h 30. Il lui était donc impossible d'avoir à la fois assassiné le couple et emmené Laure à destination.

Malgré tous ces éléments et malgré l'absence de preuve, le 29 novembre, l'avocate générale requiert une peine de vingt-cinq à vingt-huit ans de réclusion criminelle à l'encontre de Cédric.

Le lendemain, durant quatre heures et demie, les jurés délibèrent. Pour la première fois, la salle est ouverte au public. Cédric a des cernes sous les yeux, témoignage des nuits d'angoisse passées en prison à se demander quel sort les jurés allaient lui réserver. Et, dans le silence, le verdict tombe : c'est l'acquittement.

Cédric s'effondre. En larmes dans les bras de son principal avocat, Me Franck Natali. Plus tard, celui-ci lancera :

– C'est une victoire pour la justice. Mon seul regret est qu'il ait fallu mille jours de détention pour l'obtenir. C'est une décision guidée non par le doute, mais par la conviction de son innocence.

La réaction des familles des fiancés de Fontainebleau n'est évidemment pas du même registre. Peut-être plus par désir de mettre un visage sur le meurtrier de leurs enfants que par conviction, les familles des victimes étaient en effet persuadées de la culpabilité de Cédric depuis ses aveux. Ébranlées, incapables de commenter cette décision de justice, les familles s'en remettent pour cela à leurs avocats :

– Pour eux, c'est un peu comme si leur fils était mort une seconde fois, déclare Me Françoise Berux, avocate de la famille Naudet.

– C'est le pire des aboutissements après treize ans d'enquête, reprend Me Frédéric Champagne, le défenseur des Vandamme. On venait ici pour comprendre, on repart et on ne sait toujours pas.

Les parents d'Anne-Sophie quittent le tribunal en larmes, sans rien dire. Il faut en cet instant souligner en effet la dignité des familles qui, hagardes, abasourdies, se taisent. La mort de leurs enfants reste un complet mystère.

Quelques semaines plus tard, le 17 janvier 2002, les avocats des familles portent plainte contre X avec constitution de partie civile auprès du doyen des juges d'instruction du tribunal de grande instance d'Évry. Leur objectif est de relancer l'affaire : puisque la justice a définitivement blanchi Cédric, ils estiment qu'elle doit maintenant poursuivre ses recherches et être capable de dire qui est coupable. Mais trois mois après cette demande, la justice refuse de mener des investigations supplémentaires, estimant qu'aucun élément nouveau ne permet de rouvrir le dossier. C'est un coup dur pour les familles :

– L'élément nouveau, c'est l'acquittement de Cédric, réagit Me Champagne. Si ce n'est pas lui le coupable, c'est donc un autre. L'acquittement constitue une charge nouvelle contre X. La justice doit poursuivre les recherches et répondre au besoin de vérité des victimes.

Interrogées par le *Figaro*, les sœurs d'Anne-Sophie Vandamme, Perrine et Bénédicte, font part de leur désarroi :

– On est abattues et désarmées. La justice nous a dit que le coupable n'était pas ce jeune homme. Alors, elle doit nous dire maintenant qui est le meurtrier. Aujourd'hui, la justice nous ferme la porte au nez et nous abandonne.

Alors qu'il plaide la réouverture de l'enquête devant la chambre d'instruction en septembre 2002, Me Champagne reconnaît que *« de nouvelles investigations ne donneront peut-être rien, mais les familles des victimes sauront au moins que tout a été tenté. »* Des familles qui sont décidées à porter l'affaire devant la Cour européenne des droits de l'homme au cas où la France refuserait, en dernier ressort, de poursuivre l'instruction. Quinze ans après, cette affaire non classée garde un mystère insupportable pour les proches des victimes, qui voudraient au moins avoir la réponse à cette seule question : pourquoi ?

Sid Ahmed Rezala, le « tueur des trains »

En décembre 1999, Sid Ahmed Rezala tue trois jeunes femmes. Celui que la presse surnomme « le Tueur des trains » parvient à fuir hors de France en échappant à la surveillance policière. C'est le premier dysfonctionnement d'une affaire qui en comptera bien d'autres. Un mois plus tard, ce tueur en série de 20 ans est arrêté au Portugal. Il ne sera pas extradé et se suicidera dans sa cellule. Privées d'un procès, les familles des victimes, elles, n'obtiendront jamais les réponses aux nombreuses questions que pose cette affaire.

Clément est heureux : il a tout juste 5 ans, et ce lundi soir, il effectue l'un de ses premiers longs voyages en train. Il est monté à 22 h 35 en gare de Longueau, une ville près d'Amiens, et ne descendra que le lendemain matin à Grasse. Toute la nuit à voyager dans un train de nuit avec sa mère, Corinne, qui leur a réservé deux couchettes. La jeune femme a 36 ans, et pour elle, ce voyage n'a rien de très drôle : elle se rend au chevet de sa mère, qui doit subir une intervention chirurgicale. Mais parce que son fils est avec elle, elle ne laisse rien paraître de ses soucis. Rapidement, une fois passés les instants de découverte du compartiment à couchettes, Clément s'endort. Corinne fait de même, bercée par le roulis régulier du train sur les rails.

Dans un compartiment voisin, un jeune homme ne parvient pas à trouver le sommeil, en dépit des substances avec lesquelles il s'assomme. Il a déjà bu quelques rasades de whisky et fumé plusieurs joints lorsque, vers 23 h, dans les environs de Creil, un contrôleur le verbalise : il n'a pas de titre de transport. Le jeune homme semble très agité, dans un état qui n'a rien de normal, mais le contrôleur ne peut pas faire grand-chose d'autre que de lui mettre un PV. En fait, ce jeune n'a pas vraiment une gueule de loubard. Grand – dans les 1,85 m –, il présente plutôt bien avec son look jeans-baskets de n'importe quel jeune. Sa casquette vissée sur la tête lui donne un regard profond et charmeur. À 20 ans, il garde le visage poupin d'un adolescent inoffensif.

Dans les trains-couchettes, on ne dort pas bien. Le lit est toujours trop étroit, les draps et la couverture jamais assez chauds pour faire une nuit ininterrompue. Il faut vraiment être un enfant pour réussir à trouver le sommeil dans ces conditions… La tête encore toute embrumée, Corinne se réveille et jette un regard à son fils. Clément dort comme un bienheureux. La jeune femme sourit et songe à sa vie de famille, plutôt réussie. Elle pense à son mari et à sa fille Justine, 11 ans, dans leur modeste maison en briques rouges, de Solesmes, le village de la Somme où ils se sont établis. Ils dorment certainement à l'heure qu'il est : 2 h du matin passées. Avant d'ouvrir la porte du compartiment sans faire de bruit, Corinne hésite à caresser les cheveux de son fils et renonce, finalement, par peur de le réveiller.

Aussitôt, sortie dans le couloir, elle est assaillie par une odeur bizarre. Un jeune homme avec une casquette, à peine à un mètre d'elle, écrase une cigarette de haschich, et engage la conversation :

– Salut, comment tu t'appelles ?

– Corinne, répond la jeune mère de famille de la voix neutre de celle qui n'a pas envie de poursuivre mais qui sait se montrer suffisamment aimable pour ne pas être vexante.

– Corinne… C'est un joli prénom, ça, hein ?…

– Merci.

– Et t'as quel âge, Corinne ? Qu'est-ce que tu fais dans la vie ?

Au fil de cette conversation indigente, Corinne comprend que le jeune homme, pressant, qui la suit, n'est pas dans son état normal et elle n'a pas envie de le contrarier. On ne sait jamais… D'autant que le sac à main de la jeune femme contient un peu d'argent et tous ses papiers. Mais, heureusement, elle arrive près de la porte des toilettes :

– Excusez-moi, je vais aux toilettes… Au revoir, lance-t-elle au jeune homme pour bien lui faire comprendre qu'elle n'a aucune envie de poursuivre.

La jeune mère de famille tourne le bouton de la porte, fait un pas pour entrer dans le réduit et se retourne pour fermer à clé. Impossible : le jeune homme à la casquette a mis un pied entre la porte et le mur ! En une fraction de seconde, il rentre et verrouille. Corinne est tellement surprise qu'elle n'a pas le temps de crier pour appeler au secours, étouffant simplement un soupir d'incompréhension en sentant une douleur se répandre dans son corps.

****

Il est 3 h 15 lorsque le signal d'alarme est actionné. Le train, qui roulait à vive allure après être reparti voilà un quart d'heure de la gare de Dijon, s'arrête violemment alors qu'il traverse la gare de triage de Perrigny-lès-Dijon : les contrôleurs viennent de découvrir le corps d'une femme agonisant dans les toilettes de la voiture numéro 46. La malheureuse est étendue dans une flaque de sang et son corps est criblé de plusieurs coups de couteau. Le SAMU et la police sont immédiatement appelés sur place. Quelques minutes plus tard, Corinne meurt dans l'ambulance qui la conduit vers l'hôpital, les multiples hémorragies occasionnées par les quinze coups de couteau étant trop importantes.

Au même moment, le commissaire de police, Pierre-Marc Panazio, trouve un garçon de 5 ans endormi sur une couchette : le petit Clément ne se doute pas du drame qui vient de se jouer à quelques mètres de lui. Le commissaire, à l'époque, a un fils du même âge. Il comprend donc d'autant mieux l'horreur de la situation qu'il se met à la place de cette famille dont la vie vient d'être détruite. Assurément, cette énergie née de l'écœurement est l'élément moteur qui va guider cet homme tout au long de l'enquête.

Aussitôt, le secteur est bouclé. Les 59 passagers de la voiture 46 sont tous entendus. Un par un, ils passent devant des policiers, qui recueillent leurs témoignages. Tous les détails, aussi infimes soient-ils, sont pris en considération :

– Avez-vous remarqué quelque chose d'étrange ?

– Quelque chose, non, mais quelqu'un, oui, répondent plusieurs voyageurs. Il y avait un jeune homme qui avait l'air agité, très énervé. Il faisait des aller et retour dans le couloir en fumant des cigarettes ressemblant à des joints.

– Pouvez-vous décrire cet homme ?

– Grand, très jeune : dans les dix-huit, vingt ans. Maghrébin, avec les cheveux courts. Il portait une casquette.

– Autre chose ?

– Oui, je dors mal dans les trains-couchettes et, tout à l'heure, aux environs de 3 h du matin, nous nous sommes arrêtés quelques minutes dans une gare. Ce devait être Dijon. Eh bien, à ce moment-là, j'ai vu ce jeune homme dont je vous parlais qui est descendu du train. Je l'ai remarqué, et je suis sûr qu'il s'agit bien de lui, parce qu'il était le seul à descendre. Je l'ai donc bien vu partir sur le quai.

Les policiers recueillent ce même témoignage de la bouche de plusieurs personnes. Leurs propos coïncident et, détail essentiel, une casquette ensanglantée a été retrouvée dans les toilettes juste à côté du corps de Corinne Caillaux.

Un autre témoignage, celui du contrôleur du train, achève de mettre les enquêteurs sur la piste de ce jeune homme, verbalisé parce qu'il circulait sans titre de transport. Or, pour établir un procès-verbal, le contrevenant doit présenter ses papiers d'identité. Le contrôleur se souvient que le jeune homme lui a montré un passeport qui avait l'air tout ce qu'il y a de plus authentique.

– À quel nom avez-vous établi le PV ? s'enquiert le policier.

– Attendez… Le contrôleur tourne les souches de ses procès-verbaux. Ah ! le voici : le nom qui était inscrit sur son passeport est Sid Ahmed Rezala.

Le « Tueur des trains », comme la presse le surnommera aussitôt, vient ainsi d'être officiellement identifié pour la première fois comme suspect numéro un dans une affaire de meurtre. Ce n'est pas la dernière… Le lendemain, mardi 14 décembre, lorsque les gendarmes de Bourges entendent parler de cette affaire, leur sang ne fait qu'un tour : ils ont sur les bras un dossier qui n'est pas sans rappeler le meurtre de Corinne Caillaux. Et surtout, le nom de Rezala y apparaît également, mais comme simple témoin, cette fois-ci.

Le 13 octobre, une jeune Anglaise de 20 ans, Isabel Peake, était jetée de la fenêtre du train Limoges-Paris roulant à 150 km/h et retrouvée morte à côté de la voie ferrée dans le tranquille village de Chabenet dans l'Indre, le corps désarticulé et à moitié dénudé. La jeune femme, étudiante à Limoges s'apprêtait à rejoindre son pays pour quelques jours de vacances. Les gendarmes « sèchent » sur cette affaire depuis plusieurs semaines. S'ils disposent bien de plusieurs pistes, ils n'ont aucune certitude parce que les preuves leur font défaut.

Or, avec le meurtre de Corinne Caillaux, deux indices s'éclairent sous un nouveau jour. Le 12 octobre, la veille de la défenestration d'Isabel Peake, Sid Ahmed Rezala, qui voyage sans billet, est verbalisé – déjà ! – sur la même ligne, mais en sens inverse, et descend en gare de Limoges. Le lendemain, à 3 h 08 du matin, un témoin remarque l'étudiante sur le quai de la gare de Limoges. Elle attend le train pour Paris en compagnie d'un jeune homme dont un portrait-robot a pu être dressé et qui ressemble étrangement à Rezala.

Dans la journée du mardi 14 décembre, les enquêteurs de Bourges, chargés de l'« affaire Isabel Peake » et ceux de Dijon, chargés du meurtre de Corinne Caillaux, en ont acquis la certitude : leur coupable est bien ce jeune homme. Chaque fois, il a été vu en présence des victimes et sur les lieux du crime quelques minutes avant qu'il ne soit commis. Une intense traque s'engage alors pour retrouver Sid Ahmed Rezala. Pour y parvenir, les forces de l'ordre doivent d'abord en apprendre un peu plus sur la personnalité et le passé de ce jeune homme, dont l'air doux contraste singulièrement avec la sauvagerie dont il a fait preuve dans ces deux affaires.

****

Sid Ahmed Rezala est né le 13 mai 1979 à El Bar, en Algérie. Il grandit dans la banlieue d'Alger et suit une scolarité normale. Adolescent sans problème particulier, il passe son temps libre à jouer au basket dans un club. Enfance sans histoire ? Pas tout à fait. Rezala racontera après son arrestation, dans une confession faite à un journaliste du *Figaro Magazine*, un épisode traumatisant de son enfance dans lequel on peut voir l'une des origines de sa psychologie intime perturbée.

– Je me suis fait violer à l'âge de 9 ans par des jeunes du quartier, raconte-t-il. Ils sont tous passés sur moi, ils étaient sept ou huit, ils avaient entre 20 et 30 ans. En Algérie, quand ça t'arrive, tu ne peux en parler à personne. Si tu portes plainte, c'est la honte. Mais ça se passe plus souvent qu'on croit dans les quartiers. Moi aussi, j'ai violé... Et je me suis fait aussi violer en prison en France.

Pris entre l'humiliation d'avoir été « dominé » sexuellement – il a une attirance certaine mais mal assumée pour les garçons – et une famille musulmane pratiquante pour laquelle « ces choses-là » ne se font pas et se disent encore moins, Rezala construit une personnalité d'écorché vif à la sexualité hésitante.

À 15 ans, un nouvel épisode fait basculer sa vie. En 1994, l'Algérie est déjà aux prises avec ses démons islamistes et le pays est secoué par des vagues de violence civile. Il ne fait pas bon y vivre quand on ne respecte pas complètement les préceptes religieux. Or, Kader, le frère aîné de Sid Ahmed, est homosexuel. Il ne s'en cache pas et cela se sait dans le quartier. En Algérie, à ce moment-là, on tue pour moins que ça. Les parents ont-ils reçu des menaces explicites ? Sentent-ils une hostilité larvée ? Toujours est-il que dans le courant de l'été, ils décident de quitter leur pays. Direction Marseille, cette ville méditerranéenne qui, pour beaucoup d'immigrés maghrébins, est la porte ouvrant sur le rêve occidental. Mais une fois en France, le rêve n'est pas au rendez-vous pour les Rezala : le père, Ali, ancien policier en Algérie, doit se reconvertir. Il devient carrossier, pendant que son épouse fait des ménages pour arrondir les fins de mois. La famille vit, avec les quatre enfants, dans la cité de la Belle-de-Mai, dans les quartiers nord de la cité phocéenne que l'on qualifie pudiquement de « sensibles ».

En France, le jeune Sid Ahmed perd tous ses repères. À la rentrée, il est scolarisé au lycée Edgar-Quinet. Mais il sèche pratiquement tous les cours. L'adolescent préfère aller se perdre dans la vie de la rue et les mauvaises fréquentations. Il zone dans l'un des endroits les plus chauds et les plus mal famés de Marseille, le quartier de la gare Saint-Charles. C'est le lieu de tous les trafics. On y vend du haschich, des objets volés et on y trouve aussi des prostitués, essentiellement des garçons et des mineurs. Trois mois seulement après être arrivé en France, Ali se rend compte que Sid Ahmed change. Entre son fils et lui, un mur d'incompréhension se dresse. Il ne peut plus faire face à ses responsabilités parentales et demande à la justice d'intervenir. Sid Ahmed est alors placé sous tutelle dans un foyer pour mineurs à problèmes. Mais la situation ne s'arrange pas du tout. Bien au contraire. L'adolescent multiplie les fugues et continue ses virées dans les abords de la gare Saint-Charles où, entre autres choses, il fait un peu de *deal* de haschich. Le garçon est de plus en plus incontrôlable.

En février 1995, quelques mois après son placement sous tutelle, Sid Ahmed traîne dans le quatrième sous-sol de la gare. Il va avoir 16 ans dans deux mois. Son instinct sexuel est déjà très développé, tel celui d'un prédateur : dès cet âge-là – le viol qu'il a subi à 9 ans a laissé des traces indélébiles – Rezala ne semble pas pouvoir prendre son plaisir autrement qu'en soumettant son ou sa partenaire à son propre désir. Dans les couloirs glauques et quasi déserts de la gare, Sid Ahmed, ce jour-là, est en chasse. Il a envie d'un corps. Incapable de résister lorsqu'il croise un adolescent de 14 ans, il le viole. En prison, quelques mois plus tard, Rezala fera l'objet d'une expertise psychologique qui notera *« sa faible tolérance à l'égard de la frustration sexuelle »*. Autrement dit, lorsque Sid Ahmed ressent l'envie de soulager un besoin sexuel, il n'hésite pas à recourir à la force et à la contrainte si cela est nécessaire.

En violant cet adolescent, Rezala vient de commettre sa première agression connue. Tout de suite après, sa victime porte plainte. Rezala est placé en détention provisoire et, le 7 décembre 1995, il est condamné par la cour d'assises des mineurs des Bouches-du-Rhône à quatre ans de prison dont dix-huit mois fermes et trente mois de mise à l'épreuve. À 16 ans, Sid Ahmed se retrouve donc derrière les barreaux dans le quartier des mineurs de la prison de Luynes. Une expérience durant laquelle son caractère sauvage et marginal se renforce. Il ne parvient pas à s'adapter à la vie carcérale. Dès son arrivée, Rezala saccage sa cellule à plusieurs reprises et écope, pour cela, de lourdes sanctions disciplinaires. Le garçon éprouve un énorme malaise dans ce milieu fermé où la discipline ne lui convient pas. En 1996, entre plusieurs crises d'épilepsie, il tente même de se suicider en se tailladant les veines du bras. Hormis une assistante sociale, le comportement violent du garçon n'inquiète pourtant personne en prison : aucun trouble psychique important n'est décelé… Rétrospectivement, on ne peut évidemment qu'être atterré de constater que l'institution judiciaire n'a pas réussi à détecter un tueur en série lorsqu'elle l'avait sous la main. Comment se fait-il que l'on n'ait même pas décelé chez lui de la violence, pourtant déjà en germe à l'époque ? Cet aveuglement des autorités, aussi étonnant soit-il, n'est malheureusement pas un cas isolé. Il rappelle tristement celui dont elles ont également fait preuve – et avec de dramatiques conséquences – à l'égard d'autres tueurs en série comme Guy Georges, Thierry Paulin ou bien Patrice Alègre. À l'instar de Rezala, ces trois hommes ont en effet passé une bonne partie de leur vie derrière les barreaux sans que jamais l'institution ne parvienne à repérer le caractère dangereux de leur personnalité.

Quelques mois plus tard, enfin, Rezala sort de l'établissement pénitentiaire. En revoyant le soleil et en respirant à nouveau l'air libre, le garçon semble vouloir s'amender. En partie pour faire plaisir à ses parents, il s'inscrit au lycée hôtelier pour apprendre le métier de pâtissier. Mais décidément, Sid Ahmed Rezala est incapable de mener une vie normale. Rapidement, il sèche les cours et retourne vers le lieu qui constitue son véritable pôle d'attraction : la gare Saint-Charles. Il a de mauvaises fréquentations, avec lesquelles il fume du haschich tout en s'abrutissant d'alcool. En 1997, il retombe dans la petite délinquance : il braque un passant en lui mettant un couteau sous la gorge pour lui dérober sa montre. Une patrouille de police passe par là. Rezala est immobilisé, menotté et emmené au poste. Quelques jours plus tard, il est jugé et écope de cent jours de travaux d'intérêt général. Là encore, la justice a une réaction étonnante, puisqu'elle « oublie » les deux ans de sursis auxquels Rezala avait été condamné en 1995. Théoriquement, l'adolescent aurait dû retourner en prison.

Cette fois-ci, Rezala a définitivement sombré dans la petite délinquance. L'adolescent, qui vient d'atteindre sa majorité, mène une vie errante. Il voyage en train aux quatre coins de France. C'est d'ailleurs de ces mois de vagabondage qu'il tire son excellente connaissance du réseau de chemin de fer, des horaires et des trains où les contrôleurs sont peu présents, etc. Dans les trains, le jeune homme a une activité : il dévalise les voyageurs, volant un sac à main par-ci, un portefeuille par-là, et s'arrêtant dans les villes pour acheter ses doses de haschich.

Une rencontre, toutefois, met un terme à ce vagabondage. À la fin de l'été 1997, Rezala croise le chemin de Nadia, sans doute la seule femme que l'adolescent ait jamais aimée. C'est le coup de foudre et il est partagé. Les deux jeunes gens passent du temps ensemble à Marseille. Au bout de quelques semaines, Nadia annonce qu'elle est enceinte : à 18 ans, Sid Ahmed va être papa ! La nouvelle lui fait l'effet d'un coup de massue. Le garçon sent alors que sa vie peut prendre une tout autre direction… s'il le veut :

– Nadia, je te jure, cet enfant je le veux et je veux l'élever. Je vais trouver un boulot, gagner de l'argent, tu verras, affirme-t-il.

– Qu'est-ce que tu vas faire ?

– Je vais faire des économies, mais honnêtement, tu verras, je te promets. Toi, tu rentres dans la Somme, à Amiens, avec tes parents, le temps que je te rejoigne avec un peu d'argent.

Au moment où Rezala fait ces promesses à la future mère de sa fille, rien ne permet de douter de sa sincérité. Et d'ailleurs, quelques jours plus tard, le garçon trouve effectivement un travail dans un restaurant marseillais, où il donne entièrement satisfaction à son employeur. Il y reste six mois, durant lesquels il envoie régulièrement de l'argent à Nadia. Mais en févier, il agresse un vigile de la SNCF avec un couteau. L'agression a lieu à la gare Saint-Charles. Rezala, une fois encore, est rattrapé par son passé. Le jeune homme est alors placé en détention provisoire et condamné à un an de prison ferme. Pour la deuxième fois de son existence, il fait l'expérience de la vie carcérale. Fin mai, il est en prison lorsque survient l'événement qu'il attend comme le plus beau cadeau de sa vie : la naissance de sa fille Sarah. Nadia vient régulièrement voir Sid Ahmed en prison. La jeune femme descend chaque mois d'Amiens jusque dans le Sud. Elle semble réellement amoureuse et lui aussi.

Pourtant, peu avant la fin de l'année de détention de Sid Ahmed, la jeune femme cesse ses visites : le père de sa fille est accusé d'avoir violé un codétenu. Faute de preuves, les poursuites sont abandonnées. Mais il n'empêche : cette plainte laisse des traces, d'autant qu'un deuxième compagnon de cellule de Rezala avait porté les mêmes accusations avant de finalement se rétracter… La jeune femme ne fait plus confiance à Sid Ahmed et préfère s'abstenir d'aller le voir au parloir. Il s'agit bel et bien d'une rupture. Sid Ahmed Rezala s'en rend compte lorsqu'il sort de prison le 29 juin 1999.

Dehors, sa première visite est pour Nadia, cette femme qu'il aime, et surtout pour sa fille, la jeune Sarah, qu'il n'a encore jamais tenue dans ses bras. Un choc : Nadia vit avec un autre homme. Rezala raconte cet épisode au journaliste du *Figaro Magazine* :

– Quand je suis sorti de prison, la dernière fois, Nadia s'était trouvé un mec : c'est moi qui les entretenais ! […] Ça m'a tué quand j'ai su qu'elle avait un mec alors que j'étais en prison. Ils couchaient dans le lit que j'avais acheté. J'avais trimé, pris tous les risques pour trouver de l'argent, et c'était un autre mec qui en profitait. Je voulais les tuer tous les deux. J'avais dit à

Nadia que si elle me lâchait, je péterais les plombs. Je n'ai pas supporté qu'elle me lâche.

Voilà peut-être résumées dans ces quelques phrases les « raisons » qui vont pousser le jeune homme à dérailler. Pendant quelques semaines, Rezala vient régulièrement voir sa fille à Amiens. Il se balade avec elle, l'emmène dans le petit appartement qu'il se fait prêter par une amie, rue Jules-Lefebvre. Le quartier est chic et les voisins aperçoivent souvent le jeune homme qui se promène avec une petite fille. Il a l'air heureux. Pourtant, au fond, Rezala nourrit une haine profonde mais larvée à l'encontre de Nadia, qui l'a laissé tomber et le prive ainsi d'une vie normale de père de famille à laquelle une partie de lui-même aspire. Comme il le dit dans sa confession, il aurait voulu la tuer. Mais on ne tue pas la mère de son enfant. En revanche, une jeune femme inconnue… Trois mois après être sorti de prison, Sid Ahmed Rezala passe à l'acte. Il tue pour la première fois le 13 octobre. Isabel Peake, une jeune étudiante anglaise que Rezala a rencontrée quelques heures plus tôt, est sa première victime. Elle est retrouvée morte le lendemain à côté d'une voie ferrée dans l'Indre.

Ce premier meurtre n'empêche pas Sid Ahmed Rezala de continuer à vivre comme il l'a toujours fait : quelques jours d'errance à détrousser les voyageurs dans les trains avant de retourner voir sa fille à Amiens. Dans cette ville, il fréquente beaucoup le milieu étudiant.

– Je vendais du *shit*, expliquera Rezala quelques semaines plus tard. Les étudiants ont peur d'aller dans les cités, alors j'allais leur vendre sur place.

Des garçons âgés d'une vingtaine d'années, inscrits en sociologie à l'université, sympathisent avec Rezala. L'enfant des quartiers nord de Marseille possède en effet cette étrange capacité à se fondre dans le paysage dans lequel il évolue.

– C'est un itinérant amphibie, confie d'ailleurs l'un des enquêteurs.

Bien que n'ayant rien en commun avec les enfants « petits bourgeois » de ce milieu étudiant, Rezala est invité dans les fêtes. Il faut dire que, pour l'occasion, le garçon apporte du *shit* en quantité, ce qui facilite sans doute les relations…

Fin octobre, au cours de l'une de ces soirées, deux étudiants présentent Sid Ahmed à l'une de leurs amies. Elle a 20 ans et s'appelle Émilie Bazin. C'est la fille d'un industriel de la région et, parce qu'elle a la vie devant elle, elle profite de ses jeunes années pour faire la fête la nuit et étudier l'ethnologie le jour. Franck, un ami de la jeune femme raconte :

– Émilie était belle dans sa tête et dans son corps. Elle s'habillait *grunge*, genre seventies, manteau de cuir, veste en daim et Doc Martens. Elle s'était fait une coupe au carré et une teinture noire. Elle était trop douce, trop gentille, elle n'aurait jamais dit non à personne.

Ce 29 octobre, à une heure avancée de la nuit, Sid Ahmed et Émilie fument un joint, boivent quelques verres et rient ensemble. Le bruit de la musique est assourdissant et il est difficile de parler tranquillement.

– Tu veux venir chez moi, on sera plus tranquilles, propose Sid Ahmed.

Le garçon est charmant et charmeur. Émilie l'a déjà vu traîner avec certains de ses amis. Et puis, elle est grande, elle n'a plus à demander l'autorisation de personne pour partir avec un inconnu…

– OK ! on va chez toi…

En partant pour le 59 de la rue Jules-Lefebvre, Émilie oublie de dire au revoir à ses amis. Mais l'un d'eux voit le couple s'éloigner. Quelques minutes plus tard, ils arrivent dans le petit appartement au dernier étage de l'immeuble. Sid Ahmed Rezala, qui a répété plusieurs fois les gestes dans sa tête, se dirige vers la jeune femme, lui saisit le cou et l'étrangle. Un peu plus tard dans la soirée, il descend le cadavre d'Émilie dans la cave et le dissimule sous un tas de charbon. C'est à cet endroit que le corps sera retrouvé un mois et demi plus tard, le 17 décembre.

Curieusement, Émilie Bazin est la seule victime que Rezala n'ait pas tuée dans un train, alors même que ce lieu semble être la « signature » du tueur. De nombreux tueurs en série apprécient en fait ce moyen de transport parce qu'il leur permet de parcourir des milliers de kilomètres. Or, leurs déplacements presque frénétiques – c'est le cas chez Heaulme comme chez Rezala – ont quelque chose de pathologique : ils sont le signe de leur instabilité et de leur marginalité. Mais alors, pourquoi Rezala n'a-t-il pas, en assassinant Émilie Bazin, respecté ce « rituel » du train qui semble être le point commun de ses actes ? Parce qu'en l'occurrence, sa motivation est tout autre.

Il s'en explique :

– J'ai fait la connaissance d'Émilie Bazin à l'université d'Amiens [...]. Elle sortait avec deux mecs à la fois. Il y en avait un, c'était un gros. Une fois, je l'ai vu pleurer, ça m'a fait pitié. J'étais en train de connaître la même situation avec Nadia, mais à elle, je ne pouvais pas lui faire de mal. Il pleurait parce qu'il souffrait avec Émilie. Je l'aimais bien. Je l'ai tuée pour venger son mec. Je trouvais dégueulasse de faire souffrir un mec. Trente secondes avant, je ne savais pas que j'allais la tuer. C'est un flash, tu la vois morte, c'est comme un ordre qu'on te donne en images et après tu l'exécutes.

À travers cette confession, on comprend mieux les motivations de Rezala : il fait subir aux femmes ce qu'il n'ose faire à Nadia, la mère de sa fille, dont le comportement lui inspire une haine sans borne. Autrement dit, Émilie Bazin a eu le malheur de croiser la route de Rezala à un moment où elle était en train de rompre avec un garçon, ce qui a eu pour effet de raviver la blessure de la rupture avec Nadia.

Deux semaines plus tard, le 13 novembre, Rezala est interpellé par des douaniers dans un TGV Paris-Berne. Comme d'habitude, il voyage sans titre de transport, mais surtout, les douaniers découvrent deux grammes de *shit*, un couteau et une bombe lacrymogène dans son sac à dos. Le garçon est alors placé en garde à vue puis déféré au parquet de Besançon. Mais les douaniers se sont donné bien du mal pour rien : cinq heures plus tard, Rezala est relâché. Une erreur qui est due à un premier impair commis par la justice en juin après la sortie de prison de Rezala : à ce moment-là, le juge d'application des peines a bien convoqué Rezala comme il le devait. Un rendez-vous obligatoire auquel Rezala ne s'est pas présenté, ce qui aurait normalement dû lui valoir d'être recherché par la police. Parce qu'il ne figure pas sur le fichier des personnes recherchées, Rezala est libéré par le magistrat qui examine le dossier relatif à son arrestation dans le TGV Paris-Berne en novembre. Il peut ainsi poursuivre sa terrible odyssée meurtrière.

Le 13 décembre, il assassine Corinne Caillaux dans le train de nuit Calais-Vintimille. Celui qui est devenu le « Tueur des trains » ne parvient pas à trouver d'explication à cet acte :

– Elle, c'était complètement gratuit. De la folie pure. Je ne comprends pas.

Peut-être est-ce tout simplement parce que, comme tout tueur en série, Rezala s'est « habitué » à tuer et qu'il retire de cet acte un plaisir et une satisfaction qui le stimulent au-delà de toute tentative de justification.

****

Le 14 décembre, après la nuit de cauchemar passée à interroger les passagers du Calais-Vintimille dans lequel le corps de Corinne Caillaux a été retrouvé criblé de coups de couteau, le commissaire Panazio est épuisé. Avec ses collègues de la gendarmerie de Bourges qui ont en charge le dossier Isabel Peake, il comprend qu'il a affaire à un tueur en série. Les forces de l'ordre ont pris connaissance du passé de Rezala. L'homme est connu pour des affaires de viol, il a déjà fait de la prison et il n'est jamais très loin des lieux du crime. En outre, la SNCF lui a dressé 42 procès-verbaux jamais payés ! Elle se verra d'ailleurs mise en cause dans cette affaire pour *« manquement à ses obligations de sécurité »*. Le 30 janvier 2003, la société nationale de transport a ainsi été condamnée par le tribunal de Cambrai à payer 223 000 euros au mari de Corinne Caillaux. Le tribunal a estimé que *« le fait pour la SNCF de n'affecter que deux personnes au contrôle et à la sécurité des voyageurs dans un train de nuit, sur une distance telle que Calais-Vintimille, est une mesure insuffisante pour garantir la pleine et entière sécurité des voyageurs »*. La justice estime donc a posteriori que la SNCF a failli, commettant une grave erreur lourde de conséquences.

Mais, en ce 14 décembre 1999, nous n'en sommes pas encore là. Rezala identifié, reste maintenant à le localiser et à l'arrêter.

– Où a-t-il bien pu se rendre après avoir tué Corinne Caillaux et être descendu du train à Dijon ? s'interrogent les enquêteurs.

– Faisons le point. Il connaît parfaitement les réseaux de chemin de fer et les horaires de tous les trains. Il a donc pu se cacher dans la gare en attendant de prendre un train au petit matin. On sait approximativement où Rezala peut se trouver : dans l'appartement de ses parents à Marseille, chez son frère Kader également dans la cité phocéenne, chez Nadia à Amiens ou peut-être dans les environs de la gare Saint-Charles.

– Il faut placer tous ces lieux sous surveillance avant d'intervenir, décide-t-on à Dijon.

Par ailleurs, dès la fin d'après-midi, la photo et l'identité du suspect numéro un sont diffusées auprès de toutes les forces de police du territoire : Rezala devient l'homme le plus recherché de France. Mais si l'enquête sur les meurtres de Corinne Caillaux et d'Isabel Peake avance à pas de géant, la presse, de son côté, s'impatiente. Les journalistes demandent des comptes. Ils veulent « de quoi bouffer », comme on dit dans le langage des faits-diversiers, c'est-à-dire savoir si la police a des soupçons et sur qui ils se portent. Au parquet de Dijon, la pression médiatique est forte, d'autant que des rumeurs circulent sur des fuites éventuelles : certains journalistes connaîtraient l'identité du tueur présumé. Le 15 décembre dans l'après-midi, le procureur adjoint de la ville, Pierre Denier, est contraint de tenir une conférence de presse. Il confirme qu'un homme s'appelant Sid Ahmed Rezala est recherché.

– Je vous demande de ne pas publier cette information, précise-t-il. Publier le nom et la photo du suspect revient à casser l'enquête.

Quelques minutes plus tard, il insiste :

– Livrer un nom, c'est donner de l'avance au meurtrier. Encore une fois, je vous demande de ne pas publier cette information tout de suite et d'attendre un peu.

Mais en dépit des demandes répétées du procureur adjoint de Dijon, un journaliste de *France-Soir* se rend au domicile des parents de Rezala. En matière de discrétion, c'est certain, on fait mieux… Dans l'escalier de l'immeuble, il croise un jeune homme. Celui-ci dit s'appeler Kader et être le frère de Sid Ahmed. Le journaliste lui pose quelques questions. En réalité, il vient de rencontrer le « Tueur des trains ». Rezala n'a dès lors plus aucun doute : il sait qu'il est recherché et qu'il doit fuir pour sauver sa peau.

À ce moment-là, de monumentaux et inexplicables ratés se produisent. Ils auront des conséquences dramatiques sur la suite de l'affaire. Depuis deux jours, des policiers sont en planque devant le domicile des parents de Rezala où le tueur se trouve… mais ils ne peuvent pas l'interpeller. Tout cela pour une stupide raison de procédure, le juge d'instruction de Dijon, Frédéric Desaunettes, n'ayant pas encore délivré de commission rogatoire, le document qui permettrait de passer les menottes à Rezala ! Il ne le fera que le lendemain, le 16 décembre, soit deux jours après l'identification et la localisation du suspect… Premier loupé dont l'intéressé se défend en affirmant qu'il a délivré le document dès le moment où il était certain de la présence de Rezala à Marseille.

Conséquence : le 15 décembre à 18 h 30, alors que la justice est à la traîne, le « Tueur des trains » sort tranquillement de l'immeuble de ses parents. Il gagne la gare Saint-Charles et prend un train pour quitter la France. Un deuxième dysfonctionnement vient de se produire : comment se fait-il que les policiers en planque devant l'appartement de la Belle-de-Mai n'aient pas repéré Rezala lorsqu'il est sorti et l'aient ainsi laissé s'enfuir ? Le dispositif de surveillance sans doute trop laxiste permet au tueur de se faire la belle au nez et à la barbe des forces de l'ordre. Rezala est en cavale. Et, cette fois-ci, personne ne sait où il peut bien se trouver.

Le scandale sur les conditions de la fuite de Rezala est immédiat. Il ne cessera de s'amplifier jusqu'à l'arrestation du tueur à la mi-janvier. Pour les autorités, il s'agit maintenant de réparer les lourdes erreurs commises :

– Surveillez les frontières ! Mettez en place des services chargés de recueillir des témoignages et localisez Rezala ! ordonne-t-on au plus haut niveau.

Une cellule de coordination des enquêtes – l'une se déroulant à Dijon, une autre à Amiens et la dernière à Bourges, chacune menée par des juges d'instruction et des services de police différents – est créée le 22 décembre. C'est le numéro deux de la police judiciaire, Roger Marion, qui décide de monter cette cellule et qui en assume la direction. L'objectif est d'éviter les cafouillages liés aux compétences territoriales des magistrats et des différents services de police impliqués. L'initiative, évidemment, ne plaît guère aux juges d'instruction qui, première dans l'histoire judiciaire, vont même jusqu'à publier un communiqué de presse faisant part de leur mécontentement. Ils déplorent *« le fait que les différentes autorités à l'initiative de cette créa-*

tion n'aient pas jugé utile de les consulter au préalable », ils dénoncent « *toute tentative de manipulation ou de récupération par quelque service que ce soit* » et souhaitent « *en l'état de leurs investigations respectives, pouvoir continuer leur travail en toute sérénité* ». Autrement dit, les juges pensent que la PJ, jusqu'alors peu présente dans le dossier, essaye de les court-circuiter. Peut-être. Mais après tout, même si c'est le cas, est-ce si grave ? Force est en effet de constater que, jusqu'alors, la traque s'est soldée par un fiasco. Et même si Roger Marion tente ainsi de redorer son blason, quelque peu terni par les échecs d'arrestation d'Yvan Colonna dans l'affaire Érignac, il est peut-être temps qu'une autorité centrale prenne les rênes du dossier Rezala.

Les témoignages auprès des services de police affluent. En quelques jours, plusieurs milliers de personnes téléphonent de toute la France :

– J'ai vu Rezala dans un squat à Marseille, affirme quelqu'un.

– Je l'ai aperçu dans un hôtel qui donne sur la Canebière, insiste un autre.

Une cinquantaine de policiers font une descente. En vain : le tueur n'est pas là.

Dans les environs de Dijon, une jeune femme est agressée près d'une gare au couteau : et si c'était Rezala ?

– Je l'ai vu près de cette gare, il marchait au bord de la route, affirme un chauffeur de poids lourd.

Sid Ahmed Rezala est partout… et nulle part.

En pleine période de fêtes de fin d'année, la France est prise d'une véritable psychose. C'est pourtant bien inutile car le tueur est déjà loin : le 16 décembre, c'est-à-dire dès le lendemain de sa fuite, il est à Barcelone, en Espagne. En poche, il a 300 F (46 euros), un pistolet automatique et un couteau. Rezala connaît bien cette ville où il se rend régulièrement pour *dealer* du *shit*. Mais cette fois-ci, il est aux abois. Quand il faut manger et se loger, 300 F, ça file vite ! Et deux jours après son arrivée en Espagne, Sid Ahmed a déjà tout dépensé. Il recourt alors à la seule méthode qu'il connaisse pour gagner de l'argent : en pleine rue, il braque une jeune femme pour lui voler son sac à main. Il est en train de menacer sa victime avec un couteau lorsque des policiers en patrouille passent à proximité. L'arrestation est houleuse. Rezala tente de fuir. Il est finalement rattrapé in extremis, menotté et conduit au poste.

Les policiers prennent sa déposition :

– Nom et prénom ?

– Rezala, Sid Ahmed, répond le jeune homme sans sourciller.

– Date de naissance et nationalité ?

– 13 mai 1979 à El Bar, en Algérie. Je suis de nationalité française, répond-il tranquillement en tendant son passeport.

Après avoir écouté ses justifications, les policiers reconduisent Rezala en cellule. Pendant six jours, le « Tueur des trains » reste dans les geôles espagnoles en attendant de passer devant un juge.

Le 24 décembre, il arrive dans un bureau du tribunal de Barcelone. Le magistrat regarde rapidement le dossier. Un Français arrêté pour une tentative de vol avec violence, tout cela ne va pas chercher bien loin !

Le juge ordonne la remise en liberté et convoque Rezala pour une audience ultérieure. Le tueur n'en croit pas ses oreilles : il est libre ! Libre, lui, qui se sait l'homme le plus recherché de France, pays frontalier et membre de la communauté européenne, comme l'Espagne ! Lorsqu'il sort du tribunal, Rezala a parfaitement conscience de sa chance.

En fait, cette affaire n'est qu'une succession de cafouillages. Elle en connaît ici un nouveau. Comment se fait-il que les policiers espagnols ne se soient pas aperçus qu'ils détenaient l'homme qui mobilisait toutes les ressources de leurs homologues français ? Il semble pourtant qu'au moment de son arrestation, Rezala était bien inscrit au fichier Interpol des personnes recherchées. Et ce fichier est diffusé dans tout l'espace européen…

Ce laxisme, une nouvelle fois, permet à Rezala de poursuivre sa cavale sans être inquiété ni repéré. Après l'Espagne, direction le Portugal. Le tueur arrive le 27 décembre au matin dans la capitale portugaise. Sans un sou en poche. Son sourire charmeur et son physique avantageux le sauvent une nouvelle fois : le lendemain de son arrivée, il fait la connaissance, dans un bar gay de la ville, d'un homme d'une quarantaine d'années, Armando, qui le prend sous son aile en échange de quelques faveurs. Chef d'une petite entreprise d'import-export installée aux Canaries, Armando est célibataire et, comme chaque année, il vient passer les fêtes à Lisbonne.

Trois jours plus tard, il présente Sid Ahmed Rezala à des amis qui possèdent un petit appartement dans la banlieue de Lisbonne. Le tueur, évidemment, ne fournit pas sa véritable identité. Il prétend s'appeler Tahar et dit être Algérien.

– Nous l'avons rencontré le 31 décembre, se souvient Fernando Ferrer-Ribeiro, l'un des logeurs de Rezala. C'est Armando qui nous l'avait présenté. Il l'avait rencontré quelques jours plus tôt, ç'avait été le coup de foudre : il fallait voir son sourire quand Armando évoquait ce moment…

Les quatre hommes passent le réveillon du nouveau millénaire ensemble.

– Nous avons beaucoup bu, beaucoup ri, puis nous sommes partis faire la tournée des bars à Lisbonne, poursuit Fernando.

Deux jours plus tard, Armando doit se rendre à Madrid pour les besoins de son entreprise d'import-export. Il convient, avec Rezala, qu'ils se rejoindront dix jours plus tard dans la capitale espagnole avant de prendre un vol pour les Canaries.

– Armando, le temps qu'il était à Madrid, nous a demandé la faveur d'héberger Rezala, jeune homme perdu mais charmant, précise Fernando. Nous ne nous doutions évidemment de rien. Il n'avait pas de papiers, mais il nous était recommandé par quelqu'un en qui nous avions toujours eu entièrement confiance.

Les amis d'Armando acceptent sans hésiter. Rezala-Tahar devient leur hôte.

À Lisbonne, le « Tueur des trains » se fond dans le paysage. Ses journées sont réglées comme du papier à musique : il s'agit de ne surtout pas se faire remarquer ni d'éveiller les soupçons de personne. Le matin, il se lève à 11 h, descend prendre un café et un croissant au bar du coin, puis remonte dans sa chambre où il écoute de la musique. Chaque soir, il regarde la télévision française grâce au câble et se tient ainsi informé de l'avancement de l'enquête qui le concerne. Rezala est un hôte serviable. Jamais violent ni agressif, il aide ses logeurs à faire un peu de ménage et à préparer les repas. Avant de partir pour Madrid, Armando lui a laissé un peu d'argent. De quoi se payer ses trois paquets de cigarettes quotidiens, ses doses de haschich et quelques verres.

Une petite vie tranquille de garçon entretenu qui pourrait peut-être satisfaire quelqu'un d'autre, mais pas Rezala. À Lisbonne, ce grand instable éprouve cruellement une absence : Sarah, sa petite fille, lui manque. Il se doute que le téléphone de Nadia, la mère de sa fille, a été placé sur écoute. Alors, Rezala compose le numéro et raccroche sans mot dire :

– Je suis sûre que c'est lui qui appelle sur mon portable, il ne dit rien et raccroche, raconte Nadia dans un entretien au *Figaro Magazine.* C'est juste un signal pour me montrer qu'il pense à nous. Sa fille est ce qui compte le plus au monde pour lui.

Le 3 janvier 2000, n'y tenant plus, il appelle l'une de ses amies, à qui il laisse tout d'abord le numéro du domicile de ses logeurs, puis ceux des cabines téléphoniques depuis lesquelles il passe ses coups de fil.

Dans les jours qui suivent, Rezala passe plusieurs appels chaque jour à cette même personne.

– Fais des bisous à ma fille, dit-il à chaque fois.

Un jour, les enquêteurs qui surveillent la ligne l'entendent dire :

– Oui, c'est vrai, j'ai pété les plombs en France. Mais ici, au Portugal, je ne risque rien, les flics ne me retrouveront pas.

Une belle assurance. Rezala est persuadé que l'amie à qui il téléphone quotidiennement n'est pas surveillée. Sinon, pourquoi les policiers ne l'auraient-ils pas déjà arrêté ?

Mais il se trompe : en réalité, tout son entourage est sur écoute. Au total, une vingtaine de personnes sont surveillées, y compris l'amie qu'il appelle régulièrement. Le 7 janvier, le juge de Dijon est averti que Rezala a peut-être été localisé au Portugal. Avant d'entreprendre toute action, le juge veut vérifier qu'il s'agit bien du tueur. Le magistrat ne trouve rien de mieux que de faire appeler au Portugal les différents numéros en sa possession afin de valider la présence de Rezala ! La plupart des numéros sonnent dans le vide. Et pour cause, puisque ce sont des cabines publiques. Mais quelqu'un répond au domicile du logeur de Rezala : il s'agit d'Armando, qui ne comprend rien et raccroche. Fort heureusement, car cela aurait pu alerter Rezala et lui permettre, comme à Marseille trois semaines plus tôt, de prendre la poudre d'escampette.

Roger Marion, l'un des patrons de la PJ française, décide alors de prendre les choses en main. Il téléphone à Orlando Romano, son homologue lisbonnais, qui organise une surveillance discrète de l'appartement où Rezala se cache. Le 10 janvier, Rezala est formellement identifié à Lisbonne. Le juge d'instruction d'Amiens délivre un mandat d'arrêt.

Le lendemain, il est 13 h 30 Sid Ahmed Rezala sort de l'immeuble où il loge. Les mains dans les poches, les cheveux courts et l'air tranquille, il se dirige vers le téléphone public depuis lequel il a pris l'habitude de passer ses coups de fil. Soudainement, au moment où il s'apprête à pousser la porte de la cabine, sans comprendre ce qui lui arrive, Rezala se retrouve plaqué contre le mur de l'église toute proche. Plus tard, Orlando Romano, le patron de la PJ portugaise raconte : *« Il était tellement surpris de nous voir qu'il nous a regardés comme un bébé. »*

– Comment vous appelez-vous ? demandent les policiers portugais.

– Assan, répond Rezala.

Sur lui, le tueur n'a aucun papier d'identité. Et Rezala a quelque peu changé de look depuis le début de sa cavale. Il s'est fait couper les cheveux et la barbe pour éviter d'être reconnu. Mais quelques instants plus tard, il comprend que deux policiers français se trouvent également devant lui pour assister leurs collègues portugais. De guerre lasse, en désignant d'un mouvement du menton les officiers français, le tueur lance alors :

– Demandez-leur à eux. Ils savent qui je suis…

Après vingt-sept jours de cavale et de nombreux ratés, le « Tueur des trains » est enfin arrêté.

****

En France, c'est le soulagement. Rezala interpellé, il ne reste plus qu'à l'extrader pour le traduire en justice devant un tribunal français. Ce qui aurait théoriquement dû n'être qu'une formalité administrative entre deux pays européens ayant toujours eu d'excellentes relations diplomatiques, économiques et politiques, va se transformer en une gigantesque et grotesque bataille juridique. Le droit portugais prévoit en effet qu'un détenu étranger ne peut pas être extradé s'il risque dans son pays d'origine une peine supérieure à la peine maximale prévue au Portugal, en l'occurrence vingt ans de prison ferme pour un homicide volontaire. Or, à ce moment-là, Rezala est soupçonné du meurtre de trois personnes. Les avocats du tueur s'engouffrent dans cette brèche juridique pour mener des négociations. D'aucuns disent même qu'il s'agit d'un véritable chantage avec les autorités françaises. Les défenseurs veulent obtenir des garanties quant à la peine maximale encourue par leur client une fois que celui-ci sera rentré en France. Quelque temps plus tard, ils souhaitent avoir l'engagement que les faits reprochés à Rezala ne seront pas requalifiés plus gravement une fois que le tueur sera incarcéré dans les prisons françaises. Parallèlement à ces négociations, Rezala recourt à toutes les possibilités du droit portugais pour faire traîner son retour : il fait appel sur appel auprès des autorités judiciaires lusitaniennes. Le tueur ne veut pas revenir dans le pays où il doit être jugé. Et cinq mois après avoir été arrêté, Rezala est toujours dans sa cellule portugaise.

Alors qu'en décembre, il lui avait suffi de prendre un train pour passer la frontière – une vraie passoire –, il profite maintenant du droit pour ne pas faire le chemin en sens inverse. La frontière semble imperméable. À l'heure de l'espace Schengen, c'est un peu fort ! Le scandale est national. Le 9 mai, à l'Assemblée nationale, Élisabeth Guigou, alors garde des Sceaux, doit s'expliquer :

– Cet exemple, ne peut-elle que constater, doit nous amener à approfondir l'Europe de la coopération judiciaire, afin que les criminels ne se jouent plus des frontières pour déjouer l'action répressive des États.

Le 24 mai 2000, enfin, la Cour suprême du Portugal rend une décision, que Rezala n'a pratiquement plus aucun moyen de contester : l'extradition est autorisée. Gilbert Collard, avocat de l'une des familles de victimes, traduit le sentiment général :

– La décision de l'extradition est un soulagement pour les familles des victimes, même s'il y a eu des concessions faites par l'autorité française. L'heure de vérité a sonné, il faut que Rezala accepte de rencontrer ses juges.

Mais malheureusement, ce ne sera jamais le cas, en raison d'un dysfonctionnement grave – encore un ! – de l'institution pénitentiaire portugaise. Le 28 juin 2000 a lieu la demi-finale du championnat d'Europe de football qui oppose la France au Portugal. Les gardiens de la prison dans laquelle Rezala est détenu regardent le match retransmis à la télévision. À 23 h, lorsque la partie est terminée, ils découvrent Sid Ahmed Rezala inanimé dans sa cellule. Le tueur français, se sentant acculé car bientôt extradé, a profité de cette soirée pour mettre le feu à son matelas. Quelques minutes plus tard, il décède, intoxiqué par la fumée.

Évidemment, on est en droit de s'interroger : comment se fait-il que les gardiens aient laissé les détenus sans surveillance pendant une aussi longue soirée ? Pourquoi n'ont-ils pas été alertés par les cris et les bruits des autres prisonniers ayant senti la fumée ? Comment se fait-il que Rezala n'ait pas fait l'objet de mesures de protection spéciales alors qu'il avait déjà tenté de se suicider dans la prison portugaise en se tailladant les veines en janvier dernier ? Le 8 janvier, pourtant, Nadia, l'ancienne compagne de Rezala, avait dit : *« Il ne se rendra pas. Ce n'est pas la prison que Sid Ahmed attend, c'est la mort qu'il veut. »*

La liste des questions est longue. Très longue. Tout comme la liste des dysfonctionnements qui, dès le début, ont entaché cette affaire. À toutes ces questions, les familles de victimes n'ont à ce jour aucune réponse, ce qui rend le travail de deuil encore plus difficile. Rezala, en choisissant de mourir, a aussi refusé de payer sa dette à la société et aux familles des victimes, laissant à cette affaire le goût amer d'une histoire sans fin.

Josacine : l'affaire empoisonnée

La petite Émilie Tanay décède quelques minutes après avoir ingéré un antibiotique, la Josacine, contenant du cyanure. Selon les gendarmes, Émilie n'était pas la personne visée. En effet, Jean-Marc Deperrois, condamné à vingt ans de prison, aurait fait erreur sur la personne : en fait, il aurait voulu assassiner le mari d'une femme avec laquelle il entretenait une amitié amoureuse. Mais de nouveaux éléments remettent en cause ce scénario…

Juin 1994. L'été est bientôt là, mais Émilie Tanay, 9 ans, a une bronchite. Rien de grave. Corinne, sa mère, décide de consulter un médecin, qui lui prescrit de la Josacine. Il s'agit d'un antibiotique bien connu qui se présente sous la forme d'un flacon de poudre à mélanger avec de l'eau.

Le 11 juin, la petite Émilie est confiée à Sylvie Tocqueville, une jeune femme de 38 ans, secrétaire à la mairie de Gruchet-le-Valasse, un tranquille village normand de trois mille habitants à une quarantaine de kilomètres du Havre. Les Tocqueville ont en effet prévu d'aller à une fête médiévale avec leur fils Jérôme et sa camarade Émilie.

Il est 20 h lorsque Sylvie Tocqueville lui fait boire une cuillerée du médicament que Corinne a pris soin de préparer un peu plus tôt dans l'après-midi. Émilie trouve que le médicament a mauvais goût, va se rincer la bouche et boit un verre d'eau :

– Maman ne l'a pas préparé comme d'habitude, dit-elle aussitôt.

Un quart d'heure plus tard, elle s'écroule en râlant. Les Tocqueville, affolés, appellent un ami qui connaît la famille Tanay et le SAMU du Havre. La fillette est transportée d'urgence en service pédiatrique où elle décède à 22 h 30.

****

Deux jours plus tard, les parents d'Émilie Tanay, ne comprenant pas ce qui a pu se passer, alertent les autorités. Une autopsie est alors ordonnée. Un médecin affirme en effet que le décès n'est pas normal et qu'il pourrait être dû à l'absorption de cyanure de sodium.

Le 15 juin, l'institut de recherche criminelle de la gendarmerie nationale de Rosny-sous-Bois confirme la thèse de l'empoisonnement au cyanure et le parquet ouvre une information judiciaire contre X pour empoisonnement avec préméditation. Les proches des Tocqueville et des Tanay sont placés en garde à vue.

Le 17, les gendarmes apprennent que Sylvie Tocqueville a eu une liaison avec un habitant du village, Jean-Marc Deperrois. C'est un notable. Chef d'entreprise, il dirige une PME de thermographie industrielle et il est adjoint au maire de la commune. Son téléphone est alors mis sur écoute.

Quelques jours plus tard, Alain Bodson, un ami, téléphone à Deperrois. Onze jours après la mort de la petite Émilie, les gendarmes tombent sur cette étonnante conversation :

– Jean-Marc, est-ce que tu as encore du produit ? Tu l'as utilisé ? demande-t-il sans nommer cette mystérieuse substance.

– Oui, oui, j'en ai utilisé un peu... et j'ai jeté le reste, répond Deperrois, l'air gêné.

– Tu n'as pas été inquiété ?

– Non, non... répond Deperrois en mettant fin assez précipitamment à la conversation.

Deperrois est alors placé en garde à vue. Sans ce coup de fil, l'homme n'aurait sans doute jamais été inquiété. Alain Bodson expliquera plus tard pourquoi il a appelé Deperrois :

– Je voulais qu'il me restitue le produit, pour éventuellement le présenter à la police. Il m'a dit qu'il ne l'avait plus... Ça m'a contrarié.

Les gendarmes l'interrogent et le somment de s'expliquer sur cette conversation : de quel produit, jamais nommé dans la conversation, s'agit-il ? Deperrois se montre tout d'abord évasif, inexact. Mais les gendarmes interrogent Bodson, lui aussi chef d'entreprise dans le même secteur d'activité que Deperrois mais en région parisienne. Bodson explique avoir reçu un coup de fil de Deperrois début mai :

– Il m'a demandé si je pouvais lui vendre du cyanure.

Deperrois lui affirme alors que c'est pour faire une expérience : il veut voir si le cyanure peut noircir des métaux afin d'étalonner une caméra infrarouge nécessaire à son travail :

– C'est idiot, tu peux t'en procurer toi-même, rétorque Bodson.

– Ce sera plus facile pour toi, parce que tu es en région parisienne. Et puis, je ne veux pas effrayer mon collaborateur, aurait expliqué Deperrois.

– Si tu veux, je peux te proposer du Mesculit. Je l'utilise avec satisfaction et en plus, j'en ai en stock.

– Non, non, je préfère du cyanure. Cela fera un noir plus profond.

Alors qu'Alain Bodson a relaté ces faits aux gendarmes, Deperrois continue de nier s'être procuré du poison et traite son ami de menteur. Au bout de vingt-quatre heures d'interrogatoire, il finit par avouer l'achat du cyanure. Un kilo au total. Après la mort d'Émilie Tanay, il explique avoir pris peur : parce qu'il vit à proximité du lieu du drame, il s'est dit qu'on allait le soupçonner, et il a tout jeté dans la Seine, le cyanure et les pièces sur lesquelles il avait testé le produit. Pour les enquêteurs, désormais, c'est clair : Deperrois, qui habite à cent mètres de chez les Tocqueville et qui possédait du cyanure, est forcément le coupable.

Reste toutefois à trouver le mobile. Ils échafaudent alors une hypothèse qui deviendra, jusqu'à aujourd'hui, la version officielle : Sylvie Tocqueville, qui avait une liaison avec Deperrois, avait dit à celui-ci le matin du drame que la nuit précédente, son mari, Jean-Michel Tocqueville, 41 ans, avait eu une grave crise de tachycardie et qu'il avait failli mourir. Les gendarmes pensent que Deperrois a voulu profiter de cette circonstance pour dissimuler un empoisonnement : son rival affaibli, Deperrois en aurait profité pour l'empoisonner en dissimulant ainsi la mort par un problème de santé. Il y aurait donc simplement eu erreur sur la victime : en réalité, selon les gendarmes, le cyanure n'aurait pas été destiné à la petite Émilie mais au mari de Sylvie Tocqueville, que Deperrois voulait tuer. Pourquoi ? Parce que Sylvie s'était laissé courtiser par Deperrois durant seize mois. Plus que d'une véritable liaison, il s'agissait d'une amitié amoureuse. Longtemps, Sylvie avait d'ailleurs refusé d'aller plus loin que quelques caresses et baisers volés. En seize mois, ils n'ont été amants qu'une seule fois. Sylvie avait alors tout révélé à son mari et promis de mettre fin à cette liaison extra-conjugale. Mais en dépit de ces promesses, elle a continué d'accepter les caresses et les avances de son amant.

Ce matin du 11 juin 1994, Deperrois serait donc entré au domicile des Tocqueville en leur absence pour verser du cyanure dans le flacon de Josacine qu'il aurait cru être destiné au mari de Sylvie. Voilà la thèse élaborée par l'accusation et qui devient la version officielle. Même si les gendarmes n'ont encore aucune preuve de ce qu'ils avancent...

Ils le reconnaissent d'ailleurs dans une note du 18 octobre 1994 :

« Bien qu'à l'heure actuelle aucun élément formel pouvant donner lieu à une discussion ou négation n'ait été recueilli à l'encontre de Jean-Marc Deperrois, le faisceau d'éléments et de présomptions établis contre lui, renforcé par ses mensonges et par l'absence de tout autre élément dans les autres hypothèses précisées fait que celle de Deperrois Jean-Marc reste la plus plausible. »

Le 31 août, un double témoignage vient renforcer la présomption de culpabilité de Deperrois. Deux mois après la mort d'Émilie, un couple de voisins, les Madeleine, est interrogé par les gendarmes. C'est d'abord Monique, 64 ans, qui parle avant que son mari, un maçon de 61 ans, confirme ses dires. Ils affirment avoir vu Deperrois s'introduire à deux reprises au domicile des Tocqueville alors que ceux-ci ne s'y trouvaient pas.

La première fois, un dimanche après-midi du printemps, Jean-Pierre Madeleine aurait vu Deperrois sortir de chez les Tocqueville et refermer une porte-fenêtre, dont les gonds mal huilés font du bruit et auraient attiré l'attention du voisin. Or, *« je savais que les Tocqueville n'étaient pas chez eux ce jour-là, parce que je les avais vus partir le matin avec leur coupé Nissan »*, dira le témoin au procès qui se tiendra en mai 1997. Le voisin appelle alors son épouse pour lui dire qu'il a vu quelque chose d'incroyable. Ils prennent leur voiture, font le tour du pâté de maison pour ne pas éveiller les soupçons de Deperrois et le voient *« en train de tourner autour de la Fiat de Jean-Michel Tocqueville comme s'il voulait y rentrer »*.

La deuxième fois, c'est le 29 mai, soit environ trois semaines plus tard. Ils s'en souviennent précisément parce que c'est la date de la fête des Mères. Monique Madeleine, à la fenêtre de sa salle de bains, aperçoit Deperrois qui referme la porte-fenêtre du domicile des Tocqueville : *« J'ai vu Jean-Marc Deperrois avec des gants en latex en train de sortir. Il était blême, décomposé. »* Le mari voit la même scène : *« Je me suis dit, avec des gants en latex, il vient déposer un pot de fleurs pour Sylvie Tocqueville. »* (sic)

Un double témoignage capital pour les enquêteurs, car il confirme la préméditation : si Deperrois s'est introduit au moins à deux reprises chez les Tocqueville, c'est qu'il préparait un mauvais coup. Oui, mais voilà : ces témoignages sont-ils fiables ? Pas sûr… Un détail en effet ne colle pas du tout dans les dépositions des époux Madeleine : le jour de la deuxième « visite » de Deperrois, le 29 mai, celui-ci se trouvait à une kermesse à Bolbec. Et cela, de nombreux témoins le confirment. Or, il ressort également que Deperrois n'a pas pu s'absenter suffisamment longtemps de la kermesse pour faire un aller-retour chez les Tocqueville. Alors ? Alors, au procès, l'accusation estimera malgré tout que le témoignage des Madeleine est *« crédible »*, même s'il est *« inexact en temps »*. Autrement dit, les Madeleine auraient pu se tromper sur la date du 29 mai, mais cela ne change rien au fait qu'ils ont effectivement vu Deperrois, sans doute un autre jour.

Pendant que les gendarmes continuent d'orienter leur enquête sur la piste de Deperrois, des experts sont nommés pour analyser la Josacine empoisonnée et la comparer avec d'autres lots issus de l'entreprise Prolabo, qui a fourni le cyanure à Deperrois. Le 13 octobre 1994, ils rendent leurs conclusions : ils trouvent des *« similitudes »* entre le cyanure de la Josacine empoisonnée et celui de Prolabo. En fait, le poison de la Josacine recèle des impuretés (du strontium, du potassium et des phosphates) en quantité voisine de celle d'un des lots saisis chez Prolabo et dans une moindre mesure avec un autre.

Mais, par ailleurs, la Josacine qui a servi à empoisonner Émilie Tanay présente un aspect coagulé jaune clair. Or, les chimistes ont mélangé du cyanure d'un lot provenant de chez Prolabo et ont obtenu un produit d'un aspect brun et sans coagulation :

– Il est possible de recréer la coagulation du flacon empoisonné si l'on chauffe en étuve la solution cyanurée pendant treize jours à cinquante degrés. On peut bien sûr diminuer la température, mais trente-sept degrés pendant un mois ne suffisent pas pour dégrader la solution, explique ainsi Roland Molinaro, l'un des experts.

Le chauffage a-t-il pu être fortuit ? Peut-être… Mais c'est peu vraisemblable. La solution aurait-elle pu chauffer dans la boîte à gants d'une voiture, par exemple ? Pendant plus d'un mois, à une température constante de plus de trente-sept degrés, le jour comme la nuit ? Non, impossible !

– Je n'ai jamais vraiment réussi à reconstituer le mélange mortel, ni sa couleur, ni son aspect, reconnaît prudemment l'expert.

Autrement dit, le rapport d'expertise ne constitue qu'un indice : le cyanure de Deperrois est peut-être celui qui a servi à empoisonner la Josacine. Ou peut-être pas… Néanmoins, en dépit de ces remarques, les scientifiques concluent que le cyanure ayant servi à empoisonner l'antibiotique provenait très certainement d'un lot de Prolabo. Une conclusion qui sera essentielle lorsqu'il s'agira, pour les jurés, de sceller le sort de Jean-Marc Deperrois.

Malgré le dossier d'accusation, truffé d'incertitudes, qui ne présente aucune preuve matérielle ainsi que le reconnaissent les enquêteurs, le procès de Jean-Marc Deperrois s'ouvre le 2 mai 1997 à la cour d'assises de Seine-Maritime à Rouen. Costume vert, cravate sombre, Deperrois entre dans le box des accusés avec une mise impeccable. L'air d'un cadre dynamique. Le procès va durer trois semaines et voir défiler 80 témoins.

La première journée d'audience est l'occasion de parler de la personnalité de Deperrois, fils de commerçants, seul garçon d'une famille de trois enfants. Ses proches ne tarissent pas d'éloges sur cet homme qu'ils décrivent comme quelqu'un de travailleur, cordial, jovial, gentil et serviable. Deperrois est un *self made man*, technicien du bâtiment, qui a gravi les échelons et a fini par créer son entreprise. Peu à peu, il est devenu un personnage important du village, où il assume les fonctions de premier adjoint au maire. Marié depuis 1974, il est père de deux enfants, mais son couple, sans battre réellement de l'aile, connaît une certaine usure du temps.

Deperrois est interrogé. Le premier jour du procès, il raconte sa vie, et puis à un moment, sa voix s'étrangle :

– Voilà 1 009 jours que je suis en détention. Physiquement, ça va à peu près. Mais au fond de lui, le bonhomme n'est pas au mieux... La prison, Monsieur le Président, ça gâche une vie, ça bousille un homme...

Le prévenu verse une larme. Car depuis le drame, alors qu'aucune preuve matérielle n'a pu être retenue contre lui, il est incarcéré, attendant d'être jugé. Deperrois, en trois ans, a demandé onze remises en liberté. Toutes rejetées.

Son épouse, Anne-Marie, professeur d'histoire-géographie dans un lycée privé de Bolbec, raconte à son tour :

– Depuis trois ans, je vis dans le déshonneur. Le déshonneur de la prison, le déshonneur du jugement que l'on porte sur vous... Enfin, votre intimité portée sur la place publique... Heureusement, je n'ai aucun problème avec la population locale et mon travail m'occupe l'esprit. J'enseigne l'histoire-géographie et l'éducation civique. J'enseigne donc la présomption d'innocence, les droits de l'homme, les libertés individuelles et l'État de droit. Mais, en ce qui me concerne, j'ai vécu le contraire : la présomption de culpabilité...

Le lendemain, elle dira également :

– L'innocence de mon mari passera toujours avant ma blessure personnelle. C'est mon combat. Une question de conscience.

Ce même jour, coup de théâtre au procès : la défense met en évidence une négligence grave des enquêteurs. Me Charles Liebman, avocat de Deperrois, lit in extenso la pièce du dossier portant la cote D461. Cette pièce rapporte un témoignage. Le 4 juillet 1994, les gendarmes ont interrogé le médecin de famille des Tanay, le Dr Sylvain Vue : le médecin avait alors expliqué avoir reçu dans son bureau, deux jours après le drame, la mère de la petite Émilie, Corinne Tanay :

– Je n'ai pas posé de question à Mme Tanay concernant ce qu'elle aurait pu constater en préparant son médicament. C'est dans la conversation que Mme Tanay m'a dit que c'était elle qui avait préparé le médicament et qu'elle avait remarqué une drôle d'odeur ainsi qu'une petite réaction d'effervescence dans le deuxième flacon.

Un peu plus loin dans son témoignage :

– Je répète que cette réflexion de Mme Tanay est venue au cours de la conversation. Elle m'a également précisé qu'après le mélange de l'eau et du médicament, ce dernier était devenu inhomogène avec apparition de petites précipitations. Mme Tanay m'ayant précisé qu'elle n'avait pas remarqué le même phénomène avec le premier flacon, j'en ai parlé à mon épouse puis à ma sœur, qui est pédiatre : elles m'ont toutes deux fait la même réflexion, à savoir qu'elles auraient goûté le médicament avant de l'administrer. Pour moi, cela veut dire qu'il y avait une incompatibilité entre le solvant, en l'occurrence l'eau, la Josacine et le produit ajouté au mélange.

Mme Tanay lui avait donc affirmé avoir *« remarqué une drôle d'odeur »* et une *« petite réaction d'effervescence »* inhabituelles lorsqu'elle avait préparé le flacon de Josacine. L'antibiotique doit en effet être mélangé à de l'eau. Pour cela, il faut déboucher le flacon, en théorie hermétiquement clos, puis verser de l'eau. Or, ce témoignage du médecin de famille démolit l'enquête : si la mère d'Émilie reconnaît avoir remarqué quelque chose d'étrange au moment de la préparation du flacon, c'est que le poison s'y trouvait déjà. Et dans ce cas-là, Deperrois ne peut pas être coupable : il n'avait pas accès au domicile des Tanay, les connaissait à peine et n'a aucun mobile ! Un témoignage d'autant plus intéressant que Corinne Tanay n'a jamais pu dire avec précision, dans ses dépositions, si le flacon de Josacine était hermétiquement fermé. Si tel était le cas, elle aurait dû entendre, lors de l'ouverture de la fiole, le « clic » caractéristique de la collerette ouverte pour la première fois. Et si la Josacine avait été empoisonnée par quelqu'un au domicile des Tanay et non chez les Tocqueville ? Et si, finalement, il n'y avait pas eu erreur sur la personne ? Et si quelqu'un, un mystérieux coupable, avait bel et bien voulu assassiner la petite Émilie ?

– Impossible ! répond Corinne Tanay, qui se veut catégorique et qui nie totalement avoir tenu ces propos devant le Dr Vue. Non, ce ne sont pas du tout mes propos. S'il y avait eu quelque chose d'anormal dans la préparation, je l'aurais remarqué. Je n'ai donc pas pu dire cela au Dr Vue.

– Vous souvenez-vous, Madame, de l'ouverture du flacon ? demande Me Charles Liebman, l'avocat de Deperrois.

– Je m'en souviens ! J'ai entendu le « tic » ou le « clac », comme vous dites, lorsque la bague de sertissage de protection s'est rompue. Émilie m'a dit qu'elle pensait que je n'avais pas mis assez d'eau pour diluer la Josacine. Pour lui faire voir qu'elle se trompait, j'ai posé le flacon sur la table, nous avons regardé le trait avec une attention soutenue et j'affirme que le médicament avait un aspect tout à fait normal.

Corinne Tanay aurait-elle subitement retrouvé la mémoire ? Car, comme le confirme le capitaine de gendarmerie Martinez, qui a dirigé l'enquête, Corinne Tanay a toujours hésité sur ce point.

Puis la défense interroge, au sujet de ce rebondissement, Jean-Luc Doby, l'un des gendarmes ayant enregistré la déposition du Dr Vue :

– Pourquoi les enquêteurs, à votre avis, n'ont-ils pas mieux creusé les déclarations du Dr Sylvain Vue ? demande l'avocat de Deperrois.

– À ce moment-là, il y avait tellement de choses à vérifier que l'examen de cette audition a dû être reporté à plus tard, reconnaît volontiers le gendarme.

– Selon vous, n'est-ce pas une faille dans le dossier ?

– Cela peut être considéré comme une faille.

Sans commentaire…

Pourtant, à ce moment-là, les enquêteurs avaient bien émis l'hypothèse d'un empoisonnement par l'un des membres de la famille Tanay, avant de l'abandonner rapidement, ne voyant pas pour quelle raison quelqu'un aurait pu en vouloir à la vie d'une enfant.

Le lendemain, l'adjudant Doby est à nouveau interrogé par Me Liebman. Corinne Tanay a laissé entendre qu'il aurait pu y avoir incompréhension de la part du gendarme lorsqu'il a enregistré la déposition du Dr Vue :

– Impossible ! affirme catégoriquement le militaire. Il n'y a pas eu de problème de compréhension. Il n'y a pas eu d'erreur d'interprétation.

Le procès se poursuivant, l'accusation semble s'effriter de plus en plus. Le vendredi 9 mai, un nouveau témoignage résonne comme un coup de tonnerre dans la salle de la cour d'assises. Jacques Isaac, le directeur d'une école privée de Bolbec, une connaissance de l'accusé, a été appelé à la barre. Les gendarmes qui sont venus l'entendre à plusieurs reprises l'ont régulièrement invité à « charger » Deperrois :

– Quelquefois, ça me faisait froid dans le dos. Ils avaient leur conviction. J'avais l'impression qu'ils agissaient sur ordre. Au début, ils disaient : *« Vous verrez, ce ne sera pas une nouvelle affaire Grégory ! »* Un jour, l'un des gendarmes m'a dit : *« Si Deperrois était vraiment innocent, il ferait la grève de la faim ou se suiciderait. »* Un autre m'a encore dit : *« Après tout, il y a déjà eu des erreurs judiciaires. Ce ne sera ni la première fois, ni la dernière. »* Il a peut-être ajouté aussi *« malheureusement »*.

On imagine assez aisément la réaction de l'accusé et de sa famille, entendant cette hallucinante déclaration. Les gendarmes auraient donc eu peur de l'enlisement de l'enquête, ce que d'aucuns ont pu appeler le *« syndrome de l'affaire Grégory »*.

Jean-Marc Deperrois s'effondre, se tenant la tête dans les mains :

– Ce n'est pas vrai ! On ose des choses pareilles... Ah, les salauds ! Il en fallait un ! Il en fallait un ! Monsieur le Président, je suis innocent et vivant !

Le même jour, d'autres témoignages renforcent cette idée que, décidément, l'enquête a été bâclée et que les gendarmes ont recherché un coupable avant de rechercher la vérité.

Le témoignage des Madeleine, ce couple de voisins des Tocqueville qui avait affirmé avoir vu Jean-Marc Deperrois s'introduire à deux reprises chez les Tocqueville, est mis à mal. Un cousin des Madeleine raconte :

– Madeleine, il a tout vu, il a tout fait. C'est un affabulateur. Il croit ce qu'il dit même si ça paraît invraisemblable. Il est fort en paroles, faible en actes. Il fait l'intéressant.

D'ailleurs, des erreurs apparaissent dans les dires des époux : contrairement à ce qu'ils ont affirmé, ils n'ont jamais parlé de leurs « observations » à quiconque avant le 31 août, soit quinze jours après l'arrestation de Deperrois. Même leur propre fils dément. Par ailleurs, après avoir longtemps hésité, Monique Madeleine affirme que les intrusions de l'accusé au domicile des Tocqueville se sont produites les 8 et 29 mai 1994. Elle en est désormais certaine, puisqu'elle a coché ces dates sur un calendrier ! Le problème, c'est qu'elle n'a jamais pu montrer ce calendrier aux enquêteurs...

Il ressort également des débats que Deperrois n'a jamais fait mystère de son souhait de se procurer du cyanure. Pourtant, lorsqu'on prémédite un assassinat par empoisonnement, on peut supposer que l'on cherche à se faire discret… Ce qui n'est pas du tout le cas en l'occurrence : lors d'un entretien d'embauche en avril 1994, Deperrois avait demandé, à celui qui allait devenir son futur ingénieur, de lui trouver de la documentation sur le cyanure. Le chef d'entreprise est également allé se documenter dans *l'Encyclopedia Universalis* chez un enseignant de sa connaissance. Bref, rien qui démontre, à aucun moment, que Deperrois ait cherché à cacher son désir de se procurer du cyanure.

Et puis un autre témoignage, celui de la femme de ménage des Tocqueville, vient jeter le trouble :

– Un jour, j'ai trouvé Jean-Michel *(Tocqueville, NDA)* en pleurs chez lui parce que sa femme voulait le quitter pour Deperrois. Il prenait des médicaments… Un truc en… « mil », je ne me souviens plus. Il voulait se pendre. J'ai dû faire la psychologue pour qu'il ne le fasse pas. Sylvie, elle, était devenue coquette, elle avait raccourci ses jupes. Elle était très amoureuse de M. Deperrois, paraît-il. Mais enfin, je ne pensais pas qu'elle irait jusqu'à… consommer. Je croyais que ce n'était qu'un flirt. Jean-Michel, lui, m'avait dit avoir eu aussi des aventures. Alors, je lui ai dit : *« C'est peut-être bien fait pour toi ! Mais, de toute façon, je ne crois pas qu'elle s'en ira. »*

Et les confidences de Claudine Pichon vont plus loin :

– Je suis allée voir M. Deperrois pour lui parler. Lui, il m'a parlé de sa femme avec respect et considération. Quand j'ai voulu lui parler de Sylvie, j'ai senti, dans sa façon de parler, un certain dédain. Alors, je suis retournée dire à Jean-Michel : *« Ta femme à affaire à un séducteur, tu sais, un de ces types qui aiment les amuse-gueules, les consomment et puis les jettent. »* D'ailleurs, il m'avait donné l'impression d'être un coureur. Il m'avait déshabillé du regard, M. Deperrois. Pourtant, j'étais habillée pour faire le ménage.

Autrement dit, selon le témoignage de Claudine Pichon, on voit mal pourquoi Deperrois se serait lancé dans un aussi funeste projet : que lui aurait apporté la mort de Jean-Michel Tocqueville ? Rien, si l'on en croit la femme de ménage, pour qui Deperrois cherchait simplement une petite aventure sans lendemain avec Sylvie Tocqueville. Et l'on ne tue certainement pas pour une amourette de passage. Dans ces conditions, le mobile du crime passionnel ne tient plus.

Plus le procès avance, plus il devient difficile de démêler les liens entrecroisés entre des protagonistes, dont l'histoire commune remonte si loin qu'elle forme un inextricable écheveau. Ainsi, Jean-Michel Tocqueville et Deperrois se connaissent depuis l'enfance. Les deux hommes se sont rencontrés chez les scouts lorsqu'ils avaient 13 ans. Et lorsque Tocqueville témoigne, il charge son camarade d'enfance, qu'il décrit comme un véritable bourreau :

– Ce monsieur est venu me demander plusieurs fois de quitter ma femme. Dans la même logique, il achète quelques semaines plus tard du cyanure... Je ne pourrai jamais croire à son innocence !

Pourtant, Tocqueville n'a pas toujours eu cette conviction :

– Au départ, je ne voulais pas croire Deperrois coupable, je ne pouvais pas supporter qu'une petite fille soit morte à ma place. Puis, j'ai compris en octobre 1994 qu'on avait voulu m'assassiner.

Le 26 octobre 1994, Tocqueville est au téléphone. Ses propos, écoutés par les gendarmes, sont consignés :

– Ouais, moi, je suis sceptique sur son innocence, ça me paraît *too much*, j'espère qu'on n'a pas fabriqué un coupable pour rendre service à Rhône-Poulenc *(c'est une filiale du groupe pharmaceutique qui fabrique la Josacine, NDA)*. Le mobile m'échappe... Monsieur *(Deperrois, NDA)* est suffisamment intelligent pour savoir qu'un mec qui a des problèmes cardiaques *(c'est le cas de Jean-Michel Tocqueville, NDA)* ne prend pas de Josacine 500 !

Alors, qu'est-ce qui a fait changer d'avis Jean-Michel Tocqueville ? Mystère. Toujours est-il que sa femme Sylvie ne partage pas ses convictions :

– Je ne vois pas Jean-Marc essayer de tuer mon mari en introduisant du poison dans une maison où il y a des enfants. Jean-Marc n'est pas un fou. Il est intelligent, cartésien, rigoureux, pinailleur. Pour éliminer mon mari, il n'aurait pas employé ce procédé-là !

Et, d'ailleurs, Sylvie relativise quelque peu leur aventure : Deperrois et elle se sont rencontrés en novembre 1992. Alors qu'elle est en stage à Paris, elle retrouve Jean-Marc. Il l'emmène à la tour Eiffel. La vue panoramique sur l'une des villes les plus romantiques du monde leur donne une certaine inconscience et un peu d'audace : Deperrois prend la main de Sylvie et, quelques minutes plus tard, l'enserre dans ses bras avant de l'embrasser. L'aventure se poursuit chastement pendant quinze mois. Deperrois retrouve Sylvie à la mairie ou à son domicile le soir, ils s'échangent des mots doux sans jamais aller au-delà de quelques caresses sensuelles, de quelques baisers. Leurs sens s'échauffent comme ceux d'adolescents qui se découvrent sans oser franchir le pas. Et puis, début mars, les deux amoureux n'y tiennent plus et couchent ensemble. Ils le regrettent aussitôt et se promettent mutuellement d'en parler à leurs épouse et mari respectifs. D'autant que Sylvie Tocqueville est témoin de Jéhovah et que l'adultère constitue un grave et important péché. Elle décide de rester avec son mari, et Deperrois restera avec sa femme. Mais les deux amants ne réussissent pas à rompre définitivement. Ils se voient encore à la sauvette et continuent d'échanger quelques baisers :

– C'était une erreur, reconnaît-elle devant les jurés. Mais je ne pense pas qu'un baiser l'ait rendu fou.

On semble en effet bien loin de la passion dévorante qui pourrait expliquer un crime passionnel.

Au final, de ces trois semaines de procès, que reste-t-il objectivement ? À peine un peu plus qu'un vague faisceau de présomptions, mais assurément aucune preuve matérielle. Et surtout, de nombreuses questions se posent. Par exemple, lorsque Deperrois raconte sa garde à vue :

– J'ai été pris dans un étau. Je me suis dit : *« Quand ils vont savoir que tu as eu du cyanure, ça va être ta fête ! »* Et ça l'a été… Le capitaine de gendarmerie est venu sur moi, le doigt pointé : *« Avouez, Deperrois ! »* Je vous l'assure, il faut le vivre ! Vous ne savez plus qui vous êtes ! C'est comme si on vous torturait moralement. C'est terrible : on vous accuse de quelque chose et vous ne pouvez rien faire. Mais ce n'est pas parce que j'ai menti *(en ayant au départ nié avoir été en possession de cyanure, NDA)* que je suis le coupable ! C'est le char qui avance et que rien n'arrête. La prison… Je ne peux pas en parler… Ces portes qui se ferment… La vie qui se détruit… Vous vous dites : *« Ils vont bien se rendre compte ! Peut-être est-il normal d'isoler la personne pour faire des vérifications ? »* Et très vite, vous vous rendez compte que c'est un piège duquel vous ne pouvez pas sortir…

Et, plus tard, l'accusé pointe du doigt une autre faille – importante – du dossier d'enquête :

– On n'a pas fait une analyse équitable. On a prélevé 7 000 g de cyanure chez Prolabo et seulement 60 g dans une société proche des faits qui consomme 1,2 tonne de cyanure tous les deux mois. On ne s'est jamais posé la question de savoir si le cyanure de la Josacine empoisonnée était un autre cyanure.

Réponse du président du tribunal :

– Vous constatez un certain nombre de choses que je constate également.

Le 24 mai, le public de la cour d'assises de Seine-Maritime se lève. Le président s'apprête à annoncer le verdict. Jean-Marc Deperrois est-il coupable ?

– Oui.

L'accusé s'effondre à terre, il vient d'être condamné par les jurés à vingt ans de réclusion criminelle. Des cris retentissent dans la salle. La famille et les amis de Jean-Marc Deperrois s'exclament en s'adressant aux jurés : *« Salopards ! Vous l'aurez toute votre vie sur la conscience ! »*

Sur les marches du palais de justice, Florent Deperrois, 18 ans à l'époque, l'un des deux fils de Jean-Marc, crie sa colère :

– Mon père me l'a juré, il est innocent ! Ce n'est pas possible qu'on se laisse faire par une machine judiciaire qui nous a écrasés !

Comment, en effet, comprendre cette décision des jurés ? Pourquoi Deperrois a-t-il été condamné alors que le procès n'a fait apparaître aucune preuve ? Une seule explication : les jurés ont décidé souverainement en vertu du dogme de l'infaillibilité du jury populaire. Les jurés n'ont en effet pas eu à justifier leur décision lorsqu'ils ont condamné Jean-Marc Deperrois à vingt années de prison. Autrement dit, c'est parce que neuf personnes ont eu une intime conviction que Jean-Marc Deperrois a été reconnu coupable du meurtre de la petite Émilie Tanay. Sur le rôle des experts, sur les abus de la détention provisoire, sur la possibilité de condamner un homme sans preuve, le procès de la Josacine empoisonnée est d'une triste exemplarité et, ainsi que l'écrivirent de nombreux éditorialistes à l'époque, *« pointe les dysfonctionnements et les failles de la justice française. »*

De son côté, la famille Tanay, à l'issue du procès, éprouve un certain soulagement : les parents de la petite Émilie ont en effet trouvé un coupable et une explication. Ce qui n'enlève rien à la douleur. Éprouvé dans sa chair par la mort d'une enfant, le couple a dû faire face à un déchaînement d'hostilités en tout genre. Corinne et Denis, son mari, racontent les mesquineries des villageois, qui leur tournent leur dos, certains commerçants refusant même de les servir. Dans ce village, les rumeurs les plus atroces circulent, comme celle qui présente Denis Tanay comme un pédophile et qui poussera d'ailleurs les gendarmes à exhumer le corps de la petite Émilie pour vérifier si la jeune fille avait subi des violences sexuelles. Ou cette autre rumeur affirmant que Corinne et Denis ne sont pas les vrais parents d'Émilie. Et puis l'affaire fait également sortir au grand jour les tensions et les mesquines passions familiales, comme dans un drame à la Mauriac.

Quelques années après, en 1998, Corinne Tanay racontera ce calvaire dans un livre et devant un journaliste lors d'une interview donnée au *Figaro* :

– Nous étions harcelés : insultes au téléphone, menaces, lettres anonymes. Nous espérions que les habitants de notre petite commune nous tendraient la main. Cela n'a pas été le cas. Personne ne nous parle plus, à l'exception d'une famille et du prêtre de la paroisse. C'est très dur à vivre ! Nous avons perdu notre enfant, quitté nos emplois respectifs, mis notre maison en location. Nous avons laissé loin derrière nous le souvenir d'un bonheur à trois. Maintenant, je ne me sens bien nulle part…

Dans le même temps, un comité de soutien à Jean-Marc Deperrois se constitue spontanément. Immédiatement après le procès, Anne-Marie Deperrois reçoit plus d'un millier de signatures d'anonymes et de personnalités. L'objectif, pour la famille, est clair désormais : il s'agit de réussir à faire libérer Jean-Marc Deperrois par tous les moyens légaux possibles. Le comité demande notamment à Robert Rosset, expert près la Cour de cassation et ancien professeur de chimie analytique à l'École supérieure de physique et de chimie industrielles de Paris, de vérifier tout le travail effectué par les trois précédents chimistes. Conclusion : il estime que les analyses faites pour le procès de Deperrois n'ont pas été faites dans les règles de l'art et que la méthode utilisée n'est pas d'une rigueur scientifique irréprochable. Robert Rosset conteste non seulement la méthode, mais également les résultats : selon lui, le cyanure peut certes provenir de l'entreprise de Jean-Marc Deperrois, mais il est *« plus vraisemblablement d'une autre origine. »*

Sur la base de cette nouvelle expertise, la commission de révision, une instance composée de magistrats de la Cour de cassation, examine ces éléments le 16 décembre 2002. Le condamné, ainsi que sa famille, placent beaucoup d'espoir dans cette commission. Irrecevable ! concluent les magistrats, qui refusent de donner à Deperrois une nouvelle chance de s'expliquer devant un tribunal : pour la commission, les éléments portés à son attention ne *« présentent aucun caractère de nouveauté »*. Autrement dit, elle estime que la contre-expertise privée réalisée à la demande de la défense ne constitue pas un nouvel élément susceptible de modifier le cours des choses. Et cela parce que les magistrats estiment que les critiques à l'encontre des précédentes expertises formulées par Robert Rosset ont déjà *« été débattues tout au long de l'instruction et devant la cour d'assises »*.

Soit. Mais si les expertises de 1994 ont effectivement fait l'objet de quelques critiques devant le tribunal, elles n'ont jamais été remises en cause par un autre expert chimiste. Seuls l'avocat de Deperrois, l'accusé lui-même et le président du tribunal avaient mis en doute la méthode des expertises mais sans avoir la compétence scientifique pour en remettre en cause les conclusions. Aussitôt cette décision de la commission de révision connue, Me Spizner, avocat de Deperrois, annonce qu'il déposera une nouvelle demande de révision.

Un nouvel élément vient en effet d'apparaître à la faveur d'une révélation du journal *Le Monde* en novembre 2002. Le quotidien a publié une écoute téléphonique présente dans le volumineux dossier mais jamais réellement utilisée par les enquêteurs. Elle apporte pourtant un éclairage nouveau sur le déroulement des faits.

Les conversations en question datent du 16 juin 1994, soit cinq jours après la mort de la petite Émilie et elles se déroulent entre Jean-Michel Tocqueville et l'un de ses amis proches, Denis Lecointre, qui connaît la famille Tanay et qui a été appelé d'urgence par les Tocqueville le soir du drame.

Les différentes conversations ont lieu à quelques minutes d'intervalle :

Denis Lecointre : Oui, allô ?

Jean-Michel Tocqueville : Ouais, salut !

D. L. : Ouais ?

J.-M. T. : Bon, ç'a été annoncé…

D. L. : Ouais, ça y est, c'est fait…

J.-M. T. : Ouais, j'ai appelé le flic là…

D. L. : Ouais, moi aussi… T'as appelé le major machin ?

J.-M. T. : Ouais.

D. L. : Et alors ?

J.-M. T. : Ben… Euh… Il n'a rien voulu me dire, mais il m'a dit que par mesure de sécurité, il faisait enlever tous les flacons du marché.

D. L. : D'accord.

J.-M. T. : Voilà.

D. L. : Tu mets tout en branle, quoi ?

J.-M. T. : Ben… De toute façon… Euh… Il faut attendre, hein… Ils font leur boulot…

[…]

D. L. : C'est hallucinant ! Mais, bon… Tu vois que t'étais pas coupable !

J.-M. T. : Non, mais tu sais, il n'a pas voulu me le dire !

D. L. : C'est quand même fou que tu ne le saches pas !

J.-M. T. : C'est dingue, hein ?

[…]

D. L : Tu téléphones à ton avocat et tu fais le maximum, hein ?

J.-M. T. : Ouais, j'vais lui expliquer quand même qu'on annonce à la télévision que le produit est nocif !

D. L. : Ouais, et puis aussi que tu as beau demander… mais qu'à toi, on ne te dit rien !

J.-M. T. : Ouais !

D. L. : Il faut qu'on sache, hein !

J.-M. T. : Ouais, OK !

D. L. : Il faut qu'on sache !

J.-M. T. : OK !

D. L. : Hein ?

J.-M. T. : Oui !

D. L. : Parce que tout à l'heure, tu vas passer à la télé, toi, avec ton produit que tu as mis dans la Josacine !

J.-M. T. : Ouais, ouais… OK !

[…]

La retranscription de cette écoute téléphonique telle qu'elle apparaît dans le dossier d'enquête n'est pas très facile à comprendre, mais il en ressort néanmoins deux éléments essentiels. Le premier, c'est que la conversation laisse supposer que Jean-Michel Tocqueville avait une incertitude par rapport à la mort d'Émilie Tanay. Lorsque son ami Denis lui dit : « C'est hallucinant ! Mais, bon… Tu vois que t'étais pas coupable ! », Jean-Michel n'a aucune réaction particulière. En clair, cela peut laisser penser qu'il s'est posé la question de son éventuelle culpabilité. Culpabilité qui, au moment où se déroulent ces conversations, ne semble plus d'actualité car les journaux de 20 h viennent d'annoncer le retrait de la vente de la Josacine, le produit lui-même étant suspecté.

Et puis, une autre phrase de la conversation est encore plus surprenante. Il s'agit du moment où Denis Lecointre évoque un produit que Jean-Michel Tocqueville aurait mis dans la Josacine ! Et là non plus, Tocqueville ne semble pas s'émouvoir de ce propos, comme s'il acceptait effectivement l'idée d'avoir placé un produit dans le flacon de Josacine…

Ces éléments apparaissent, bien sûr, comme étant nouveaux. Suffisamment pour rouvrir le procès de Deperrois ? Peut-être… D'autant que Jean-Marc Deperrois n'était pas le seul à pouvoir se procurer facilement du cyanure. Denis Lecointre, par exemple, travaillait dans un laboratoire pharmaceutique qui utilisait entre 600 et 700 kg de cyanure tous les deux mois.

Jean-Michel Dumay, un journaliste du quotidien *Le Monde*, exprime dans son livre *Affaire Josacine, le poison du doute*, l'hypothèse d'un accident domestique. Pour lui, les écoutes téléphoniques et le déroulement des faits le soir du drame permettent d'imaginer un nouveau scénario. Émilie Tanay aurait pu boire la Josacine, lui trouver, comme d'habitude, un mauvais goût, comme elle l'a dit ce soir-là. Pour se rincer la bouche, elle aurait alors bu un verre d'eau. De l'eau qu'elle aurait pu prendre dans une bouteille en plastique dans laquelle aurait été stocké de l'eau mélangée à du cyanure destiné à éliminer de petits animaux nuisibles comme les rats. Aux dires de certains habitants du village, cette pratique est en effet relativement courante.

Ce scénario, au regard des éléments mis en évidence par ces écoutes téléphoniques, permet de voir l'affaire de la Josacine empoisonnée sous un tout autre jour. Il ne s'agit bien sûr que d'une hypothèse. Mais elle est tout aussi crédible que le scénario privilégié par les gendarmes tout au long de l'enquête et sur la foi duquel la justice a condamné un homme à vingt années de prison.

Le « suicide » de François de Grossouvre

7 avril 1994 : l'un des plus proches collaborateurs de François Mitterrand se suicide. Les relations entre François de Grossouvre et le président, amis depuis plus de trente ans, s'étaient détériorées. Au point de pousser cet ancien membre des services secrets à se suicider ? C'est en tout cas la thèse officielle, même si des zones d'ombre subsistent dans cette affaire au parfum de déliquescence du pouvoir de l'époque.

Ce matin-là ressemble à un jour de Toussaint. Nous sommes le 11 avril 1994, mais le printemps semble bien loin. Il pleut sans discontinuer sur Moulins, dans l'Allier, et la petite foule qui se presse malgré tout devant l'église Saint-Pierre est transie. Les badauds veulent apercevoir des visages connus, surtout le premier d'entre eux : François Mitterrand. Le président, vieux et malade, exerce le pouvoir depuis maintenant treize années et, au fil du temps, son image s'écorne. Les scandales éclaboussent l'homme d'État inflexible et hautain que d'aucuns décrivent comme usé par un trop long et trop absolu pouvoir.

Ce matin-là, pourtant, François Mitterrand n'a plus rien d'un monarque parisien. Peut-être est-ce parce que sa cour n'est pas à ses côtés ? Quoi qu'il en soit, il paraît bien seul aux obsèques de son ancien ami François de Grossouvre. Les deux hommes se connaissaient depuis une trentaine d'années, Mitterrand séjournant régulièrement dans la propriété de celui dont il avait fait son plus proche conseiller avant de lui laisser le titre de président du comité des chasses présidentielles. Trente ans d'amitié : cela donne un peu d'intimité tout de même ! Surtout que François de Grossouvre habitait, lorsqu'il était à Paris en semaine, un grand appartement dans une annexe de l'Élysée, au 11 du quai Branly, dans le même immeuble que Mazarine Pingeot, la « fille secrète » du président. De cette intimité que l'on pouvait supposer entre François Mitterrand et la famille du mort, aucune trace ne subsiste cependant en ce matin du 11 avril 1994.

Dans l'église de Moulins comme au cimetière de Lusigny, à quelques kilomètres de là, le vieux président, sous son parapluie noir, se tient à l'écart de la famille endeuillée, loin de la veuve de François de Grossouvre et de ses enfants. Un instant, le regard de François Mitterrand croise celui de Mme de Grossouvre. Pas un mot n'est échangé. Seul un regard, pendant quelques fractions de seconde, laissera mesurer l'épaisseur du ressentiment de la famille de Grossouvre à l'encontre du président.

****

Il est plus de 23 h, le jeudi 7 avril 1994, lorsque les rédactions des radios, télévisions et journaux nationaux reçoivent un communiqué émanant du palais de l'Élysée. Le texte est pour le moins lapidaire :

« François de Grossouvre, président du comité des chasses présidentielles, s'est donné la mort, ce jeudi 7 avril en fin de journée, dans son bureau. Conformément aux règles habituelles, le parquet de Paris, qui s'est rendu sur les lieux, a prescrit à la police judiciaire de diligenter l'enquête-décès prévue par l'article 74 du code de procédure pénale. »

A l'instant où ce communiqué est publié, cela fait déjà quatre heures que François de Grossouvre ne vit plus. Il se serait donné la mort aux environs de 19 h en se tirant une balle dans la tête à l'aide d'un 357 Magnum. À ce moment-là, l'homme se trouvait dans son bureau, au premier étage de l'aile ouest de l'Élysée.

Mais c'est seulement vers 20 h que, inquiets de ne pas voir François de Grossouvre ressortir de son bureau, son chauffeur et son garde du corps sont montés et ont alors découvert son corps sans vie. Une heure se serait ainsi écoulée entre le moment où l'on estime que François de Grossouvre est mort et celui où son corps aurait été retrouvé. Une heure : voilà qui fait beaucoup, pense-t-on immédiatement. En outre, il paraît étrange que personne au palais n'ait entendu la détonation du Magnum... La porte du bureau de Grossouvre est capitonnée et aurait, dit-on, étouffé le bruit de l'arme à feu.

Si, dès son annonce, la mort de François de Grossouvre suscite autant d'interrogations, c'est parce que l'homme, toute sa vie durant, avait cultivé le secret autour de lui. Sa personnalité trouble était sa marque de fabrique. Homme de l'ombre de François Mitterrand pendant longtemps, il était, depuis le début des années 90, tombé en disgrâce. Le président de la République ne supportait plus que son règne, déjà abondamment commenté et surtout critiqué un peu partout, ne fût pas pleinement approuvé et soutenu par son cercle de proches.

Or, à l'évidence, François de Grossouvre avait pris bien des distances – et des libertés de parole – vis-à-vis de son « ami ». À sa cour de journalistes, qu'il informait ou désinformait selon ses besoins sur les menus faits et gestes de la présidence, François de Grossouvre tenait depuis quelques mois des propos d'une dureté qui ne cessait de surprendre ceux qu'il recevait dans son appartement du quai Branly. Edwy Plenel, le directeur de la rédaction du *Monde*, était de ceux-là, et il rapportait son étonnement, le 9 avril, dans un long article :

« *Comment comprendre que le même homme* (François de Grossouvre, NDA)*, qui, jusqu'à l'été 1993, voyait régulièrement en ami le président de la République, pouvait proférer à son encontre des phrases comme celle-ci : "L'argent et la mort, il n'y a plus que ça qui l'intéresse" ? Comment comprendre ses attaques réitérées contre l'autre ami fidèle de François Mitterrand, Roger-Patrice Pelat, décédé en 1989, ou contre le fils aîné du président, Jean-Christophe Mitterrand, dans un refrain insidieux où surgissait le mot "magouilles" ?* »

À 76 ans, Grossouvre semblait donc écœuré par la déliquescence du pouvoir de François Mitterrand.

Pourtant, celui qui se laissait volontiers surnommer « l'Éminence grise du président » n'était certainement pas homme à s'enfoncer dans la déprime ni à se laisser abattre par un destin dont on sent qu'il est toujours resté maître.

François de Grossouvre est engagé en 1950 par le SDECE (devenu depuis la DGSE), c'est-à-dire les services secrets français, dans le cadre de l'opération Gladio. Son nom d'espion : M. Leduc. Sa mission : former des agents dormants sur le territoire français pour prévenir et, le cas échéant, lutter contre une invasion de l'URSS. Quelques années plus tôt, d'ailleurs, lors de l'Occupation et sous le régime de Vichy, il s'était engagé dans le Service d'Ordre Légionnaire, tristement connu sous le nom de Milice, non pas par conviction, mais en tant qu'agent infiltré pour le compte de la Résistance. Il y reste jusqu'au début de 1943, date à laquelle, au grand jour, il prend le maquis.

De ces années dans l'espionnage, François de Grossouvre gardera un goût immodéré pour le secret, la manipulation et les mystères. Également surnommé Belphégor, cet homme de réseaux s'occupera d'ailleurs des aspects les plus privés de la vie de François Mitterrand. Par exemple, c'est lui qui veillera longtemps sur la tranquillité et la sécurité de Mazarine Pingeot et de sa mère. Lui aussi qui, dans les années 70, achètera avec Mitterrand une résidence secondaire à Gordes, dans le Vaucluse, via une société civile immobilière et dont il vendra ses parts une dizaine d'années plus tard à la mère de Mazarine. Lui enfin qui, bon connaisseur des personnalités et de la politique du Moyen-Orient, favorisera la signature de contrats pour des ventes d'armes entre la France et des pays arabes. Une intense activité diplomatique sur le derrière de la scène qui n'empêchera pas François de Grossouvre de poursuivre une activité professionnelle, y compris après l'arrivée de François Mitterrand à la présidence de la République. Ainsi, en 1985 et 1986, il sera conseiller international pour Marcel Dassault Aviation.

Cet homme, qui entretenait soigneusement sa petite barbichette grise et qui se promenait avec un inamovible imperméable sur le bras, cultivait une apparence d'agent secret. Comment un homme comme celui-ci peut-il s'être suicidé ? Aux yeux de beaucoup, cela paraît un peu trop simple et tellement pratique pour le pouvoir en place que très vite la thèse officielle du suicide est remise en cause. D'autant que l'on meurt beaucoup dans l'entourage de François Mitterrand à cette époque-là. Et de bien étrange façon : un an plus tôt, c'était l'ancien Premier ministre, Pierre Bérégovoy, qui se suicidait d'une balle dans la tête.

Et puis, François de Grossouvre lui-même se sentait menacé. Il le disait en tout cas à son ami, le journaliste Pascal Krop, qui, lorsqu'il apprend par téléphone la nouvelle du décès de Grossouvre, a cette réaction :

– Tout en raccrochant, je pense machinalement à mes derniers entretiens avec Grossouvre et à ses mots : *« Ils vont me tuer ! »*, qu'il martelait comme un mauvais présage.*

---

* *Silence, on tue ! Crimes et mensonges à l'Élysée*, de Pascal Krop, Flammarion, septembre 2001.

Cette mort subite est d'autant plus étrange que François de Grossouvre devait, le soir même, se rendre en compagnie de son amie Nicole à un dîner chez Georges Rawiri, vice-président gabonais et haut dignitaire franc-maçon. Or, manifestement, François de Grossouvre avait bien l'intention d'assister à cette soirée, puisque, comme le rapporte l'ancien chargé de sécurité de l'Élysée, le capitaine Paul Barril*, une heure avant de se « suicider », Grossouvre avait envoyé au domicile de Rawiri un bouquet de fleurs accompagné d'une carte et de ces mots sans équivoque : *« Chers amis, je me réjouis d'être avec vous ce soir, comme convenu. »*

Il y a un trou d'une demi-heure dans l'emploi du temps de Grossouvre. Après avoir déjeuné au restaurant, il repasse chez lui au quai Branly en début d'après-midi, puis se rend vers 17 h 30 à l'Élysée. Aux environs de 18 h, il expédie un bouquet de fleurs. Il a ensuite un rendez-vous dans son bureau, qui se termine à 18 h 30. Entre cette heure-ci et le moment approximatif de sa mort, trente minutes plus tard, personne ne sait ce qu'a fait François de Grossouvre ni qui il a rencontré. Paul Barril, lui, est convaincu que Grossouvre ne s'est pas suicidé, mais qu'il a bel et bien été assassiné. S'il ne peut fournir aucune preuve de ce qu'il avance, il s'étonne cependant du fait que le garde républicain en poste sous la fenêtre du bureau de Grossouvre n'ait pas entendu le coup de feu. Étonnant, car le bureau de l'Éminence se trouve seule-

---

* *Les Archives secrètes de Mitterrand*, du capitaine Paul Barril, Albin Michel, novembre 2001 et *L'Enquête explosive*, du capitaine Paul Barril, Flammarion, octobre 2000.

ment au premier étage et la fenêtre n'est pas insonorisée, contrairement à la porte capitonnée.

Enfin, un autre élément permet le doute : François de Grossouvre avait assuré à son entourage qu'il était en train de préparer ses mémoires ; il voulait les publier après le départ de François Mitterrand de l'Élysée. À ses proches, François de Grossouvre disait avoir placé des archives pour ses mémoires en lieu sûr. Or, à ce jour, les premières notes de Grossouvre n'ont jamais été retrouvées.

À la fin de sa vie, l'homme de l'ombre du président semblait nourrir une certaine paranoïa. Il répétait à l'envi qu'il redoutait qu'on ne monte une « *affaire* » contre lui, pour salir son honneur et lui faire perdre tout crédit :

– Il y a, à l'Élysée, une bande prête à tout, une atmosphère délétère de fin de règne [...]. Tu ne te rends vraiment pas compte des voyous qu'il y a dans cette maison, disait-il à son ami Pascal Krop.*

Paranoïa, vraiment ? Alors, comment expliquer la perquisition menée dans l'appartement du quai Branly par des « policiers » de l'Élysée ? Cette fouille est relatée par Nicole, l'amie de François de Grossouvre, que Pascal Krop a rencontré le lendemain du drame :

– Ils sont venus dès hier soir et m'ont donné quatre heures pour partir. Ils ont tout fouillé comme s'ils cherchaient quelque chose. Quant à moi, je me suis réfugiée chez mon amie Martine Hernu.*

Voilà bien des éléments susceptibles de faire peser un doute sur le suicide d'un homme comptant parmi les mieux informés de la « mitterrandie » et du système politicien de l'époque. Ce qui fait dire au journaliste Jean-Paul Cruse*, ami de Paul Barril, pour qui il a joué le rôle de plume :

– Grossouvre, qui est un homme de renseignements et un patriote, étouffait de haine contre la corruption du clan Mitterrand. Risquait-il, dans ces conditions, de commettre une imprudence ? S'il a été tué, ce qui reste aujourd'hui, on le sait, la conviction de sa famille, il n'a pu l'être que par des proches connaissant parfaitement le système de sécurité de l'Élysée, notamment les voies d'accès par les égouts, et les faiblesses du vieux soldat, et qui ont dû l'abattre dans l'urgence et la mort dans l'âme pour éviter qu'il ne parle.

Ce « suicide », en tout cas, fait couler beaucoup d'encre, même si à l'époque, peu de journalistes osent remettre en cause la version officielle. À l'Élysée, d'ailleurs, tout est fait pour que l'affaire n'éclabousse pas le président de la République, qui se mure d'abord dans un silence obstiné, refusant de commenter la mort de son *« vieil ami »*. Mais, rapidement, la communication se met en place : il s'agit de faire savoir que François de Grossouvre n'était, ces derniers temps, plus tout à fait lui-même. Les journaux ne tardent pas à rapporter des propos expliquant facilement un suicide pour le moins dérangeant.

Dans *Le Monde* daté du 11 avril 1994, le journaliste Patrick Jarreau se fait l'écho des bruissements du

* *Un corbeau au cœur de l'État. Les RG, le RPR, Barril, l'Afrique et l'argent sale. Chantage au cœur de l'État*, de Jean-Paul Cruse, Éditions du Rocher, octobre 1998.

Château : « *Le président a évoqué l'état d'anxiété extrême dans lequel était François de Grossouvre, qui craignait d'être atteint de "sénilité".* »

Le mot est lâché : la « sénilité », qui expliquerait le refus de continuer à vivre d'un homme voyant ses capacités intellectuelles décroître. Plus loin, dans le même article : « *Les proches du chef de l'État confirmaient, cependant, que François de Grossouvre souffrait depuis plusieurs mois de son vieillissement. L'un d'eux rapportait une scène datant d'une quinzaine de jours : le président du comité des chasses présidentielles, croisant ce collaborateur dans un couloir, aurait apparemment eu une sorte d'hallucination et l'aurait mis en garde contre le fait qu'il était "suivi".* »

Le 12 avril, alors que le cadavre de François de Grossouvre vient tout juste d'être mis en terre, le ban et l'arrière-ban du parti socialiste sont invités à faire savoir que l'homme du président n'était décidément plus tout à fait dans son assiette. L'ancien ministre socialiste, René Souchon, par ailleurs vice-président du comité des chasses présidentielles, publie ainsi un communiqué dans lequel il explique que son « *ami* » François s'est donné la mort « *parce qu'il ne supportait pas de vieillir et de donner de lui une image dégradée. Il est vain de chercher d'autres causes à sa mort.* » D'ailleurs, René Souchon enfonce le clou, évoquant sa dernière rencontre avec François de Grossouvre, une semaine plus tôt : « *Il m'est apparu très fatigué et très bizarre dans son comportement. Lui, habituellement si passionné par la chasse, n'est pas intervenu sur ce sujet. En revanche, il a fait état à maintes reprises de ses problèmes de santé [...]: "Je suis en train de faire une démence sénile", disait-il.* »

Démence ? Sénilité ? Les proches de Grossouvre ne partagent pas cet avis. À commencer par son médecin personnel, le Dr Claude Loisy, installé à Vichy, qui donne son sentiment dans un communiqué qu'il rend public le 23 avril :

– En raison d'une longue et fidèle amitié, datant de l'époque de nos années d'études médicales communes, et au titre de médecin personnel tout au long de sa vie, je tiens à préciser que François de Grossouvre jouissait, jusqu'au jour de sa disparition tragique, de toute sa lucidité et de l'intégrité de ses facultés mentales.

Le message est on ne peut plus clair : la prétendue sénilité ou démence de François de Grossouvre n'est rien d'autre qu'une affabulation, une intolérable campagne de dénigrement organisée pour salir la mémoire d'un homme et surtout, pour expliquer un geste qui, autrement, prendrait un sens particulièrement encombrant pour l'entourage de François Mitterrand.

De cet ami, qui, un jour, fut intime, le président sera contraint de parler à l'occasion d'une interview télévisée pour le treizième anniversaire de son élection :

– François de Grossouvre aurait-il pu ressentir vis-à-vis de vous un dépit affectif ou politique ? demandent les journalistes.

– Affectif, je ne verrais pas pourquoi. Politique, je ne connais pas beaucoup de gens qui se suicideraient pour de telles causes. Enfin, je ne les connais pas.

Mais si François Mitterrand ne se sent pas autorisé à interpréter le geste d'un homme qui fut pourtant son plus proche collaborateur, qui fut le parrain de sa fille Mazarine et qui, surtout, fut son ami intime, peut-être est-ce parce qu'il n'y a pas intérêt. Car, après tout, le président ne s'est pas privé de commenter la vieillesse et la prétendue sénilité de Grossouvre. Lui ne veut voir qu'un seul sens au geste suicidaire de son ancien ami : il ne s'agit que du désespoir d'un homme sentant approcher la fin de sa vie.

Pourtant, si l'on admet que François de Grossouvre s'est suicidé, on peut se sentir légitimement autorisé à interpréter et commenter son geste. Qu'un conseiller du président de la République choisisse délibérément de mettre fin à ses jours dans son bureau à l'Élysée, qu'il ne se prive pas de parler depuis plusieurs mois de la corruption dans les plus hautes sphères de l'État, cela n'est, ne peut pas être anodin. François de Grossouvre maîtrisait trop les arcanes de la communication et connaissait trop l'importance des symboles dans la vie politique pour ignorer qu'un suicide à l'Élysée – le premier de son histoire – serait forcément interprété comme un geste de profond dépit au regard de la déliquescence d'un idéal – socialiste – et d'un homme – le président – à qui il avait consacré une grande partie de sa vie.

D'ailleurs, en privé, François Mitterrand était parfaitement conscient de la portée du geste de son ancien ami, comme l'affirmait Patrick de Grossouvre, l'un des fils de l'ex-conseiller du président, dans une interview accordée à l'hebdomadaire *Le Point* le 5 avril 2002 :

– À ses obsèques, l'un de mes frères a détourné la tête quand Mitterrand lui a serré la main. Dans l'église, à son passage, certains le huaient tout bas, tandis que d'autres lui tournaient le dos. Après la cérémonie, nous avons songé que le président avait dû se sentir humilié, bafoué. Je suis donc allé le voir deux jours plus tard au palais de l'Élysée. J'ai contesté les déclarations sur la santé morale de mon père. Agacé, Mitterrand a coupé court et m'a affirmé que ni lui ni nous n'avions *« intérêt au tumulte des médias, qui allait se calmer de lui-même »*.

Et Patrick de Grossouvre de conclure :

– Le rapport de police qui liste le mobilier du bureau de mon père omet de mentionner le coffre-fort où il rangeait les notes qu'il adressait à Mitterrand. Il n'y a pas eu d'expertise balistique et l'on ne sait pas si la balle logée dans le plafond a bien été tirée par son arme. Le rapport d'autopsie précise que le corps présentait *« une luxation de l'épaule gauche et une ecchymose à la face »*. Mon père n'est pas tombé ; il a été retrouvé assis dans un fauteuil. Le rapport note que la luxation doit être la conséquence du tir. Moi, je ne me l'explique pas. Un médecin légiste m'a raconté que ce genre de trace était souvent la conséquence d'une torsion arrière du bras.

Voilà en effet de bien étranges mystères autour de la fin d'un homme dont la mort fut aussi secrète que la vie. L'affaire n'est d'ailleurs pas sans rappeler le « suicide » de Robert Boulin à la fin des années 70. Deux hommes qui, étant dans la confidence de leurs appareils politiques respectifs, pouvaient se révéler gênants et qui, heureux hasard pour ceux qu'ils auraient pu mettre en cause, ont tous deux disparu par un « suicide » bien opportun avant d'avoir pu dire quoi que ce soit à qui que ce soit ! Dans ces deux cas, les bureaux et domiciles personnels ont été discrètement perquisitionnés le soir même de leur mort. Dans ces deux cas, quelques aberrations – très importantes dans l'affaire Boulin – peuvent être relevées dans les autopsies. Autant de similitudes qui, dans le cas de François de Grossouvre, ne permettent certes pas de conclure à l'assassinat déguisé.

Mais, suicide ou pas, François de Grossouvre est assurément une victime. Victime d'un système politique broyant sans aucune pitié les hommes qui, par lucidité, tentent de prendre une certaine distance critique par rapport à leurs chefs. Une lucidité impardonnable même lorsque ces hommes furent, en d'autres temps, des amis : l'amitié en politique n'a pas, à l'évidence, la valeur qu'on lui accorde généralement.

Patrick Dils innocent : qui a tué Cyril et Alexandre ?

Patrick Dils a passé 16 ans en prison pour des crimes dont il a finalement été reconnu innocent. Un tueur en série, un adolescent trop influençable, des enquêteurs entêtés… et au bout du compte une douloureuse impasse pour les familles de victimes toujours privées de justice.

La longue silhouette longiligne qui entre dans le box des accusés est connue de la France entière. Tignasse rousse, nez trop long, petite moustache et lunettes teintées, Patrick Dils n'est manifestement toujours pas à l'aise dans ce corps de 1,91 m, grandi trop vite, trop maigre. Vêtu d'une veste sombre, d'une chemise blanche sans cravate, il tente avec application de suivre les conseils de ses avocats : s'exprimer clairement en défendant son innocence avec virulence et passion.

C'est beaucoup demander à ce jeune homme. Comme le souligne sa mère : *« On n'est pas comme ça chez les Dils. »*

Pourtant, il est bien conscient que, dans les jours qui viennent, son avenir va se jouer : la justice lui a donné une deuxième chance de s'exprimer, de s'expliquer et de prouver qu'il n'est pour rien dans les meurtres atroces de ses petits voisins, Cyril Beining et Alexandre Beckrich.

Le président de la cour d'assises de la Marne, Thierry Perrot, et l'avocat général ont décidé de maintenir le huis clos de l'audience, décision frustrante pour la presse mais aussi pour l'accusé, qui réclamait la publicité des débats, affirmant n'avoir *« rien à cacher »* à l'opinion publique, plutôt acquise à sa cause. Mais la justice est ainsi faite : puisque Patrick Dils a été condamné en tant que mineur, le procès en révision doit suivre les mêmes règles que le premier, c'est-à-dire loin des caméras et des micros, même s'il est désormais âgé de 31 ans.

Douze ans après la première condamnation, quatorze ans après les faits, la cour tente de refaire le procès, de définir si, oui ou non, Patrick Dils est innocent, victime d'une erreur judiciaire payée de tant d'années derrière les barreaux.

Tout le dossier à charge repose sur les aveux du jeune homme : des mots terribles dont une nouvelle lecture donne la chair de poule à la cour et arrache, une fois encore, des larmes aux parents des victimes. La cour revit les faits, remonte dans le passé, en évoquant la reconstitution effectuée par les enquêteurs sept mois après le drame, en présence de Patrick, alors âgé de 16 ans.

Nous sommes le dimanche 28 septembre 1986, la France vient de passer à l'heure d'hiver et la petite ville de Montigny-lès-Metz dans la banlieue messine profite encore de la tranquillité d'une fin de week-end. Alexandre et Cyril, 8 ans, font un dernier tour à vélo, vers 17 h 30, dans ce qu'ils appellent leur « île au trésor », un sentier boisé, le long d'une voie de chemin de fer. Il suffit de passer le talus de la rue Vénizélos pour entrer dans un autre monde. À 19 h, ils ne sont toujours pas rentrés, les parents s'inquiètent, appellent et finalement retrouvent les vélos près du talus. Il est 19 h 50 lorsque les corps sont retrouvés par les policiers du SRPJ, aidés de cheminots, tout près des wagons de marchandises. La scène est horrible. Ceux qui ont vu les photos peuvent en témoigner : les deux enfants sont allongés côte à côte, le visage et le corps maculés de sang ; l'un d'eux a la tête écrasée, enfoncée de dix centimètres dans les graviers du ballast de la voie ferrée. Une trace de sang est visible jusque sur la paroi de l'un des wagons, à l'endroit où l'assassin s'est essuyé une main. Les coups ont été portés avec une violence extrême, une sauvagerie difficilement supportable. Le pantalon de l'un des enfants est baissé, mais il n'y a pas eu de sévices sexuels, Cyril et Alexandre ont manifestement été victimes d'un pervers qui s'est acharné.

L'enquête a du mal à démarrer, personne n'a rien vu, rien entendu. Après trois mois d'investigations, et plus de cinq cents auditions de riverains, un homme de 38 ans est interpellé et interrogé soigneusement. Henri Leclaire travaille comme manutentionnaire aux éditions Le Lorrain dont les locaux se trouvent rue Vénizélos et où il est particulièrement chargé des bennes de papier à recycler entreposées au bout de la rue. Les gamins du quartier aiment y farfouiller, malgré les interdictions, et l'homme ne se prive pas de les menacer, même lorsqu'il n'est pas de service. Il prend manifestement son rôle très à cœur. Devant les questions des enquêteurs, il apparaît bien hésitant, puis il craque :

– Oui, c'est moi qui ai tué les enfants. Je les ai aperçus près des bennes, ils se sont sauvés en courant et en longeant les wagons. J'ai couru après eux, je leur ai donné une gifle chacun [...]. À un moment, Alexandre a trébuché. J'ai pris une pierre de la grosseur d'une main et j'ai tapé à tour de rôle sur le front des enfants.

Des aveux très précis, mais totalement faux : de simples vérifications sur la position des corps et le type de blessures contredit ce témoignage. Henri Leclaire, personne très influençable, a tout imaginé. Au grand dam des inspecteurs, il faut reprendre l'enquête de zéro.

Deux mois plus tard, un nouveau suspect est « cuisiné » dans les locaux de la police. Il s'appelle Claude Grabot, 18 ans, il est également manutentionnaire et connu pour des affaires de mœurs. Rapidement, il parle :

– Oui, j'ai aperçu deux enfants, le dimanche, près des voies ferrées. J'ai voulu me livrer à des attouchements sexuels, et je les ai frappés avec un bâton.

Un bâton ? Mais les enfants ont été tués à coups de pierre... Ce n'est que lors de sa seconde déposition que le jeune homme parle d'une pierre, mais en ajoutant alors des détails qui ne correspondent pas à la réalité de la scène du crime... Encore une fois, il s'agit d'un affabulateur. L'opinion publique, encore sous le coup du choc de l'affaire Grégory qui s'est produite dans la même région deux ans plus tôt, s'indigne des hésitations des enquêteurs et demande avec de plus en plus d'insistance des résultats.

Et l'inspecteur Varlet lui en donne :

– Nom et prénom ?

– Patrick Dils.

– Adresse?

– Rue Venizélos.

– Vous travaillez ?

– Je suis apprenti cuisinier.

Le jeune homme de 16 ans tremble devant cet inspecteur de la vieille école, rondouillard, au regard perçant. Il ne comprend pas pourquoi il lui faut répéter pour la dixième fois les mêmes choses, pourquoi on le retient dans cette pièce dont la lumière lui fait mal aux yeux. Il ne souhaite qu'une chose : pouvoir retrouver sa mère.

C'est la troisième fois que le jeune homme est soumis à un interrogatoire, mais celui-ci est plus sérieux que les autres. Les enquêteurs ont en effet découvert qu'il leur avait menti lors de sa première déposition, chez lui. Ses mains étaient alors bandées, rougies :

– C'est du Mercurochrome, explique-t-il à l'inspecteur qui l'interroge en présence de sa mère, je fais de l'eczéma.

Vient ensuite une omission qui, par la suite, pèsera lourd. L'adolescent dissimule le fait qu'il s'était rendu tout près du talus le soir des meurtres, pour fouiller dans la benne à papier à la recherche de timbres pour sa collection, comme il le fait régulièrement. Mais un voisin l'avait aperçu, et dénoncé :

– Pourquoi avoir menti ?

– J'avais honte... Je ne voulais pas que l'on me prenne pour un fouille-poubelles.

Patrick raconte alors cette soirée. Péniblement, l'inspecteur lui arrache ces phrases :

– Vers 18 h 30, après être revenu avec mes parents de notre maison de campagne située à Dainville, dans la Meuse, je me suis rendu à la poubelle près des établissements Mathieu et Bard... J'y ai déposé un sac d'ordures et j'en ai profité pour regarder si, au fond, ne traînaient pas quelques enveloppes usagées.

Il ajoute que, quelques minutes plus tard, il aperçoit Alexandre Beckrich, son voisin, qui fait du vélo avec l'un de ses camarades. Il les rejoint à proximité des wagons. Viennent ensuite ces phrases qui marqueront toute sa vie, des phrases prononcées au bout de trente heures d'une garde à vue particulièrement éprouvante pour cet adolescent fragile :

– Pour une raison que je ne m'explique pas, j'ai saisi une pierre de la main droite et je me suis approché de Cyril, qui me faisait face. Je lui ai donné un coup avec la pierre toujours dans ma main, suffisamment fort pour qu'il tombe. J'ignore s'il a saigné, mais il est tombé... Il ne disait plus rien. En revanche, Alexandre poussait des cris de frayeur. Il ne bougeait plus, comme s'il était paralysé. Il criait fort et cela m'a affolé. Comme j'avais jeté la première pierre, j'en ai ramassé une autre, d'une grosseur identique, et j'ai frappé Alexandre au milieu du front pour le faire taire. Je pense ne lui avoir donné qu'un seul coup.

Patrick précise ensuite comment il s'est enfui en courant, évitant de se faire voir jusqu'à la maison et se précipitant dans la salle de bain pour se laver et changer de vêtements.

– Pourquoi avoir tué Cyril et Alexandre ?

– Je ne sais pas… J'avais l'impression d'agir dans un état second. J'agissais comme si ce n'était pas moi.

Il livre des détails d'une précision qui fait frémir, parle des coups donnés avec les pierres :

– C'était comme le bruit d'un melon que l'on écrase.

Patrick Dils répète ces mêmes phrases devant la jeune juge d'instruction, Mireille Maubert, puis devant les psychiatres qui l'examinent. En tout, six fois, l'adolescent reconnaît avoir donné la mort. La plus terrible, et sans doute celle qui pèsera aussi le plus lourd, ce sera devant sa propre mère, lors d'une rapide rencontre dans les couloirs du commissariat :

– Maman, c'est moi qui ai fait le coup ! lance-t-il.

Jacqueline Dils tente de dissimuler son émotion… Elle regarde son fils et dit doucement :

– Tu as été interrogé tellement longtemps que tu es capable de dire n'importe quoi.

Elle ne reverra son fils que deux ans plus tard, dans le box des accusés.

Car plus personne ne doute : le coupable est trouvé. Et lorsque, le 30 mai, après un mois de détention, Patrick envoie un courrier à son avocat, expliquant que non, en définitive, il n'est pas coupable, même celui-ci hésite à rendre publique la lettre. Ce n'est que le 17 juillet que le jeune homme, qui désormais signe tous ses courriers par *« l'innocent incompris »*, a l'occasion de revenir officiellement sur ses aveux devant la juge Maubert :

– Je n'ai avoué que sous la pression des policiers… pour être tranquille, pour qu'on me laisse en paix !

Elle ne sera pas convaincue, pas plus que la cour d'assises. Le verdict tombe : ce sera la prison à perpétuité, sans reconnaissance de l'excuse de minorité, ce qui aurait réduit automatiquement le temps effectué derrière les barreaux. Le crime est trop atroce, les aveux trop précis… L'opinion publique trop pressante. Les jurés sont implacables et l'accusé devient le plus jeune condamné à perpétuité de France. Si la peine de mort n'avait pas été abolie en France, Patrick Dils serait passé sur l'échafaud.

Mais, en préparant ce procès, l'avocat de Patrick Dils, Me Becker, n'a pu s'empêcher de trouver que les zones d'ombre et les incohérences sont un peu trop nombreuses. Tout d'abord, il y a le physique de l'adolescent : il ne correspond pas à la brutalité des coups portés. Il y a l'absence de mobile : Patrick, pas plus que sa famille, n'avait de conflit avec leurs voisins. Et puis, il y a la chronologie des faits.

Le médecin légiste fixe initialement l'heure des décès entre 17 h et 18 h, plage horaire pendant laquelle Patrick était encore sur la route avec son père, sa mère et son frère. C'est ce qui a dans un premier temps écarté les soupçons. Mais, sept mois après les faits, une voisine s'est brusquement souvenue d'avoir entendu des cris d'enfant, vers 19 h, alors qu'elle préparait le dîner :

– Vous êtes certaine qu'il s'agissait d'enfants et pas d'une bagarre de chats ? lui demandera-t-on au procès.

– Je sais encore faire la différence !

– Malgré la télé fonctionnant dans la pièce à côté ?

– J'avais la fenêtre ouverte.

À partir du moment où, un peu avant 19 h, Cyril et Alexandre auraient encore été en vie, Patrick Dils devient un suspect crédible, mais son avocat trouve tout de même bien léger le témoignage déterminant mais tardif de la voisine, sujet à caution étant donné la distance séparant la maison du lieu du crime.

Et même si les cris entendus sont bien ceux des victimes, Patrick n'aurait eu que dix minutes entre le moment où il a atteint le talus et celui où il est retourné chez lui : faisable mais improbable selon Me Becker, désormais persuadé de l'innocence de son client. Il demande avec conviction la révision du procès. Elle est rejetée une première fois en juillet 1990 faute de nouveaux éléments déterminants, tout comme est rejetée la demande de grâce présidentielle en 1994.

Patrick Dils, par la voix de son avocat, continue de clamer son innocence, affirmant avoir été poussé aux aveux par les policiers. A ce moment-là, il se trouve bien peu de monde pour l'écouter. La justice estime avoir fait son travail et, comme souvent, rechigne à se mettre en question. Pourtant, l'institution va être obligée de reprendre le dossier grâce aux parents de Patrick.

Depuis la fenêtre du salon de leur maison de Montigny-lès-Metz, Jacqueline et Jean Dils aperçoivent le talus derrière lequel s'est déroulé le drame, un rappel permanent à ce terrible dimanche de septembre 1986. Jamais ils n'ont cru à la culpabilité de leur fils et ils se battent, semaine après semaine, pour obtenir la révision de son procès.

Tout bascule en 1992, lorsque la France découvre avec effroi l'existence de l'un des pires tueurs en série de l'histoire, Francis Heaulme*, qui vient d'être arrêté. Originaire de Metz, ce psychopathe alcoolique assassine avec une sauvagerie qui rappelle le meurtre de Cyril et Alexandre. À l'usine Citroën où travaille Jean, le père de Patrick, les ouvriers ne parlent que de l'article du *Républicain Lorrain* de ce 26 août relatant l'arrestation d'un clochard de Metz ayant, semble-t-il, tué un homme à coups de pierre. Comment ne pas faire le rapprochement avec les crimes de Montigny ?

– Bon sang ! s'exclame Jean Dils, d'après moi, il est dans le coup, ce gars !

Les avocats de la famille contactent l'adjudant Abgrall, le gendarme de la section de recherches de Rennes, le véritable « tombeur » du *serial killer*. C'est lui qui connaît le mieux sa psychologie malade et tente, bribes par bribes, de retracer son sanglant parcours.

Les parents de Patrick Dils sentent renaître l'espoir lorsque le gendarme se souvient de certains propos de Francis Heaulme, des paroles confuses, tellement imprécises qu'elles sont difficiles à replacer dans leur contexte, un véritable puzzle difficile à reconstituer :

– J'ai fait une promenade à vélo le long d'une voie de chemin de fer, dans l'est de la France... J'ai reçu des

* En vertu de la loi sur la présomption d'innocence, Francis Heaulme est présumé innocent dans les affaires pour lesquelles il n'a pas été jugé.

pierres lancées par deux enfants [...]. Plus tard, j'ai vu les corps des enfants près de wagons, non loin de poubelles et d'un pont : ils étaient entourés de policiers et de pompiers.

À l'époque, Jean-François Abgrall n'avait pas pu retrouver trace d'un meurtre dans l'est de la France, les ordinateurs de la police ayant « oublié » l'affaire de Montigny puisqu'elle était jugée, et donc classée. Alerté par les parents de Patrick, l'enquêteur approfondit ses recherches et, au bout de six mois, livre ses conclusions :

– Tout concorde : comme après chacun de ses meurtres, Heaulme s'est fait hospitaliser avant et après les faits, c'est-à-dire en août, puis au mois d'octobre, dans des établissements de Metz.

Le tueur en série est alors interrogé à plusieurs reprises dans sa cellule, mais il affirme n'avoir été qu'un passant et n'être pas impliqué. Faut-il le croire ? Ce psychopathe a l'habitude de manipuler la réalité, affirmant n'avoir été que témoin de faits qu'il a pourtant commis.

Francis Heaulme n'est absolument pas quelqu'un de rationnel. Il aime « jouer » avec les enquêteurs et les lancer dans des labyrinthes en prenant bien soin de ne pas leur en donner les clés.

Même partiels, ces nouveaux éléments sont suffisamment forts pour convaincre l'avocat général de la Cour de cassation de demander un complément d'enquête et à réclamer des expertises ADN sur les pierres ayant servi aux meurtres, comme le permettent désormais les progrès scientifiques. L'assassin a sans doute laissé sur les pierres des traces de son sang ou de minuscules morceaux de peau. Mais la justice a parfois un zèle excessif : les scellés relatifs à l'affaire ont été détruits au bout du temps réglementaire, en 1995. Il est donc impossible de comparer l'ADN déposé sur les pierres avec celui de Francis Heaulme, impossible de s'appuyer sur ces analyses.

En revanche, il est désormais acquis que le tueur en série se trouvait bien à Montigny-lès-Metz lors du drame : il reconnaît lui-même qu'il y circulait à vélo. De plus, le crime, extrêmement violent, porte la « signature » de Francis Heaulme : d'une part, l'homme s'est fait hospitaliser juste après le dimanche tragique comme il l'a fait dans d'autres affaires où son rôle est prouvé, d'autre part, le pantalon baissé de l'un des enfants – mais sans agression – renvoie à son habituelle fascination sexuelle. Il est également établi que Heaulme travaillait comme manutentionnaire dans une entreprise à cinq cents mètres à peine du lieu du crime.

Enfin, il y a ce dialogue étrangement précis retrouvé par les avocats de Patrick Dils, entre le tueur en série et le psychiatre Evry Archer :

– Vous avez d'autres choses à me dire ? Est-ce que c'est tout ?

– Je ne crois pas. D'autres affaires vont tomber…

– Alors, pourquoi n'en parlez-vous pas avant ?

– Je préfère laisser venir… À Montigny, deux garçons de 8 et 12 ans ont été tués. Un autre garçon, qui avait 16 ans à l'époque, a été jugé et condamné. Il a avoué.

Il est en prison depuis presque douze ans, mais maintenant, il dit que ce n'est pas lui.

– Pourquoi me parlez-vous de cela ?

– J'étais passé à vélo, ce jour là. J'avais vu des garçons qui se battaient à coups de pierre. Après, j'étais allé à Metz... Dans la soirée, en repassant, j'ai vu des pompiers et des policiers. Le lendemain, j'ai lu l'histoire dans les journaux.

Bien sûr, il ne s'agit pas d'aveux, mais ces déclarations du tueur en série ainsi que son comportement posent suffisamment de questions pour que la Cour de cassation estime que *« des faits nouveaux permettent désormais de mettre en doute la culpabilité de Patrick Dils »* et ordonne la révision du procès. La justice aurait-elle fait une énorme erreur, quatorze ans plus tôt ?

C'est un énorme coup de théâtre rendu possible par l'assouplissement de la loi puisque, depuis 1989, il suffit d'un nouvel élément important dans une affaire pour qu'elle puisse être rejugée. Il fallait jusque là que l'innocence du condamné soit démontrée. Pour la première fois en France, la condamnation à perpétuité d'un mineur est cassée.

– C'est un grand jour pour nous, sourit Jacqueline Dils, c'est ce qu'on attendait, que Patrick soit reconnu innocent.

La famille des deux victimes, elle, est effondrée, persuadée que celui qui vient de passer quatorze années en prison a bien tué Cyril et Alexandre.

– Patrick Dils est coupable, assène Ginette Beckrich, la grand-mère d'Alexandre, qui se bat au nom des deux familles, le dossier est solide ! J'ai déjà récolté vingt mille signatures en faveur de l'application de la peine de mort pour les meurtriers d'enfants. Qu'il sorte, je l'attends… Nous, on fera le boulot !

Des propos extrêmes montrant bien dans quelles conditions de tension va se dérouler le second procès.

Grâce aux doutes de la cour de révision, Patrick Dils se retrouve devant les juges le 20 juin 2001, une nouvelle chance lui est offerte, après 15 ans de prison. L'adolescent d'autrefois a grandi : 1,91 m pour 63 kg, mais la silhouette est la même, efflanquée, trop mince, boitant légèrement à cause de ses pieds plats. Mais il est devenu un homme qui tente de répondre aux questions, malgré les efforts qu'il lui en coûte. Le public en oublie presque parfois sa présence dans le box tant, à certains moments, il paraît effacé, spectateur plutôt qu'acteur.

Ce second procès tourne essentiellement autour des aveux répétés de l'accusé et des pressions qu'il affirme alors avoir subies.

– J'ai avoué par lassitude, dit-il à la presse, interdite à l'audience puisque le procès se juge à huis clos. J'était très jeune, immature, et les méthodes employées à mon égard n'étaient pas loyales, elles m'ont influencé. Et puis, il y avait une énorme pression autour de cette affaire. L'opinion publique était très remontée, il fallait la rassurer et on s'est contenté d'un coupable, pas du coupable.

Les inspecteurs chargés de l'enquête sont entendus à la barre, les propos du premier font bondir le président de la cour d'assises :

– Je vais vous expliquer pourquoi Patrick Dils est coupable et pourquoi Francis Heaulme ne l'est pas, déclare pompeusement à la cour, Patrick Marchegay, oubliant qu'on lui demande de faire une déposition circonstanciée au procès d'un présumé innocent et non pas de livrer ses impressions.

Devant les réprimandes de la cour, il revient à des propos plus nuancés et se contente de confirmer les aveux répétés de l'accusé.

– Mon client était à ce moment-là « pré-imprimé » par les méthodes de l'inspecteur Varlet, réplique l'un des deux défenseurs de Patrick, Me Florand.

Bernard Varlet, devenu depuis les faits détective privé à Paris, était alors un inspecteur « type » de la « vieille école », petit homme au teint rougeaud, rond et dont la voix agressive porte loin. C'est à l'évidence un policier sûr de lui et de ses méthodes. Il n'hésite pas à afficher ses certitudes devant les journalistes, qui se pressent autour de lui dans les couloirs du palais de justice de Lyon :

– Il n'y a pas de doute, Patrick Dils est bien coupable. Il est entré dans la voie des aveux. Comment voulez-vous influencer quelqu'un pendant deux heures et demie ?

– Et si jamais il est innocent ?

L'homme hausse les épaules :

– Que voulez-vous que je fasse… Je continuerais mon travail, c'est tout.

Devant la cour, l'ancien inspecteur relate le déroulement des heures d'audition à l'issue desquelles celui qui n'avait que 16 ans a avoué. Il reconnaît certaines méthodes sujettes à caution, et notamment « le jeu de la montre ».

Il se trouvait face au suspect, de l'autre côté de la table.

> —C est long, dix minutes, gar on ! Il peut s en passer des choses en dix minutes Regarde !

Et l'inspecteur pose alors sa montre sur la table et reste là, sans parler, en regardant fixement l'adolescent. Une pression dénoncée par les avocats de la défense, évoquant des *« manipulations psychologiques »*.

Dans son livre *Je voulais juste rentrer chez mois* (Michel Lafon), Patrick Dils insiste beaucoup sur les méthodes « limites » de l'inspecteur :

– Il m'appelait sans arrêt *« garçon ! »*, ça m'énervait, je n'étais pas son *« garçon ! »*

L'inspecteur Varlet récapitule point par point son enquête, insistant sur les éléments à charge l'ayant convaincu, *« quatre jours après les faits »*, qu'il tenait bel et bien le coupable. Il a en effet relevé des contradictions étonnantes dans les dépositions des parents de Patrick : la mère a affirmé tout d'abord que son fils n'avait pas quitté la maison, alors que le père parle d'une absence de Patrick pendant une vingtaine de minutes. Pour étayer la conviction – restée inébranlable – de Varlet, il y a aussi, et surtout, cette scène ahurissante, dans le bureau du fonctionnaire. L'homme présente au suspect quatre pierres de grosseurs différentes :

– Tu as frappé les enfants avec quelles pierres ?

Le jeune homme regarde les pierres et, quelques instants plus tard, il en désigne trois. Ce sont bien les armes du double meurtre.

L'inspecteur insiste ensuite sur le type de coups portés. Dans la lumière blafarde de la petite pièce, Patrick Dils se met à genoux, et, suivant les injonctions de l'inspecteur, mime les gestes meurtriers. Comme le souligne l'ancien fonctionnaire, Patrick Dils est une nouvelle fois très précis :

– Le petit Cyril portait des traces de coups de pierre pas seulement sur la tête, mais également sur le thorax… Et Dils en a fait état lors de sa garde à vue alors que c'est un détail anatomique que seul le meurtrier pouvait connaître. Personne n'en avait parlé !

Et puis, il y a la reconstitution sur le terrain. A la demande des enquêteurs, Patrick replace les vélos des victimes exactement à l'endroit où ils se trouvaient lors du drame, alors que, là non plus, la presse n'en avait pas fait mention.

Comment expliquer une telle précision de l'accusé ? Comment pouvait-il connaître la position presque exacte des corps ? L'accusé aurait-il été un peu trop « encadré » par les enquêteurs ?

Il faut sur ce point entendre les autres policiers ayant assisté à la scène, notamment Omar Stragier, chargé du service d'ordre lors de la reconstitution, ou encore Me Daniel Delrez, ancien avocat de la famille Beining et remercié après avoir émis ouvertement des doutes sur la culpabilité de Patrick :

– J'ai vu arriver avec effarement sur les lieux un jeune homme vêtu d'un gilet pare-balles et d'un casque de moto… Il était fermement empoigné. En montant sur le talus, l'inspecteur lui a dit : *« Allez, on y va en petites foulées ! »* Alors, ils se sont mis à courir. Mais là, le suspect se trompe et mime la scène à quarante-deux mètres du lieu du crime. La relation entre le garçon et l'inspecteur était ahurissante. C'était du genre : *« Ce n'est qu'un mauvais quart d'heure à passer. Tu fais ce que je te dis, tout se passera rapidement et tu retourneras dans ta cellule. »*

Au cours du procès, une cinquantaine de témoins se succèdent à la barre pour évoquer leurs souvenirs du fameux dimanche soir. C'est le cas de Marguerite P., retraitée, qui s'est manifestée très tardivement mais dont les souvenirs, quatorze ans après, sont toujours précis :

– J'étais en visite chez des amis, rue Venizélos et, à un moment, je me suis retrouvée seule sur le balcon. On voyait le grand talus, en haut duquel, au bord de la voie de chemin de fer, deux enfants jouaient en rigolant. Et puis, j'ai vu arriver un jeune homme avec un gros sac-poubelle noir et le jeter dans un conteneur, au pied de cette butte. Je n'ai pas entendu les voix des enfants, mais ils ont dû l'interpeller car il a tourné la tête vers eux. Il n'a pas répondu et s'en est allé dans la direction de la maison de ses parents.

La vieille dame affirme que ce jeune homme était bien Patrick, elle en est sûre à cause de sa chevelure rousse. Patrick serait donc rentré directement chez lui, comme il l'affirme ?

Il écoute les témoignages, le regard souvent un peu vide : une sorte d'absence qui étonne. On voudrait l'entendre confirmer avec vigueur les déclarations des témoins lui étant favorables, c'est tout de même son avenir qui se joue là !

Mais, si l'accusé a grandi, vieilli et mûri, il n'en est pas moins resté très réservé dans son comportement, dans ses réponses. Combien de fois, lors des interruptions d'audience, entend-on dans les couloirs :

– C'est étrange, il ne parle que si on l'interroge… Il semble parfois absent… Il ne manifeste aucune émotion…

L'attitude de Patrick Dils est sans doute sa plus grande ennemie. Cette grande silhouette légèrement penchée, ce phrasé lent avec une pointe d'accent lorrain, ces lunettes fumées pour atténuer la lumière qui lui fait mal aux yeux, cet air égaré… tout cela ne suscite guère de sympathie dans le camp des parties civiles. Et même lorsque Patrick se lève et s'adresse directement aux parents des victimes, l'effet est faible, voire négatif :

– Je comprends votre douleur… Je ne vous en veux pas.

Réaction désabusée de Me Buisson, l'avocat de la famille Beining :

– Il dit ça sans émotivité, comme s'il lisait un bulletin météo !

Même ses avocats reconnaissent avoir du mal à comprendre pourquoi il ne manifeste pas plus d'énergie dans ses explications :

– Ce garçon reste une énigme, avoue Me Florand, qui sent bien qu'il faut rendre « *plus humain* » son client.

Il dépose alors sur le bureau du président de la cour d'assises, un album de sept photos particulièrement éprouvantes à regarder. Ce sont celles du lieu du crime. Les petits corps sont étendus à côté de la voie de chemin de fer, maculés de sang.

Lors du premier procès, Patrick avait refusé de les voir, mais cette fois-ci, il sort de son box, menottes aux poignets, s'approche du président, et tourne la première page du classeur. La salle retient son souffle, accrochée au visage anguleux de l'accusé. Son regard se pose sur le premier cliché en couleurs, il le fixe quelques instants et se détourne, manifestement troublé.

– C'est une boucherie, un véritable massacre…

Pour la première fois, une émotion sincère se lit sur son visage, et s'entend. Ce sera la seule et unique fois.

L'un des moments très attendus de ce second procès est l'audition, le quatrième jour, de Francis Heaulme. Dans les rédactions des radios, télévisions et journaux, c'est l'effervescence : le tueur en série à la barre, face au jeune assassin présumé, une affiche judiciaire inédite !

C'est une silhouette décharnée, un long squelette au visage édenté et vieilli avant l'heure, myope et maladroit, qui fait son entrée dans la salle d'audience. Une vision forcément un peu effrayante. On ne peut pas un instant oublier ses cinq condamnations pour meurtres, dont deux à perpétuité ; on ne peut détacher son regard de ces mains d'assassin, des mains qui se sont notamment refermées sur le cou du petit Joris, 10 ans, parce qu'il l'avait *« énervé »*.

Malgré ses menottes, Francis Heaulme là que comme simple témoin, pour avoir reconnu être passé à vélo à Montigny-lès-Metz le soir des meurtres.

Le psychopathe, qui travaillait dans une entreprise de zinguerie à quatre cents mètres de la voie ferrée près de laquelle les corps ont été retrouvés, fait une déposition très neutre, sans passion. Les médicaments qui lui sont massivement prescrits lui donnent un semblant d'équilibre.

– Oui, j'étais bien présent sur les lieux, mais je vous donne ma parole, ma parole d'homme, que je n'ai pas tué les deux enfants.

Pendant deux heures et quart, le tueur en série, qui souffre du syndrome de Klinefeter (une trisomie des chromosomes sexuels), explique que les gamins lui ont lancé des cailloux, qu'il aurait certes pu les tuer, mais qu'il ne l'a pas fait.

Si les avocats de Patrick Dils attendaient des aveux, ils tombent de haut : l'homme se place en simple témoin, confirmant simplement ses déclarations précédentes, faites devant le gendarme Abgrall : *« Je me rendais à vélo chez ma grand-mère, qui habite non loin de là... Des enfants jouaient à lancer des pierres depuis le pont de la voie ferrée... Ils m'ont visé. »* L'enquête montre qu'effectivement Cyril et Alexandre se livraient parfois à ce jeu. À la question de savoir s'il serait capable de tuer des enfants ayant un tel comportement, Heaulme avait répondu sans hésiter : *« Oui »*.

L'ancien gendarme Abgrall, qui a désormais rejoint le domaine de l'investigation privé, est invité à s'exprimer à la barre et il affirme :

– Heaulme n'a jamais évoqué un crime dans lequel il n'était pas impliqué !

Il souligne également *« l'extrême violence et les connotations sexuelles telles que les pantalons ou les slips baissés »*, et note que l'attitude de l'homme a changé dès le lendemain des faits : ses collègues l'ont trouvé très agité et ont constaté une dégradation radicale de son comportement.

Les crimes de Montigny présentent indéniablement des similitudes avec le mode opératoire du « Routard du crime », mais il n'y a toujours pas de preuve... Même si, à la maison d'arrêt de Metz, il s'est confié à l'un de ses codétenus :

– Tu sais, les deux garçons, c'est moi qui les ai tués...

Confession ou vantardise d'un esprit malade ? La justice, dès qu'elle avait eu connaissance de ces propos, avait mis Heaulme en examen, mais aucune preuve n'était venue étayer un faisceau de présomptions.

À la fin de sa déposition devant la cour, le tueur en série regarde Patrick Dils dans le box des accusés et affirme qu'il ne le croit pas coupable... en ajoutant un étonnant *« Bonne chance ! »*

L'audition de Francis Heaulme se révèle finalement bien décevante pour tout le monde. Il repart en n'ayant livré que quelques morceaux d'un puzzle complexe.

C'est l'avocat général, Jean-Dominique Sarcelet, qui est chargé de résumer les débats et de donner son opinion sur l'affaire avant les délibérations des jurés. Il écarte d'entrée de jeu le « cas » Francis Heaulme, élément qui a pourtant justifié la révision du procès de Dils. Pourquoi ? Il n'y a pas suffisamment d'éléments probants, pas de certitudes. Malgré les doutes, il est impossible de prouver la culpabilité du psychopathe.

Alors, l'avocat général se concentre sur les faits établis et les points d'ombre du dossier. Tout d'abord, les aveux de Patrick, effectués dans des conditions discutables, puis la chronologie des faits, qui ne repose que sur le témoignage, là aussi discutable, de la voisine qui « pense » avoir entendu les enfants crier à 18 h 50. Et que penser de la déposition du médecin légiste, incapable de situer précisément l'heure de la mort des enfants ? Appelé sur les lieux en 1986, le Dr Léopold était alors stagiaire, peu habitué à ce genre de constatations et, comble de malchance, son thermomètre à mercure était cassé. Il lui était impossible de prendre précisément la température des corps et donc de déterminer l'heure du décès avec précision :

J'ai pris la température approximative avec ma main, reconnaît le médecin. J'ai examiné les corps à 20 h 35 et, compte tenu notamment de la rigidité cadavérique, j'ai estimé que le crime remontait à moins de trois heures, c'est-à-dire vers 17 h 30 au plus tôt, sans doute entre 17 h 30 et 19 h 30. Je ne peux pas être plus précis.

Au bout de neuf jours d'audience, aucun élément véritablement nouveau n'a été apporté : les aveux de Patrick Dils pèsent toujours aussi lourd : il a eu bien du mal à les expliquer. La reconstitution horaire reste toujours aussi floue et sujette à caution, et Francis Heaulme reconnaît avoir été sur les lieux des crimes mais nie toute participation.

L'avocat général poursuit son réquisitoire et insiste encore sur les dysfonctionnements de l'enquête, sur les incertitudes, sur les pressions psychologiques subies par l'accusé, qui avait certes 16 ans, mais dont l'âge mental était celui d'un gamin de 8 ans, incapable, selon les experts, de dire non à un adulte. Les aveux ont été obtenus par *« suggestions »*, selon les propres termes du magistrat…

Au fur et à mesure, les familles des victimes comprennent avec une stupeur visible que l'intime conviction de l'avocat général est faite : Patrick est innocent. Le réquisitoire prend des allures de plaidoirie de la défense, chose rarissime dans un tel cas, et la conclusion est évidente :

– Je demande l'acquittement.

Les familles Beckrich et Beining sont effondrées et quittent la salle sans attendre le verdict, alors que la famille Dils adresse des signes d'encouragement aux avocats de leur fils. La tension est énorme dans la salle d'audience surchauffée lorsque les jurés, six hommes et trois femmes se retirent pour sceller le sort de Patrick Dils.

Il est 23 h 10, cela fait six heures et demie que le jury est réuni. Enfin, la porte s'ouvre et le président de la cour pose cinq questions. La réponse est chaque fois la même :

– Coupable !

Comme douze ans auparavant, la majorité absolue des jurés condamne l'accusé à vingt-cinq ans de prison, sans retenir l'excuse de minorité. Fait unique dans les annales des procédures de révision, le procès connaît la même conclusion à douze années d'intervalle. Les jurés n'ont été convaincus ni par le réquisitoire de l'avocat général, ni par la présence de Francis Heaulme à proximité du crime. La stupeur est unanime, y compris dans les rangs des parties civiles. Quels éléments ont bien pu convaincre les jurés de la culpabilité de l'accusé ? Impossible de le savoir, l'article 353 du code de procédure n'imposant pas à une cour d'assises de motiver une décision. Chose pour le moins contestable, l'accusé n'a pas le droit de savoir pourquoi il est condamné.

Il y a peut-être eu aussi une sorte de défiance presque instinctive des jurés devant la confiance manifestée par les défenseurs : à la veille du jugement, une émission de télévision consacrée au procès avait donné l'acquittement pour quasiment acquis. Les jurés ont marqué leur indépendance.

Dans le box des accusés, Patrick Dils encaisse, comme à son habitude, le verdict sans broncher, sans la moindre réaction d'indignation, de protestation. Il conserve cette attitude froide, distante, qui a sans aucun doute lourdement pesé sur la conviction des jurés.

Au premier rang, les parents et le frère de Patrick sont paralysés par le choc, les avocats de la défense reconnaissent leur découragement : depuis 1945, les six affaires judiciaires révisées avaient toutes débouché sur un acquittement… Toute cette attente, tous ces efforts pour rien…

Mais c'est finalement Patrick Dils lui-même qui se révèle le plus déterminé. Quelques heures à peine après le verdict, il prend la décision de faire appel du jugement:

– Je ne me suis pas battu pendant quatorze ans pour en arriver là. Vous faites ce que vous voulez, mais, moi, je continue !

L'affaire Dils poursuit donc son parcours hors norme. Le jeune homme sera jugé une troisième fois par une nouvelle cour d'assises, cette fois-ci à Lyon et, c'est la nouveauté, en public. Les députés ont en effet adopté – enfin ! – un amendement à la loi sur la présomption d'innocence. Désormais, un adulte peut demander à être jugé comme tel, même s'il était mineur au moment des faits. C'est indéniablement un premier succès pour la défense.

Un autre élément vient faire rebondir l'affaire.

Un mois après la nouvelle condamnation de Patrick Dils, deux témoins « surprise » montrent une fois de plus à quel point la première enquête a été approximative et combien il est difficile de faire parler le passé.

Ces deux hommes, un menuisier de profession et son beau-frère, ont pris rendez-vous au cabinet de

Me Becker, l'avocat messin de Patrick. Ils sont mal à l'aise avec le sentiment de confesser une erreur, une erreur par omission vieille de quinze ans. Le soir du 28 septembre 1986, ils pêchaient au bord de la Moselle, à Ars-sur-Moselle, à cinq kilomètres du lieu des crimes :

– Vers 19 h 30, nous étions en train de ranger notre matériel et nous avons aperçu Francis Heaulme, le visage tuméfié et ensanglanté. Il était un peu assoupi, près de la route.

Pour eux, cet homme n'est pas un inconnu. Dans ce petit coin de Lorraine, on sait que c'est un marginal, un peu étrange, porté sur la boisson, mais a priori pas bien méchant. Les deux pêcheurs ne sont pas franchement étonnés de le voir dans cet état d'hébétude :

– Qu'est-ce qui t'est arrivé, Francis ?

– Rien. Je suis tombé sur des cailloux en revenant du pont de chemin de fer et je me suis fait mal…

– Nous allons te ramener chez toi.

En fait, l'homme vit à cette époque chez sa grand-mère. Émile et Joachim le raccompagnent jusqu'à la place de l'église, à Vaux, et l'y laissent aux alentours de 20 h - 20 h 30.

Pour les deux hommes, l'affaire s'arrête là. Pendant toutes ces années, ils vont « oublier » l'incident et rester muets comme des carpes. Pourquoi ? Le menuisier tente de s'expliquer :

– Bien sûr, j'avais entendu parler des meurtres des enfants, mais ce n'était pas l'« affaire Heaulme »… Je ne pensais pas que mon témoignage pouvait être important. Ce n'est qu'en suivant l'affaire à la télévision, il y a quelques semaines, que je me suis rendu compte que Heaulme pouvait être impliqué… C'était un peu tard !

Effectivement.

Les déclarations des deux témoins, faites dans le bureau de l'avocat devant un huissier, sont transmises au parquet, qui ordonne un supplément d'enquête. Un élément jugé « *très encourageant* » par les avocats de Patrick Dils et en tout cas suffisant pour relancer la piste Heaulme, qui avait été abandonnée au cours du précédent procès par manque d'éléments à charge. La divulgation de ces témoignages tardifs provoque de très vives réactions dans l'opinion, de plus en plus partagée entre ceux qui croient à l'innocence de l'accusé et ceux qui n'en démordent pas :

– Je demande que l'on m'apporte la preuve irréfutable que Heaulme était présent sur les lieux des crimes, clame, très en colère, la grand-mère d'Alexandre, Ginette Beckrich. Jusqu'à présent, c'est Dils qui a massacré nos enfants ! Toute cette affaire est montée en épingle : on veut semer le doute !

Un mois avant la tenue du procès, prévu le 8 avril 2002, un rapport des gendarmes, demandé par la défense, donne pourtant de l'espoir aux défenseurs de Patrick.

Reprenant tous les éléments de l'enquête, les gendarmes ont rédigé un rapport de synthèse très complet soulignant d'une part, le faisceau de présomptions entourant l'implication de Francis Heaulme et, de l'autre, les doutes quant à la possibilité horaire pour Patrick Dils d'avoir tué les enfants. Selon les gendarmes : « *Il est plausible d'envisager que le double meurtre soit intervenu plus tôt qu'entre 18 h 45 et 19 h, la fourchette évoquée jusqu'à présent. Il se serait plutôt produit entre 17 h 15 et 18 h 20, heure à laquelle la famille Dils se trouvait encore dans la Meuse. »*

Les gendarmes ont multiplié les auditions (141), les expertises et les recoupements : un véritable travail de contre-enquête permettant de présenter un minutage extrêmement précis du déroulement des meurtres. Pour la première fois, le tribunal disposera d'un document scientifiquement réalisé. Il aura fallu attendre seize longues années !

– Je m'appelle Patrick Dils, né le 11 juin 1970 à Montigny.

Encore une fois, les familles des victimes vont revivre le drame, encore une fois la famille Dils va espérer, encore une fois Patrick va devoir expliquer ses aveux prononcés à six reprises en laissant passer de nombreuses occasions de se rétracter. Mais, différence cruciale, le procès se déroule en public, devant les journalistes de toute la presse nationale. Patrick Dils pose devant les caméras et sous les flashes des appareils photo, impassible. Ce n'est plus tout à fait le même homme : il a été « relooké » avec soin avant les audiences. Le visage est moins maigre et le nez paraît moins disproportionné, la petite moustache a disparu, comme les lunettes à verres fumés. Il porte une veste « sport », un pantalon brun, une chemise grise, et ses cheveux sont coupés court. À 31 ans, c'est la première fois que Patrick Dils peut s'exprimer en public pour se défendre, et il a bien l'intention de ne pas laisser passer cette chance. Dès les premières heures du procès, il est évident que l'homme a changé d'attitude, il s'exprime plus clairement, avec plus de force, plus de conviction. On le disait introverti, froid, il apparaît désormais détendu, déterminé, et il n'hésite pas à jouer sur la corde sensible pour tenter d'expliquer quel type d'adolescent il était à l'époque.

– À l'école, j'étais le souffre-douleur de mes camarades… J'en ai souffert… On m'appelait le canard à cause de mes pieds plats. Et puis, il y avait la couleur de mes cheveux… Et mon nez… […]. Si je suis ici, ce n'est pas pour le plaisir mais par nécessité, car je suis innocent. C'est dans les tripes, c'est dans mon cœur.

Poussé par ses défenseurs, Patrick raconte également ses premières années de détention, à Toul, puis à Metz :

– J'ai été violé. Oui, oui, j'ai été violé… Les agressions verbales, j'avais l'habitude, je pouvais faire face, mais que faire, seul sous la douche, face à plusieurs individus ? J'ai été frappé, violé… J'ai honte, j'ai l'impression d'être sale. Il n'y a plus de dignité quand on a été violé. Ce n'est pas facile pour une femme, alors imaginez pour un homme…

– Pourquoi ne pas en avoir parlé lors du procès de Reims ? s'interroge Me Parisot, l'un des avocats des parties civiles, en sous-entendant que l'accusé veut surtout se faire passer pour une victime.

Et les questions se succèdent, les mêmes qu'aux précédents procès. Mais là, les réponses sont plus détaillées. Patrick Dils s'attarde volontiers sur les pressions qu'aurait exercées l'inspecteur Varlet :

– Imaginons… Ce ne sont que des suppositions, m'a dit l'inspecteur… Tu prends une pierre, tu frappes, t'es paniqué, tu cherches une grosse pierre pour terminer le travail et tu rentres chez toi, c'est un accident… […]. Il m'a tellement fatigué, tellement questionné que j'ai fini par répondre : « Ben… Oui, c'est moi… » J'avais 16 ans ! J'étais complètement paniqué, terrorisé ! J'ai essayé d'être le plus précis possible, sans comprendre la conséquence de mes actes.

L'accusé a toutefois du mal à expliquer que ces aveux aient été répétés, dans des circonstances et devant des personnes très différentes, et même devant sa mère :

– J'avais peur de retomber entre les mains des inspecteurs Varlet et Marchegay, dans ce cycle infernal. C'était la même chose devant ma mère, je n'étais pas seul : les inspecteurs étaient toujours derrière moi… Ils m'ont demandé de lui répéter ce que je leur avais dit. J'étais pris dans un engrenage : on m'en demandait de plus en plus, avec insistance.

La présidente du tribunal s'étonne tout de même de la précision des aveux. Patrick avait notamment désigné sans se tromper les trois pierres ayant frappé les enfants :

– Ça paraît un peu surréaliste, non ?

L'accusé peine un peu à s'expliquer :

– C'était pile ou face… J'avais lu les détails dans la presse […]. J'ai raconté ce qui m'a été suggéré. Les réponses étaient dans les questions et, au mur, il y avait, en grand, le plan des lieux avec tous les détails, les rails, les voies. Je n'avais qu'à lever la tête.

L'un des autres moments forts de ce procès est la présentation de l'enquête « high-tech » des gendarmes, réunis au sein de la cellule Revision 57. Une contre-enquête menée à grand renfort de nouvelles techniques d'investigations, d'expertises acoustiques et même de survols des lieux en hélicoptère pour des repérages précis. Le capitaine Hans détaille les résultats, point par point, basés sur l'objectivité et la rigueur. De tous les éléments, il ressort que le temps imparti à l'accusé pour commettre les meurtres est très court. Trop court ? Patrick Dils n'aurait pu quitter la maison familiale, tuer les enfants et revenir chez lui qu'en 8 minutes et 22 secondes. Difficile, mais pas impossible.

Le schéma précis des 194 événements relatant les heures du drame est analysé par ordinateur. Imprimé, le résultat informatique fait six mètres de long. Il est appuyé par un diaporama dynamique projeté sur un écran géant, des icônes mobiles représentant les victimes, les témoins, les hypothèses... L'ensemble est assez impressionnant, loin des méthodes traditionnelles employées jusque-là, mais n'apporte pas franchement de preuve.

Même le recours, pour la première fois, à des « profileurs », ne fait que confirmer les conclusions des psychiatres et psychologues : les crimes portent la « signature » de Francis Heaulme, que la cellule d'enquête a auditionné à plusieurs reprises.

Le 30 janvier 2002, le psychopathe reconnaissait :

– En 1986, j'étais en pleine détresse, mais je vais vous dire la vérité. À 18 h 40, j'ai vu un homme dévaler le talus. Il était petit traputeux *(sic)*, il avait un tee-shirt blanc taché de sang [...], c'était Henri Leclaire !

Leclaire ? Ce nom n'est pas inconnu des policiers. C'est celui de l'un des deux hommes qui avaient avoué les meurtres de Cyril et Alexandre avant Patrick Dils. C'est également l'un des anciens collègues de Francis Heaulme, s'occupant comme lui de manutention, et qui l'accompagnait régulièrement dans ses soirées de beuverie.

La cour d'assises a convoqué les deux hommes.

Francis Heaulme n'a pas changé. Il fait son entrée, entouré de quatre colosses en uniforme : longue silhouette, joues creuses, menton en galoche, cheveux courts. Il regarde l'assistance et la cour avec détachement et une certaine assurance, celle d'un homme qui n'a rien à perdre.

– Je me présente : Francis Heaulme, né le 25 février 1959. Sans profession.

Les questions fusent. Le tueur en série répond d'abord avec aplomb, puis la voix se fatigue. Au bout d'une heure, il demande une chaise et paraît avoir de plus en plus de mal à formuler une pensée cohérente. L'effet des Valium et des différents calmants s'estompe.

– Si j'avais vu les gamins, je serais monté leur dire de ramasser les cailloux.

Cette version change par rapport aux précédents interrogatoires : le psychopathe ne veut plus reconnaître que Cyril et Alexandre lui ont jeté des pierres ; d'ailleurs, il ne les aurait pas vus du tout ce jour-là.

– Je suis devenu un bouclier émissaire *(sic)*, et chaque fois qu'il y a un meurtre, on dit que c'est moi. Je commence à en avoir assez. Si ça continue comme ça, je vais mettre fin à mes jours.

Il est ensuite confronté à Henri Leclaire, un homme particulièrement instable et très influençable, selon les gendarmes. Il affirme avoir passé le dimanche chez lui à regarder la télévision avec son père.

La présidente demande ensuite à Francis Heaulme :

– Francis, vous n'avez jamais dit avoir tué les enfants... Mais pourquoi avoir désigné cet homme ?

– Pour qu'ils arrêtent de me suspecter ! j'en avais marre ! C'était un mensonge...

Heaulme dédouane son ancien collègue, mais ne reconnaît rien et nie en bloc les accusations :

– Quand j'ai dit que j'ai vu un homme en sang, c'était faux. Quand j'ai dit que j'étais monté sur le talus, c'était faux. Quand j'ai dit que j'avais découvert les enfants, c'était faux [...]. Mon style, c'est l'Opinel, et j'étrangle aussi à mains nues [...]. Si j'avais tué les gamins, je l'aurais dit au procès de Reims...

– Justement, au procès de Reims, vous vous souvenez de ce que vous avez dit à Patrick Dils ? demande l'avocat de l'accusé.

– ...Bonne chance... Et qu'il était innocent...

– Pourquoi le croyiez-vous innocent ?

– Je ne vois pas un jeune de 16 ans faire ça.

Avant de quitter la salle, Francis Heaulme demande à ajouter quelques mots. Il se tourne vers la grand-mère d'Alexandre :

– Je vous jure sur la tombe de ma mère que je n'ai pas tué ces deux enfants. Merci de m'avoir écouté. Au revoir, Mme Beckrich.

Et la silhouette inquiétante disparaît, sans un aveu, et sans avoir jeté le moindre regard vers Patrick Dils.

L'accusé reste calme, posé, à l'image du portrait qui est ensuite brossé à la barre par les psychologues et les psychiatres.

– On aurait bien aimé qu'il soit psychotique, mais là, aucune anomalie.

Cette entrée en matière de Josette Volpillière fait allusion aux dépositions des sept experts. Ils parlent à l'époque d'un *« garçon anormalement sage »*. Il ne boit pas, ne fume pas, ne se drogue pas. Il est un peu rêveur, replié sur lui-même. Roland Coutanceau souligne *« qu'il ne faut pas être forcément monstrueux pour commettre un acte exceptionnel. Ce garçon exceptionnellement sage aurait pu accumuler les agressions et passer à l'acte criminel. C'est ce que l'on appelle un trouble explosif intermittent, le syndrome de la cocotte-minute. »*

Reste aussi la délicate question des aveux, et la présidente s'adresse alors à l'expert Jacques Leyrie, qui, en septembre 1987, avait examiné Patrick Dils :

– Vous avez été étonné qu'il ne clame pas son innocence, qu'il ne se révolte pas ?

– Oui, à l'époque, c'est ce qui m'a le plus marqué dans l'entretien.

Patrick Dils intervient :

– Même aujourd'hui, je suis extrêmement ennuyé pour pouvoir vous répondre clairement. Si j'avais dit brusquement : *« Stop les mensonges ! Je suis innocent ! »*, après, il aurait fallu s'expliquer…

Une nouvelle fois, la personnalité de l'accusé laisse perplexe. Les psychiatres n'ont pas vu de troubles mentaux, sinon un désir à l'époque de ne pas déplaire aux adultes et une incapacité à se défendre. Cela suffit-il à expliquer sa complaisance à répondre aux attentes des inspecteurs Varlet et Marchegay ? Cela suffit-il à expliquer les aveux qualifiés de *« graves, précis, concordants »* par l'avocat général, Jean-Louis Coste, à la fin du procès ? Celui-ci insiste bien en s'adressant directement à l'accusé :

– Étonnez-vous de la perpétuité... C'est de l'incontinence de l'aveu ! [...] Un crime abominable a été commis et des aveux immondes ont été produits.

Mais il souligne également le caractère *« douteux »* de la procédure judiciaire, et le manque de mobile. Il y a aussi le « cas » Heaulme : quelle est la probabilité pour qu'un double meurtre portant la « griffe » de Francis Heaulme ait été commis par un autre que lui alors qu'il travaillait à quelques centaines de mètres du lieu du crime et habitait chez sa grand-mère, tout près ? Alors que des témoins affirment avoir aperçu une silhouette présentant des similitudes évidentes le jour des meurtres ? Jean-Louis Coste tempère :

– Ce n'est pas parce que Heaulme est dans une ville que l'on doit lui attribuer tous les crimes. Il n'est pas le ramasse-miettes de la délinquance.

La conclusion du procès est claire : il n'y en a pas ! Des doutes existent. L'avocat général laisse donc les jurés décider, en leur âme et conscience, du sort de l'accusé.

Jean-Louis Coste ajoute en regardant Patrick Dils dans les yeux :

– Si vous bénéficiez du doute des jurés, de grâce, ayez une pudeur : ne venez pas disputer demain la place des victimes. Vous n'avez été victime que de vous-même ! »

Après treize jours de procès, aucune conclusion, aucune preuve irréfutable de la culpabilité ou de l'innocence de l'accusé n'ayant été produite, tout sera affaire d'intime conviction.

Les jurés, sept femmes et cinq hommes, se retirent pendant trois heures et demie. La tension est pénible à supporter dans le palais de justice de Lyon.

Enfin, à 20 h 15, le verdict tombe : la cour d'assises acquitte l'accusé ! Patrick Dils se lève, cherche le soutien de Me Florand, se rassoit, ferme les yeux, sous le coup de l'émotion. Il regarde vers le ciel, comme pour formuler une prière de remerciement. Le corps secoué de sanglots, il se tourne vers l'assistance, qui applaudit le jugement. Pour une fois, il manifeste une émotion sincère. La famille de Patrick, elle non plus, ne masque pas son bonheur : les larmes coulent sur les visages fatigués, et le père, Jean, fait même un léger malaise. Dans le prétoire, on se bouscule. Les journalistes sont pendus à leurs téléphones portables, et sur les ordinateurs de toutes les rédactions, l'information apparaît en rouge.

Patrick Dils est redevenu innocent. Il repart immédiatement pour la maison d'arrêt de Saint-Paul afin d'y effectuer les formalités de levée d'écrou. Tout va très vite. En quelques minutes, l'ex-détenu se transforme en star des médias. À peine franchit-il les portes du centre de détention, qu'il est pris en charge par des gardes du corps le poussant dans une voiture aux vitres fumées. Direction : les studios de TF1, pour livrer, en exclusivité, ses premières impressions d'homme libre, sur le plateau de l'émission *Sans aucun doute.* Cette exclusivité, il l'a promise des années auparavant, l'équipe de Julien Courbet étant l'une des premières à avoir manifesté en public des doutes quant à sa culpabilité, soulignant mois après mois les zones d'ombre du dossier. C'est d'ailleurs l'un des journalistes de l'émission qui mettra en forme le livre signé par Patrick, quelques mois après sa libération : *Je voulais juste rentrer chez moi* (Michel Lafon).

– C'est magique, répète l'homme découvrant le monde moderne, magique d'être libre, magique d'être reconnu par le public, magique de rentrer dîner chez ses parents. Magique d'être à la lumière du jour après quinze années passées à l'ombre.

Libéré le vendredi, il tient à commencer à travailler dès le mardi, comme simple employé dans une imprimerie de la région parisienne :

Une manière, dit-il, non pas de refaire sa vie, mais de faire une vie.

Une nouvelle vie commence.

La justice a reconnu s'être trompée, lourdement. Il a fallu quinze ans pour que l'enquête soit reprise soigneusement, pour que des témoins clés soient enfin retrouvés et entendus et pour que le doute profite à un suspect peut-être trop évident.

Le dossier Patrick Dils est désormais refermé, ou presque. Reste la question de l'indemnisation pour le préjudice subi : ses avocats réclament 2,3 millions d'euros en compensation de la moitié d'une vie passée derrière les barreaux. La commission d'indemnisation de la Cour de cassation tranchera.

Mais le préjudice existe aussi pour les familles Beckrich et Beining, à présent face à un grand vide. Pendant quinze ans, la justice leur a désigné l'assassin de Cyril et Alexandre, elles se sont battues pour sa condamnation, trois fois. Finalement, pour rien.

Le choc est rude. L'institution judiciaire a mal fonctionné, c'est indéniable. Sans la loi sur la présomption d'innocence, l'erreur judiciaire aurait perduré, à perpétuité. Une telle erreur peut-elle se reproduire ? Sans doute moins facilement.

À l'époque, Patrick Dils n'avait pas bénéficié de la présence – désormais obligatoire – d'un avocat et a signé ses aveux. Les enquêteurs n'avaient pas non plus obligation de faire figurer toutes leurs questions dans les procès-verbaux d'interrogatoires, laissant dans l'ombre de vastes zones de ces moments cruciaux. Quand le suspect a pris conscience que sa vie venait de basculer, il était trop tard.

Les aveux de deux autres suspects n'avaient pas ébranlé la forte conviction des policiers qu'ils tenaient enfin le coupable, un adolescent fragile, influençable, un peu étrange. C'est toute la question des anciennes méthodes policières, uniquement fondées sur l'aveu du suspect, qui se pose. Elles ont encore souvent droit de cité dans les commissariats, même si aujourd'hui les progrès scientifiques permettent de recouper précisément des centaines de témoignages et de « faire parler » une scène de crime plutôt qu'un suspect.

Les différents suppléments d'enquête ordonnés en 1999 et en 2001 ont également montré que les vérifications n'avaient pas été suffisantes à l'époque.

Sans le hasard de la découverte de la présence de Francis Heaulme dans la région, Patrick Dils serait encore en prison aujourd'hui. Même le procès en révision n'a pas été suffisant pour parvenir à la conclusion prononcée seulement un an plus tard : l'accusé est innocent.

Et pourtant, les dossiers à charge et à décharge étaient sensiblement les mêmes en première instance qu'en appel. À Reims, la présence de Francis Heaulme n'avait pas été jugée déterminante, pas plus qu'à Lyon, puisque le tueur en série n'a pas été mis en examen dans cette affaire.

Faut-il voir dans la conclusion du troisième procès, la conséquence de la véritable « transformation » de l'accusé ? Patrick Dils est apparu plus combatif, plus impliqué dans le procès, plus humain. Est-ce cela qui a fait penché la balance de la justice ? Alors, Patrick Dils doit une fière chandelle à l'un de ses codétenus, condamné pour viol. C'est lui qui, après l'échec du procès de Reims, a pris en main la « préparation » de l'accusé, lui redonnant confiance en lui et l'entraînant à s'exprimer :

– Je tiens à remercier M. Lefèvre pour tout ce qu'il a fait pour moi, avait d'ailleurs tenu à préciser Patrick Dils le dernier jour de son procès. Il a su m'apporter ce que tous les autres n'ont jamais pu m'apporter. Pendant quinze ans, j'ai été vraiment seul, à l'abandon [...]. Lui, il m'a écouté, il m'a fait confiance. Je n'ai rien à me reprocher, je suis innocent. Il avait compris une chose : j'avais besoin de comprendre et d'essayer de pouvoir le faire comprendre et, croyez-moi, c'est vraiment une tâche qui relève de l'impossible !

Finalement, la justice tient à bien peu de choses.

Au-delà du « cas » Patrick Dils, le mystère de la mort de Cyril et Alexandre reste entier. Les familles, qui ont dû revivre deux procès éprouvants, revoir les photos des corps, réentendre tous les détails, réclament régulièrement plus d'informations sur la suite de l'affaire, et le procureur de la République de Metz a bien du mal à leur répondre. La contre-enquête menée par les gendarmes a certes conclu à la *« signature criminelle de Francis Heaulme »*, mais ce n'est apparemment pas suffisant pour l'inculper. Il n'est pas poursuivi dans cette affaire. Et, s'il est impliqué, a-t-il agi seul ? Lors des deux procès, les avocats des parties civiles ont souligné que, de toute façon, le tueur en série a régulièrement agi avec un complice rencontré au hasard de ses vagabondages. Et pourquoi, s'il est coupable, ne reconnaît-il pas des faits qui ne peuvent alourdir sa condamnation à perpétuité ?

La réponse pourrait se trouver dans ses relations familiales. En mars 2001, il confie à trois de ses codétenus :

– Si j'avoue les meurtres des deux gamins, ma sœur ne viendra plus me voir au parloir...

Sa sœur, mère de famille, constitue l'un de ses seuls soutiens. Elle lui aurait dit ne pas pouvoir supporter l'idée qu'il puisse être responsable de cette sauvagerie. Et puis, il y a le père de Francis : Marcel. Plusieurs fois, devant les médias, il avait soutenu son fils :

– Je suis certain, à cent pour cent, que mon fils n'a rien à voir là-dedans ! [...] Je veux qu'on arrête de lui coller des trucs sur le dos comme ça !

Francis Heaulme veut-il conserver un semblant de relation avec sa famille ? L'esprit du psychopathe reste un mystère...

En février 2003, le garde des Sceaux, Dominique Perben, promet de *« faire le maximum pour que la vérité puisse enfin éclater »*. Il affirme que *« l'ouverture d'une enquête est imminente »*. Dix-sept ans après les faits, les familles attendent toujours de savoir qui a enlevé la vie à leurs deux petits garçons, lapidés le 28 septembre 1986, près d'une vieille voie ferrée de Montigny-lès-Metz.

L'affaire Boulin : « le suicide était un crime »

En 1979, Robert Boulin, ministre de Valéry Giscard d'Estaing, est retrouvé mort en forêt de Rambouillet, « noyé » dans cinquante centimètres d'eau. L'enquête conclut au suicide si rapidement que cela donne l'impression qu'on veut étouffer l'affaire. Plus de vingt ans après, en 2002, deux journalistes de Canal + mènent l'enquête et apportent de nouveaux éléments prouvant que le ministre aurait été assassiné. Un travail d'investigation qui tombe au mieux pour la famille de Robert Boulin : sans ces nouvelles mises en lumière, l'affaire aurait été prescrite par la justice.

« Messieurs, j'ai décidé de mettre fin à mes jours. Une grande partie de ma vie a été consacrée au service public. J'ai rempli ma fonction très scrupuleusement, désirant en toute occasion demeurer exemplaire. Or, voici que la collusion évidente entre un escroc paranoïaque, mythomane, pervers, maître chanteur, un juge ambitieux, haineux de la société, considérant a priori un ministre comme prévaricateur et certains milieux politiques dont, hélas, mes propres amis ne sont pas exclus, aboutit, pour ma part, à auditions, campagne de presse et suspicion [...]. Un ministre en exercice ne peut

être soupçonné, encore moins un ancien ministre du général de Gaulle. Je préfère la mort à la suspicion. »

Cette lettre, signée Robert Boulin, crépite sur les téléscripteurs des rédactions nationales. L'Agence France-Presse vient de diffuser le courrier qu'elle a reçu quelques minutes plus tôt par la Poste et qui a été envoyé deux jours avant depuis Montfort-l'Amaury, une petite commune des Yvelines proche de la forêt de Rambouillet. Au même moment, se tient le traditionnel Conseil des ministres du mercredi matin sous la présidence de Valéry Giscard d'Estaing. Mais ce jour-là, une chaise est vide : celle de Robert Boulin, le ministre du Travail en exercice. Les hommes politiques aux commandes de la France à ce moment-là affichent des mines sombres et peinées de circonstance.

La veille, mardi 30 octobre 1979. Il est encore très tôt, lorsque le commandant du groupement de gendarmerie de Versailles reçoit un message du ministère de l'Intérieur : « *Urgent. Prière de rechercher très haute personnalité susceptible d'avoir mis fin à ses jours en forêt de Rambouillet aux environs de l'étang de Hollande et circulant à bord d'une 305 bleu clair immatriculée 92.* » Aussitôt, plus de deux cents gendarmes entament des recherches sur le terrain. Aux environs de 8 h 30, un motard de la brigade lance un appel : « *Venons de repérer une voiture dont le signalement correspond à celui de la voiture recherchée. Elle se trouve à proximité de l'Étang Rompu, près de la route qui mène de Saint-Léger-en-Yvelines à Montfort-l'Amaury. Un corps est immergé.* »

Les premiers gendarmes qui arrivent sur place constatent qu'il s'agit effectivement d'une personnalité très importante. À l'époque, tous les Français connaissent le visage de Robert Boulin. Si l'on additionne tous ses portefeuilles, l'homme a été ministre de la Ve République pendant quinze ans. Il détient même le record de longévité gouvernementale. À l'été 1979, les couloirs des palais de la République bruissent d'une rumeur persistante : ce gaulliste de la droite progressiste est « Premier ministrable ». Il remplacerait ainsi à la tête du gouvernement, Raymond Barre, dont la cote de popularité ne cesse de s'effriter. Boulin, au contraire, bénéficie d'une bonne image auprès des Français. Et puis, par calcul stratégique, Giscard d'Estaing estime que nommer un homme du RPR à ce poste deux ans avant les élections présidentielles de 1981 est une bonne manière de couper la route à Jacques Chirac.

Mais si Boulin est plutôt apprécié des Français, il compte dans son propre camp politique quelques puissants ennemis. Ou tout du moins des personnalités qui ne l'apprécient guère. Lorsqu'en 1974, Giscard d'Estaing devient président, il nomme Jacques Chirac Premier ministre. Robert Boulin n'est pas dans le gouvernement. Deux ans plus tard, Raymond Barre remplace Jacques Chirac. Boulin redevient ministre. Après de vifs affrontements avec Charles Pasqua, il obtient l'exclusion du Corse du secrétariat national du RPR. Après la mort de Boulin, Pasqua est réintégré. Simples coïncidences ?

Admettons. Comment expliquer alors qu'au moment même où le poste de futur Premier ministre lui semble acquis, se déclenche une véritable campagne de presse contre cet homme dont, jamais auparavant, l'honnêteté et l'intégrité n'avaient été mises en doute, qualités que même ses adversaires politiques lui prêtaient volontiers ? En septembre, trois journaux, *Le Canard enchaîné*, *Minute* et *Le Monde*, reçoivent d'un mystérieux informateur, un dossier complet sur une sombre affaire immobilière qui peut mettre un terme à la carrière de Boulin.

Ce dossier accuse le ministre du Travail en exercice d'avoir acquis deux hectares de terrain à Ramatuelle, près de Saint-Tropez, pour la modique somme de 40 000 F de l'époque. Un terrain vendu par une connaissance de Robert Boulin : Henri Tournet, un affairiste débrouillard n'hésitant pas à franchir les limites de la légalité pour faire de l'argent. Cet ancien résistant a des relations. Il a participé à plusieurs cabinets ministériels de l'après-guerre et c'est un proche de Jacques Foccart, membre du SAC, le service d'action civil, qui sera dissous après la tuerie d'Auriol. Tournet côtoie aussi les milieux politiques parisiens plus « traditionnels » où se prennent les décisions et où est concentré le pouvoir. Il sait que cela peut servir ses ambitions.

En 1974, Henri Tournet met en place le piège qui se refermera sur son « ami » Robert Boulin quelques années plus tard. Depuis 1964, l'homme d'affaires est propriétaire de trente-six hectares de garrigue dans le sud de la France. Un placement qui peut se révéler extrêmement lucratif dans ces années où les plages de Saint-Tropez commencent à être à la mode. Le problème, c'est que ces terrains sont situés sur un site naturel protégé et sont donc inconstructibles. Tournet essaie plusieurs fois d'obtenir les permis de construire, seul moyen de pouvoir revendre les parcelles en empochant une belle plus-value. En vain. La préfecture du Var refuse. Il demande alors à Robert Boulin d'appuyer ses demandes auprès des autorités locales, ce que fait celui-ci à plusieurs reprises, par écrit et par oral, notamment en 1973.

Un an plus tard, Tournet apprend que les Boulin cherchent une résidence secondaire dans le Midi pour aller passer des vacances. Il propose à son ami Robert d'acheter un terrain de deux hectares. Celui-ci hésite. Après avoir interrogé le préfet du Var, qui lui certifie que la vente est légale et qu'il obtiendra un permis de construire, Robert Boulin signe l'acte de vente devant notaire. La parcelle lui appartient désormais et il obtient en effet un permis pour faire bâtir une maison basse de cent quatre-vingts mètres carrés au sol. Cette autorisation de construire est accordée seulement pour les deux hectares des Boulin, mais pas pour les autres terrains de Tournet. Qu'à cela ne tienne : l'homme d'affaires parvient à vendre les terrains à des propriétaires à qui il fait comprendre que ses relations haut placées garantiront l'obtention des permis de construire. Tournet fait encore mieux que cela puisque, avec la complicité d'un notaire, il a vendu le terrain de Robert Boulin à plusieurs autres personnes avec la complicité d'un notaire. Trois propriétaires normands lésés portent plainte et, en 1979, un jeune juge de 27 ans prend l'instruction en charge : il s'agit de Renaud Van Ruymbeke, le fils de l'un des anciens collaborateurs de Boulin au ministère de l'Agriculture qui, des années plus tard, instruira d'autres affaires politiques sensibles.

Devant ce jeune juge, Tournet – qui vient d'être inculpé et écroué, en juin 1979 – tente de s'en sortir par tous les moyens et de « mouiller » ses connaissances. Il accable Robert Boulin, affirmant qu'il avait conclu un marché avec lui : l'affairiste donnait les deux hectares de terrain au ministre qui, en contrepartie de ce cadeau, était chargé d'obtenir les permis de construire pour l'ensemble du site. Ces « révélations » – qui s'avéreront en partie fausses – tombent au plus mal pour Robert Boulin, le probable futur chef de gouvernement. D'autant plus mal que ce qui devient en quelques jours « l'affaire de Ramatuelle » est ébruité et ne tarde pas à faire la une des journaux.

Boulin s'en inquiète et s'affole. À tel point qu'il essaye d'en parler à Alain Peyrefitte, l'un de ses collègues au gouvernement, le garde des Sceaux de l'époque. Le 3 septembre, alors que le scandale immobilier grandit, ce dernier expose le problème à Valéry Giscard d'Estaing, qui relatera la conversation dans ses mémoires, *Le Pouvoir et la Vie* :

– J'ai demandé à vous voir, Monsieur le président, pour vous parler du cas Robert Boulin. C'est une mauvaise affaire. C'est le 18 juin dernier que j'ai trouvé plusieurs fiches d'appels téléphoniques urgents de Boulin demandant à me voir. Je l'ai reçu le jour même, d'abord en tête-à-tête, puis en présence d'un de mes collaborateurs et du directeur des affaires criminelles. Il nous a raconté en détail son affaire, dans des termes tels que les participants lui ont dit n'avoir rien à craindre, car il était victime d'un escroc.

– Si une instruction judiciaire concernant Robert Boulin devait être ouverte, je lui demanderais de démissionner aussitôt du gouvernement, précise VGE. Il sera alors libre de se défendre devant la justice. Bien entendu, vous devez garder la même attitude et ne pas intervenir dans la procédure.

Dans la même conversation, les deux hommes parlent du comportement du juge Van Ruymbeke, qui semble particulièrement tenace, ce qui n'est guère courant à l'époque lorsque des personnalités politiques sont impliquées :

– Pourquoi le juge met-il autant de zèle ? demande alors VGE.

– Il aurait dit à des journalistes qu'il voulait *« se faire un ministre »*, rétorque Alain Peyrefitte. Mais professionnellement, il n'y a pas de reproche à lui faire.

Le président Giscard d'Estaing demandera d'ailleurs au Conseil supérieur de la magistrature de *« s'assurer du total respect de l'indépendance de l'autorité judiciaire dans le déroulement de la procédure »*. En mars 1980, le CSM estimait que le juge d'instruction avait exercé « en *toute indépendance les prérogatives qu'il tient de la loi »*.

Une indépendance qui amène le juge à resserrer son étau sur Robert Boulin. Le jour de sa mort, le ministre apprend que Van Ruymbeke va demander l'ouverture de ses comptes bancaires. Nous sommes le lundi 29 septembre 1979.

****

À 13 heures, ce jour-là, Robert Boulin déjeune au ministère en compagnie de son gendre et de son fils, Bertrand. Les deux hommes le trouvent décontracté. Autant qu'il est possible de l'être en tout cas lorsque l'on a des ennuis. Le ministre mange avec appétit. Parle de choses et d'autres, la conversation est anodine.

Deux heures plus tard, à 15 heures, Robert Boulin est dans son bureau. Il ouvre son coffre-fort et en retire plusieurs dossiers confidentiels. Il les confie à son garde du corps, qui les dépose dans sa voiture de fonction. Un quart d'heure après, Robert Boulin quitte le ministère, *« décontracté comme à son habitude »*, selon plusieurs témoins. Il se rend à son appartement du boulevard Maillot à Neuilly-sur-Seine où il croise sa femme avant de repartir :

– Je pars, j'ai un rendez-vous, lance-t-il à son épouse. Ne te fais pas de souci, j'espère que je n'arriverai pas trop tard. Sinon, j'essaierai de te joindre. Fais très attention à ce que je te dirai ou à ce que tu liras.

– Mais enfin, c'est insensé ! s'exclame Colette Boulin qui, à l'époque, ne comprend rien aux mystérieuses paroles de son mari.

– À tout à l'heure, j'espère. Je vais régler mes affaires.

C'est la dernière fois que Colette Boulin voit son mari. Dans la rue, en bas de l'appartement, Robert Boulin monte seul dans sa voiture, une Peugeot 305. Direction Montfort-l'Amaury dans les Yvelines.

En fin d'après-midi, un peu avant 18 heures, puis en début de soirée, vers 21 heures, plusieurs amis de Robert Boulin se rendent au domicile du ministre. Colette leur ouvre la porte. Elle n'est encore au courant de rien et ne sait pas que son mari, à cette heure-ci, est déjà mort. Ces proches demandent à Colette s'ils peuvent accéder au bureau privé de son époux :

Allez-y, dit-elle parfaitement confiante.

Elle connaît ces hommes et n'a aucune raison de refuser ce qu'ils demandent. Elle les laisse donc vaquer à leur guise dans le petit bureau privé du ministre, sans se préoccuper de ce qu'ils y font. Ils y restent plusieurs dizaines de minutes avant de repartir.

Le temps passe. Dans l'appartement du boulevard Maillot, les Boulin ne dorment pas. Robert n'est toujours pas rentré et n'a passé aucun coup de fil. Vers une heure du matin, Éric Burgeat, le gendre du ministre, pénètre à son tour dans le bureau de son beau-père. Il découvre dans la poubelle des papiers déchirés, fragments d'une lettre dont il parvient à recoller les morceaux : « *J'ai décidé de mettre fin à mes jours…* » Aussitôt, Éric Burgeat prend sa voiture et fonce vers le ministère de l'Intérieur pour alerter les autorités.

Au petit matin, les gendarmes découvrent le corps du ministre près de l'Étang Rompu, en forêt de Rambouillet. Robert Boulin est agenouillé, face contre terre, le visage immergé dans un peu plus de cinquante centimètres d'eau.

Il est 14 heures lorsque le cadavre arrive à l'institut médico-légal de Paris pour y être autopsié. Un examen radiologique est d'abord pratiqué : *« aucune trace de projectile »*, conclut très laconiquement le médecin. Ensuite, c'est au tour des docteurs Bailly et Deponge d'examiner le corps. *« Le poumon droit pèse 640 g, le poumon gauche 490 g,* peut-on lire dans leur rapport. *Ils sont le siège d'un œdème hydro-aérique diffus [...] qui est habituellement observé dans les asphyxies par submersion. »* De plus, l'estomac contient un *« liquide clair paraissant être de l'eau »*. Voici donc leurs conclusions, qui, pour longtemps, constitueront la version officielle : Robert Boulin s'est suicidé. Il est mort noyé après avoir absorbé du Valium, dont on a retrouvé des traces dans le sang.

La famille croit à cette version. La presse aussi, même si quelques interrogations transparaissent çà et là, durant les jours qui suivent le décès du ministre. Un homme qui se noie dans cinquante centimètres d'eau ? Étonnant, pensent certains, comme l'ancien journaliste du *Monde*, James Sarrazin, qui racontera en 2002* les pressions subies après des articles remettant un peu trop en cause le suicide. En novembre 1979, il sort du Palais de justice de Paris lorsque deux hommes qu'il ne connaît pas l'alpaguent et le maintiennent fermement contre une grille :

– Il est encore temps pour vous de tout arrêter, lui disent-ils en faisant référence à l'enquête à laquelle il

* Citations extraites de l'enquête « Le suicide était un crime » réalisée par Michel Despratx et Bernard Nicolas, diffusée par Canal + dans l'émission « 90 minutes » le mardi 15 janvier 2002.

se livre dans l'affaire Boulin. Il ne vous sera fait aucun mal, ni à vous ni à votre famille. Mais si vous n'arrêtez pas, il faut vous attendre au pire.

La menace est claire. Certains, à Paris, ne veulent pas que l'on s'intéresse de trop près à la mort de Robert Boulin. Officiellement, on cherche à expliquer que se noyer dans cinquante centimètres d'eau n'a rien d'étonnant. Le scénario des derniers instants du ministre est sans cesse rabâché : Robert Boulin a avalé des doses importantes de Valium dans sa voiture, puis il a marché vers l'Étang Rompu, en titubant. Sous l'effet de la drogue, il est tombé genoux contre terre, s'est affaissé, jusqu'à immerger son visage, et a finalement succombé à une noyade.

En 1983, cependant, sceptiques quant à ce scénario, les membres de la famille Boulin, qui jusque-là ne remettaient pas en cause la version du suicide, déposent une plainte. Ils viennent de tomber sur des photos montrant le visage tuméfié de Robert Boulin après sa mort. Le nez semble avoir saigné et l'on peut remarquer très nettement plusieurs hématomes au visage, comme s'il avait été violemment frappé : et si le ministre ne s'était pas simplement suicidé comme on avait voulu le faire croire mais avait été assassiné ?

Colette Boulin en acquiert la conviction et multiplie les déclarations à la presse :

– J'ai été mariée pendant trente-cinq ans avec lui, explique-t-elle dans le *Parisien* en 1984, et il y a des canaux secrets entre un époux et une épouse. Je suis persuadée qu'il y a eu une manœuvre politique pour le faire tomber. Il avait pris la résolution de se défendre et il en est mort.

On peut bien sûr penser que la famille a changé d'avis parce qu'il est toujours très difficile d'accepter qu'un proche ait volontairement mis fin à ses jours. Mais en l'occurrence, l'explication est trop facile, car les interrogations sur la mort de Robert Boulin tout comme les bizarreries et les négligences de l'enquête sont trop nombreuses pour être occultées.

****

Une semaine avant sa mort, Robert Boulin est l'invité du *Club de la presse* sur Europe 1. Pendant l'émission, interrogé sur l'affaire de Ramatuelle et la campagne menée contre lui, il déclare :

– Je suis transparent dans cette affaire [...]. J'ai l'âme et la conscience tranquilles. J'ai été exemplaire et peut-être plus encore que vous ne pouvez le penser, parce qu'il y a des choses que je ne peux pas dire ici.

Après l'émission, les journalistes et leur invité se retrouvent quelques instants autour d'un verre. Ivan Levaï se souvient* de ce jour-là :

– Robert Boulin m'a dit : *« J'ai encore quarante-huit heures difficiles, mais la semaine prochaine mes calomniateurs seront réduits à raison. »*

Que signifient ces phrases lancées par le ministre ? Certainement pas en tout cas qu'il songe à se suicider ! Pas besoin d'être fin psychologue pour comprendre que ce n'est pas l'attitude d'une personne déprimée

* *Op.cit.* page 282.

ou en détresse morale sur le point de mettre fin à ses jours. À l'époque, le tout-Paris médiatique est d'ailleurs persuadé que Robert Boulin s'apprête à faire la preuve de son innocence et surtout à dire qui, parmi ses « amis » politiques, lui en veut au point d'avoir lancé une véritable campagne pour le faire tomber sur une affaire immobilière. Et comme la meilleure défense, c'est l'attaque, le ministre semble bien décidé à faire front, à tenir tête à ses adversaires, quitte, si cela est nécessaire, à « balancer » des personnalités ayant des choses à se reprocher dans son propre camp... Rétrospectivement, beaucoup pensent que ce dimanche-là, sur les ondes françaises, Robert Boulin vient de signer son arrêt de mort.

Quelles sont les révélations que le ministre aurait pu faire ? Nul ne le sait, car les dossiers confidentiels que Robert Boulin avait retirés de son coffre au ministère puis déposés à son domicile n'ont jamais été retrouvés. Mais, Henri Tournet* pense savoir :

– Il m'avait dit : *« J'ai des dossiers, alors qu'on ne m'emmerde pas ! »* Des dossiers sur la Sécurité sociale, sur le financement des partis politiques et sur les avions renifleurs aussi, je crois.

Assassinat politique ? Le mobile, en tout cas, est crédible.

En 1983, lorsque la famille dépose une plainte, elle souhaite que le corps de Robert Boulin soit exhumé afin qu'une nouvelle autopsie puisse être pratiquée. La première expertise médico-légale avait en effet laissé

---

* *Op.cit.* page 282.

subsister de trop nombreux doutes, à tel point qu'il est permis de se demander si tout n'a pas été fait pour dissimuler les véritables causes de la mort. Ainsi, l'examen du crâne *« n'a pas été effectué sur directives de Monsieur le procureur de la République »* ainsi que le précisent les médecins dans leur rapport, comme s'ils voulaient avec cette petite phrase se « couvrir » en cas de contestation. Cet examen crânien est pourtant préconisé dans toute autopsie et il est rarissime qu'un procureur prenne la peine de donner des « directives » aux médecins légistes. Résultat : alors qu'en 1979, la première autopsie n'avait – et pour cause – rien signalé d'anormal, le second examen de 1983 démontre que le visage présente deux fractures importantes…

« La tête a heurté un rocher lorsque nous avons sorti le corps de l'eau », tente alors de justifier un policier. Une affirmation vivement démentie par plusieurs personnes qui étaient sur place ce jour-là :

– Elle n'a rien heurté du tout, affirme sans aucune hésitation Jean Tirlet*, ancien adjoint au maire de Saint-Léger-en-Yvelines. Du reste, il était à genoux, on l'a mis sur le dos. Même s'il avait heurté quelque chose, ç'aurait été le dos. Et puis il n'y a pas de rochers, ici, dit-il en embrassant du regard l'Étang Rompu. Quand on voit l'état du corps tel que je l'ai vu sur le coup, on ne peut que se dire : « Mince ! Ce gars-là, il a pris une trempe ! »

Un gendarme, le premier à être arrivé sur place, et qui aujourd'hui encore souhaite garder l'anonymat par peur d'éventuelles représailles, confirme :

* *Op.cit.* page 282.

– Il n'a rien heurté pour la bonne raison qu'il n'y avait rien à heurter. J'ai ouvert tout de suite la chemise (du cadavre, NDA) pour voir s'il n'y avait pas de trous parce que j'ai cru qu'on l'avait flingué !

Ce même gendarme fait également un autre constat devant les caméras des journalistes qui l'ont retrouvé :

– J'ai trouvé des traces de pas qui allaient à l'étang et qui en revenaient. Mais ça n'a pas eu l'air d'intéresser la police.

– Votre conviction, c'est que le corps a été transporté ?

– À mon avis, oui. Il n'est pas venu jusqu'ici tout seul.

Mais jamais, à aucun moment de l'enquête qui suivra, ces traces ne seront prises en considération. Pas plus que n'ont été relevées les empreintes digitales que le gendarme a pu voir sur la carrosserie de la voiture de Robert Boulin. Pas plus que n'ont été examinés les mégots de Gauloises retrouvés à la place du passager… alors que le ministre ne fumait pas. Autant d'indices que le gendarme relève mais qui ne servent à rien, car immédiatement après la découverte du corps, la gendarmerie est dessaisie de l'enquête, qui est alors confiée à la SRPJ de Versailles :

– Je pense qu'on s'est dit : *« Il faut dégager les gendarmes, ces cons-là, ils sont capables de trouver la vérité ! »*, analyse rétrospectivement un témoin.

Malheureusement, ce ne sont pas les seules aberrations que l'on peut noter dans l'enquête et dans l'autopsie. Il y avait un moyen simple de prouver la mort par noyade : effectuer une analyse de l'eau contenue dans les poumons. L'eau des étangs contient des diatomées, c'est-à-dire des microalgues dont la composition est spécifique à chaque étang. Or, en 1979, les médecins n'ont ni relevé ni analysé ces diatomées, procédure pourtant basique dès lors que l'on a affaire à une mort par noyade. Pourquoi cela n'a-t-il pas été fait ? Mystère. Il y aurait eu une nouvelle chance à saisir lors de la seconde autopsie : les poumons, les viscères et un échantillon de sang avaient en effet été conservés dans des bocaux en vue d'un éventuel examen complémentaire. Mais en 1983, manque de chance, il est impossible de remettre la main sur ces prélèvements. Ils ont tout bonnement disparu… et avec eux les preuves du suicide… ou de l'assassinat.

Autre étrangeté : les médecins ayant réalisé la première autopsie ne semblent pas s'émouvoir un seul instant du fait que les « lividités cadavériques » se trouvent sur le dos de Robert Boulin et non sur le devant du corps. Les lividités sont un phénomène pourtant bien connu des médecins légistes : ce sont des petites taches cutanées qui apparaissent quelques heures après la mort, lorsque le sang, sous l'effet de la pesanteur, vient se concentrer dans les points les plus bas du corps. Et comme Robert Boulin a été retrouvé à genoux, face contre terre, sur le ventre, ces lividités auraient dû se trouver sur le devant du corps. Ce qui n'est pas le cas.

Ancien médecin légiste, aujourd'hui retraitée, Juliette Garat*, qui avait analysé les échantillons de sang, n'hésite pas une seule seconde :

---

* *Op.cit.* page 282.

– Cela signifie que le corps a été manipulé, déplacé. Or, jusqu'à preuve du contraire, un mort ne bouge pas… Autrement dit, ces lividités sont une preuve que Robert Boulin n'est pas mort dans cette position, voire qu'il n'est pas mort à cet endroit-là et donc… qu'on l'a assassiné.

Par ailleurs, comment expliquer la blessure découverte sur le poignet droit de Robert Boulin ? Les premiers médecins légistes parlent d'une plaie ancienne en voie de cicatrisation. Mais il suffit d'observer les photographies du cadavre pour se rendre compte que la plaie n'est pas du tout en voie de cicatrisation tant elle paraît profonde et nette. De plus, Robert Boulin était régulièrement massé par un kinésithérapeute attitré. Or, la veille de sa mort, le ministre avait eu une séance et son masseur a toujours affirmé ne pas avoir remarqué cette plaie.

– Est-ce que votre conviction, c'est que Robert Boulin a été assassiné ? demandent les journalistes de Canal +.

Très long silence. Et puis, Juliette Garat, l'ancienne légiste, répond :

– Je ne peux pas ne pas dire oui.

****

Alors ? Et si, en dépit de la thèse officielle, Robert Boulin ne s'était pas suicidé comme ses amis politiques l'ont toujours affirmé mais avait été assassiné ? Pourquoi a-t-on, dès le départ, l'étrange sentiment que l'enquête de police n'a pas été menée dans les règles de l'art mais a été volontairement orientée pour conclure au suicide fort arrangeant pour tout le monde ? Peut-être parce que, outre l'autopsie, qui est devenue dans les annales de la médecine légale l'archétype du ratage, la justice n'a pas non plus pris en compte tous les témoignages à sa disposition. Dès 1988, en effet, un étrange personnage, Herman Stromberg, avait été entendu par les autorités. Il avait alors fait de très intéressantes confidences.

Dans sa déposition, cet ancien membre du SAC, ce « barbouze », qui, sa vie durant, a nagé dans les eaux troubles aux frontières de la politique et de l'action musclée, avait levé le voile sur un mystère : l'emploi du temps de Robert Boulin le 29 septembre 1979, entre 15 heures 30 – heure de départ de son domicile de Neuilly – et la soirée où il s'est rendu dans les Yvelines et y a trouvé la mort. Herman Stromberg avait raconté ce qu'il savait à la police et à un journaliste de l'*Humanité* :

– J'étais là quand Robert Boulin a été tué, avait déclaré le barbouze.

Dans sa déposition devant les autorités – déposition qui, curieusement, n'a jamais été utilisée par la justice –, il avait expliqué en détail le déroulement de l'après-midi. Il avait, dit-il, rejoint Robert Boulin dans les Yvelines, où il l'avait trouvé en discussion avec le garde des Sceaux, Alain Peyrefitte, et avec le ministre de l'Intérieur, Christian Bonnet. Après quelques palabres, Peyrefitte et Bonnet repartent vers Paris, tandis que Boulin reprend sa voiture, suivi de Stromberg. Il se dirige vers Saint-Léger-en-Yvelines, à quelques kilomètres de là. Les véhicules stationnent un peu plus loin, en pleine forêt de Rambouillet, un lieu discret pour une rencontre confidentielle. Robert Boulin y a un rendez-vous secret avec Henri Tournet, « l'ami » et homme d'affaires à l'origine de ses ennuis. L'objectif, explique alors Stromberg, est de faire sortir Tournet de France avec l'aide de policiers qui se trouvent également au rendez-vous. Quelques minutes plus tard, deux autres voitures, immatriculées en Suisse et en Allemagne, arrivent à leur tour sur les lieux. Ernst Siegrist, un associé de Tournet, descend du premier véhicule accompagné de plusieurs gardes du corps. Un certain Kopp, truand qui sera impliqué quelques années plus tard dans un trafic international de drogue lié à la *French Connection*, descend de la seconde voiture.

Siegrist se mêle alors à la conversation entre Boulin et Tournet, qui ne tarde pas à laisser les deux hommes seuls et à s'en aller en voiture. Stromberg déclare alors avoir vu Robert Boulin partir à pied dans la forêt avec Siegrist et ses gorilles. Quelques minutes plus tard, il voit l'homme d'affaires suisse revenir avec ses gardes du corps mais sans Robert Boulin. Ceux-ci montent dans leur voiture et repartent aussitôt, suivis de Kopp.

Stromberg, trouvant cela bien étrange, prend le chemin par lequel les hommes se sont éloignés, et découvre un peu plus loin le corps de Robert Boulin. Le ministre est mort.

Jamais cette version de la journée du 29 octobre 1979 n'a été démentie. Ni par Alain Peyrefitte, ni par Christian Bonnet. Seul Henri Tournet, l'homme d'affaires condamné à quinze ans de prison par contumace pour l'affaire immobilière de Ramatuelle, continue de nier* :

– Je n'étais pas à ce rendez-vous décrit par Stromberg. Et même si j'y avais été, qu'est-ce que ça changerait ?

Cela changerait tout. Car si Tournet confirmait cette version des faits, l'affaire Boulin serait à reconsidérer sous un tout autre angle : le ministre ne se serait effectivement pas suicidé mais aurait bel et bien été assassiné. Cela ne ferait plus aucun doute.

Henri Tournet, qui a trouvé refuge au Chili pour échapper à la justice, en sait manifestement beaucoup plus qu'il ne veut en dire. D'ailleurs, on peut aussi s'étonner : pourquoi la France n'a-t-elle jamais demandé son extradition alors que tout le monde sait pertinemment où il se trouve ?

– Je crois que la France, les hommes politiques et le gaullisme en général ont intérêt à ce que je ne parle pas de l'affaire Boulin, répond-il aux journalistes de Canal + venus l'interviewer à son domicile de Santiago.

– Qu'est-ce que vous pourriez dire ?

– Dire que c'est un montage [...], qu'on a égaré la justice de façon très grave et qu'il y a eu meurtre.

Si beaucoup aujourd'hui sont persuadés que Robert Boulin a été assassiné, il reste néanmoins un mystère :

* *Op.cit.* page 282.

les lettres tapées à la machine et – prétendument – envoyées par Robert Boulin à l'Agence France-Presse et à plusieurs de ses amis. Certains des exemplaires de ce courrier, qui débutait par : *« J'ai décidé de mettre fin à mes jours... »*, comportaient également des mentions manuscrites, le plus souvent du genre *« Bien amicalement »*, avec une signature ressemblant effectivement à celle du ministre. On pouvait même y lire : *« J'ai décidé de me noyer dans un lac de la forêt de Rambouillet, où j'aimais faire du cheval. Ma voiture, une Peugeot 305, qui sera au bord, est immatriculée 651 GX 92. »* Éléments troublants qui, jusqu'à présent, constituaient les principaux arguments de la thèse du suicide. Mais là encore, l'enquête menée par Michel Despratx et Bernard Nicolas vient mettre à mal ce que d'aucuns considéraient comme des preuves.

Un ancien garde du corps raconte ainsi :

– J'imitais la signature (de Robert Boulin, NDA), mais je n'étais pas le seul. Et même on imitait éventuellement son écriture pour personnaliser le fond d'une lettre.

Ce témoin explique également que d'autres membres de l'équipe de Robert Boulin, comme son directeur de cabinet, recouraient régulièrement à cette pratique afin de faire gagner du temps au ministre. Voilà qui pose problème dans une enquête judiciaire, car si plusieurs personnes connaissaient l'écriture de Robert Boulin au point de l'imiter, il devient évidemment impossible de considérer ces mentions manuscrites comme des éléments de preuve.

D'autant qu'il y a un autre fait extrêmement troublant : la lettre originale n'a jamais été retrouvée, tous les courriers reçus n'étant que des photocopies. Le ruban de la machine à écrire du domicile de Robert Boulin a certes été saisi, mais, comme par hasard, a étrangement disparu, égaré dans les locaux de la SRPJ de Versailles !

Et si Robert Boulin n'a pas été assassiné, comment expliquer alors les réactions que sa mort a entraînées au sein des milieux politiques de l'époque ? Colette Boulin avait par exemple reçu la visite d'Achille Peretti, maire de Neuilly-sur-Seine dans ces années-là. Un témoin qui avait assisté à cette conversation raconte* :

– Achille Peretti lui a dit : *« Taisez-vous, ne dites rien ! Vous voulez un million, deux millions, trois millions ? Dites-le-moi, j'ai le feu vert. Mais surtout, taisez-vous ! Vous ne voudriez pas que Bertrand* (le fils de Colette et Robert Boulin, NDA) *finisse comme Robert ? »*

Quelques jours avant sa mort, Robert Boulin était dans sa ville de Libourne chez un ami restaurateur, Jacques Douté, qui a livré ses souvenirs, en décembre 2002, au journal *Sud-Ouest.* Plus de vingt ans après, il raconte qu'un vendredi soir de la seconde moitié du mois de septembre, il a entendu une conversation téléphonique entre Robert Boulin et un correspondant parisien, ministre en exercice.

– Ce n'était pas, mais alors pas du tout amical, se souvient-il. J'ai retenu deux choses. Il (le correspondant parisien, NDA) lui disait : *« Écoute, arrête absolument tes projets. Parce que le "grand" est prêt à tout… »*

Quelques jours après ce coup de fil, en pleine tempête médiatique, Jacques Douté parle avec son ami Robert Boulin et lui dit :

– Robert, il faudrait te méfier quand même…

– Oui, je sais, ils veulent m'assassiner, répond Boulin.

Huit jours après la découverte du cadavre en forêt de Rambouillet, Jacques Douté est à Paris, où il déjeune avec Jacques Paquet, un ancien chef de cabinet de Robert Boulin. En sortant du restaurant, il constate que sa voiture a été fracturée et que des dossiers ont été volés. Quelques minutes plus tard, c'est au tour de Jacques Paquet de faire le même constat : son domicile a été fracturé et des dossiers ont été dérobés.

Jacques Douté prend cela comme un avertissement.

– À l'époque, j'avais mes affaires, une femme, des enfants… Je n'ai rien dit, reconnaît-il.

Dans le même ordre d'idée, le beau-frère de Robert Boulin aurait été prévenu à l'époque par un mystérieux informateur que quelque chose se tramait contre le ministre. Un informateur qui travaillait alors pour des services préfectoraux et qui avait accès à des écoutes téléphoniques. Il aurait contacté à plusieurs reprises le beau-frère du ministre pour le mettre en garde, lui disant même lors de son dernier coup de fil :

– Avertissez-le (Robert Boulin, NDA). Il n'est pas assez prudent. La date se précise.

Jamais ces témoignages n'ont été pris en compte dans l'enquête. Pourquoi ? Mystère. On aurait voulu étouffer l'affaire que l'on ne s'y serait pas pris autrement.

En octobre 2002, après la diffusion de l'enquête des deux journalistes dans l'émission *90 minutes* sur Canal +, Fabienne Burgeat-Boulin, la fille du ministre réagit :

– Il y a soixante anomalies qui sont écrasantes contre la thèse officielle et qui font qu'il est indigne de la part de la justice de maintenir l'idée du suicide.

Dans le même temps, deux semaines avant la prescription de l'affaire, elle écrit une lettre ouverte au garde des Sceaux, Dominique Perben :

« Le 30 octobre 1979, le corps de Robert Boulin, ministre du Travail en exercice, est retrouvé dans les eaux d'un étang près de Rambouillet. Le 15 décembre prochain, le dossier judiciaire sur la mort de Robert Boulin sera définitivement clos. Depuis vingt-trois ans, la famille Boulin se bat afin que soient élucidées les circonstances de ce décès, présenté avant toute enquête comme un suicide par noyade. Depuis vingt-trois ans, la famille Boulin interpelle la justice, en pointant les incroyables défauts d'une instruction bâclée. Récemment, une enquête journalistique a confirmé l'impossibilité du suicide de Robert Boulin [...]. Nous attendons de la justice française qu'elle s'honore en faisant la lumière sur la mort d'un homme qui fut ministre de la République quinze ans durant. Elle prouverait ainsi qu'aucune affaire d'État n'est jamais enterrée dans notre pays. »

Le 29 octobre de cette même année, le Parquet général de Paris ordonne finalement l'audition de quatre des témoins cités dans l'enquête des journalistes Despratx et Nicolas. Un acte qui, de fait, met fin à la prescription. À partir de cette date, la justice dispose à nouveau d'un délai de dix ans pour rouvrir l'enquête sur la mort de Robert Boulin.

Compte tenu du nombre impressionnant de négligences, de preuves perdues et de nouveaux témoignages, la réouverture d'une enquête semblerait vivement souhaitable. La justice s'y honorerait assurément, même si pratiquement un quart de siècle après, il paraît bien difficile de lever le voile sur ce qui apparaît comme l'un des plus épais mystères de la Ve République.

Les Disparues de l'Yonne : crimes sous silence

Sept jeunes déficientes mentales disparaissent mystérieusement dans les années 70. Au début des années 80, un gendarme soupçonne Émile Louis, un ancien chauffeur de bus connaissant toutes les disparues. L'enquête se perd mystérieusement dans le palais de justice d'Auxerre. Il faut attendre 1999 pour que des citoyens ordinaires fassent rouvrir ce dossier classé trop hâtivement. Émile Louis avoue… puis se rétracte. À ce jour, seulement deux corps ont été retrouvés.

Il fait gris et froid. La terre est dure et les pelles s'enfoncent difficilement dans le sol. En ce 18 décembre, la campagne auxerroise est plutôt triste et les enquêteurs fouillent la terre depuis plusieurs dizaines de minutes lorsqu'un morceau d'os apparaît. L'adjudant-chef Guy Potard et le maréchal des logis chef Patrice Barou sentent qu'ils touchent au but. Quelques minutes plus tard, un avant-bras, un fémur et un bassin sont exhumés.

La découverte macabre a eu lieu à l'endroit précis décrit par Émile Louis* quatre jours plus tôt au palais

* En vertu de la loi sur la présomption d'innocence, Émile Louis est présumé innocent dans les affaires pour lesquelles il n'a pas été jugé.

de justice d'Auxerre devant le juge Benoît Lewandowski. Quelques jours après, le 4 janvier 2001, les fouilles du champ reprennent. Les gendarmes exhument un nouveau squelette de femme. Ainsi que le premier corps, celui-ci est placé sur le dos, les mains attachées. Dans les deux cas, un slip de femme qui avait servi de bâillon se trouve encore dans la bouche des victimes. Le champ est entièrement retourné et les enquêteurs mettent également au jour des restes de vêtements et de vieux bijoux sans valeur. Les objets semblent être ici depuis longtemps. Très longtemps. À l'évidence, plusieurs dizaines d'années. Les vêtements, d'ailleurs, sont ceux qui étaient à la mode dans les années 70.

****

Françoise Lemoine est une petite brune. Elle fait partie de ces femmes au physique peu avantageux et sur lesquelles on ne se retourne pas dans la rue. À 27 ans, son visage porte déjà les stigmates d'une vie difficile. Enfant, elle habite Chablis, dans une HLM, avec des parents chômeurs et alcooliques. Le foyer est modeste, les parents ne parviennent plus à faire face à leurs responsabilités et les services sociaux décident d'éloigner les enfants. Avec ses trois sœurs, Françoise passe donc son adolescence dans les foyers de la DDASS. Jamais elle ne parvient à trouver la stabilité et la chaleur d'une famille même lorsqu'elle reste quelque temps chez des nourrices.

Dans l'Yonne, les nourrices sont un véritable commerce. Lorsqu'elles prennent en charge des enfants de la DDASS, les familles sont rémunérées. L'affection, au fond, tient souvent bien peu de place dans tout cela.

Nombre d'adolescents ne rêvent que d'une chose : partir, fonder une vraie famille, avoir une maison à soi, gagner de l'argent et faire sa vie au plus vite. Mais il arrive que les rêves tournent court. C'est le cas pour Françoise, qui se marie rapidement et divorce presque aussitôt. Entre-temps, elle a un enfant, une fille, qu'elle confie immédiatement à la DDASS, s'estimant incapable de s'en occuper.

Sans doute n'a-t-elle pas tort : la jeune femme ne travaille pas et n'a pas d'argent pour élever son enfant. L'après-midi, elle déambule sans but dans les rues d'Auxerre et va régulièrement boire un verre dans un café, le *Niki Bar*. L'établissement se trouve rue Desmoulins, juste en face des *Rapides de Bourgogne*, une société de transports scolaires. Là, elle croise un homme qui porte une blouse de conducteur de cars. Il s'appelle Émile. Bien vite, la conversation s'engage entre cette jeune femme, à qui les hommes ne font pas peur, et le chauffeur de bus, à qui l'on donnerait le Bon Dieu sans confession. Émile est avenant et la conversation ne tarde pas à se faire plus intime :

– Moi aussi, j'ai été élevé à la DDASS, lui explique-t-il.

À cette seule phrase, le cœur de Françoise est gagné. Émile est presque comme un père. Il sait écouter et semble réellement intéressé par les problèmes de la jeune femme :

– Je n'ai pas de travail et plus beaucoup d'argent. Si tu entends parler de quelque chose… lance Françoise.

Voilà qui n'est pas tombé dans l'oreille d'un sourd. Quelques semaines plus tard, Émile sonne à la porte des parents de Françoise, à Chablis.

– J'ai trouvé un travail pour toi, Françoise. Un poste dans les ateliers de charcuterie Davignon.

Le vent aurait-il tourné ? Toujours est-il que la jeune femme semble enfin avoir de la chance. Et qu'elle est redevable à son « ami » Émile : elle devient sa maîtresse. Nous sommes alors en 1973. Chaque soir ou presque, le chauffeur de bus vient chercher la jeune femme à la sortie de son travail.

L'aventure amoureuse est de courte durée, d'autant qu'Émile est marié et qu'il n'a aucunement l'intention de quitter son épouse pour rejoindre Françoise. Un an plus tard, en janvier 1975, la jeune femme tente de rompre. Certes, Émile lui a donné un joli coup de main, certes, il a parfois su l'écouter, mais Françoise, au fil des mois, a cessé de l'aimer, si tant est qu'il y ait jamais eu d'amour entre eux. La différence d'âge est importante et puis, surtout, Émile n'est plus le même homme qu'au début : sans doute devient-il violent, notamment dans les moments d'intimité amoureuse où elle aimerait trouver de la douceur et de la tendresse. La jeune femme essaie alors d'échapper à l'influence d'Émile Louis. Elle ne veut plus le revoir. Pour cela, le meilleur moyen, c'est encore de quitter son travail à l'abattoir. Ne plus donner signe de vie, disparaître quelque temps en espérant qu'il finisse par se lasser. Émile aura beau venir la chercher le soir, il ne la trouvera pas. Françoise a passé plusieurs années chez les Marceau, la seule famille d'accueil dont elle garde un bon souvenir et à qui elle continue de donner des nouvelles de temps à autre. Elle décide donc d'y retourner, persuadée de pouvoir y être tranquille : un endroit où son amant ne la retrouvera pas. Erreur…

Dix ans plus tard, en 1984, un gendarme, Christian Jambert, mène l'enquête sur les disparues de l'Yonne :

– Quand avez-vous vu Françoise Lemoine pour la dernière fois ? demande le gendarme à Gaston Marceau, le fils de cette famille d'accueil.

– Lorsqu'elle est venue la dernière fois, elle est arrivée sans crier gare, en taxi. On aurait dit qu'elle voulait se cacher. Elle est restée comme ça au moins un mois chez nous. On sentait bien qu'elle se cachait de quelqu'un. Puis, est arrivée sa mère, de Chablis, accompagnée d'un homme d'une cinquantaine d'années. Ils venaient la chercher. Françoise ne s'attendait pas à leur arrivée et n'a pas voulu les suivre : elle s'est cachée dans une chambre. Elle ne voulait pas partir avec eux. Mais l'homme a insisté et a même fait monter Françoise à côté de lui, devant. Françoise a laissé des affaires et, sous l'influence de sa mère, elle est partie, poussée par cet homme. Quant à lui, il s'agit bien de l'homme dont vous me montrez la photo… Nous avons vu son nom dans le journal lorsqu'il a été arrêté par la gendarmerie : M. Émile Louis.

Tant bien que mal, l'étrange couple se reforme. En tout cas, pendant quelques mois.

– Un jour, cette femme – Françoise Lemoine – me fut présentée par Émile Louis en tant que femme de ménage, se rappelle Monique Grabowski, l'ancienne tenancière du *Niki Bar*. Je la logeai donc deux nuits. Le troisième jour, ne la voyant pas revenir, j'en informai M. Louis, qui me pria de lui donner les affaires de Françoise Lemoine afin qu'il les lui remette. Il m'avait dit qu'il savait où la trouver.

Émile Louis ne ment pas. Il sait effectivement où se trouve Françoise, du moins si l'on en croit les premières versions de ses aveux : enterrée dans un champ près d'Auxerre. Morte. Lors de sa garde à vue, le 13 décembre 2000, le chauffeur de bus raconte tout : sa relation avec Françoise, leur habitude d'aller faire l'amour dans la campagne près d'une rivière, et le reste… l'horreur, l'indicible. Émile Louis reviendra sur ses aveux, dont la précision est néanmoins plus que troublante.

– Nous avons fait l'amour sur une sorte de petite plage au bord du Serein. Je ne sais pas ce qui s'est passé, je n'étais plus moi-même. Je ne me souviens plus dans quelles circonstances j'ai été amené à la tuer. Je ne me rendais compte de rien. J'étais habité par un autre. Cette force me poussait au mal, me poussait à tuer. Je ne sais pas comment je l'ai tuée. Après, j'étais au pied de son corps, je l'ai appelée pour la réveiller. Elle n'a pas répondu. Je pense être resté auprès de son corps pendant une demi-heure. Après, la

« bestiole » m'a quitté. J'ai réalisé que j'avais fait une connerie. Françoise ne respirait plus.

Sans perdre son sang-froid, le chauffeur de bus tire alors le corps de sa maîtresse sur plusieurs mètres pour le dissimuler sous des branches. Le lendemain, il revient sur les lieux et enterre le cadavre nu avec les vêtements autour.

Françoise Lemoine est la première victime de celui qui est, en dépit de son apparence de grand-père tranquille - et si l'on croit les enquêteurs - l'un des tueurs en série français les plus meurtriers de ces dernières années. Au total, ils pensent qu'entre 1975 et le début des années 80, Émile Louis a fait au moins sept victimes…

Lors de sa garde à vue, en décembre 2000, l'homme de 66 ans qui tente de se faire passer pour un pauvre vieillard avoue le viol et l'assassinat de toutes ces jeunes femmes : Françoise Lemoine, 28 ans, disparue en 1975 ; Christine Marlot, 15 ans, disparue le 23 janvier 1977 ; Jacqueline Weiss, 19 ans, disparue le 4 avril 1977 ; Chantal Gras, 18 ans, disparue le 22 avril 1977 ; Madeleine Dejust, 21 ans, disparue en juillet 1977 ; Bernadette Lemoine, la sœur de Françoise, 18 ans, disparue en juillet 1977 ; Martine Renault, 16 ans, disparue le 26 septembre 1979.

Triste litanie qu'Émile Louis égrène à deux reprises. La première fois, le 13 décembre 2000, il avoue ces crimes devant les gendarmes. La seconde fois, le 14 décembre, il confirme ses aveux devant le juge Lewandowski au tribunal d'Auxerre. Au cours de ces aveux, qui, il convient de le souligner, ont été d'une extrême précision, Émile Louis fournit un détail sur l'endroit où sont enterrés certains des corps. Il est emmené sur les lieux qu'il désigne.

Je ne crois pas me tromper, dit-il aux enquêteurs. Même si en vingt ans, la nature a changé et que certains endroits ont été détruits par les crues.

C'est cette information qui permettra aux enquêteurs, une semaine plus tard, d'exhumer deux corps. Les deux premiers et les deux seuls – à l'heure actuelle – à avoir été retrouvés.

Pourtant, le 16 janvier, Émile Louis revient sur ses aveux. Devant le juge Lewandowski, et avec l'assistance d'un avocat commis d'office – dont il n'avait pas pu bénéficier durant les premiers jours de sa garde à vue en raison d'une grève – il nie en bloc avoir enlevé, violé et tué les jeunes femmes disparues. Pourquoi, dans ces conditions, Emile Louis a-t-il avoué un mois plut tôt ? « La pression », répond la défense.

L'ancien chauffeur tente de se construire une respectabilité, mais ses tentatives semblent bien vaines. Émile Louis a derrière lui un passé dont chaque étape est une preuve de sa personnalité troublée. En 1983, la justice le condamne ainsi une première fois à cinq ans de prison pour des agressions sexuelles sur des mineures et à l'interdiction à vie de séjourner dans le département de l'Yonne. En 1989, il est à nouveau condamné durant cinq ans pour s'être livré à des attouchements sexuels sur un garçon et une fille d'une dizaine d'années dans le Var, département où il s'est établi depuis sa dernière sortie de prison. Il est évidemment légitime de s'interroger : avec de tels antécédents judiciaires, comment se fait-il qu'Émile Louis n'ait pas été confondu plus tôt ? Il aura en effet fallu plus de vingt ans pour que la justice commence à s'intéresser au sort des sept jeunes femmes disparues. Et encore a-t-il fallu, dans ce que l'on nomme désormais l'affaire des « Disparues de l'Yonne », l'obstination acharnée de deux hommes, le gendarme Jambert et le simple citoyen Pierre Monnoir, pour qu'enfin, Émile Louis soit mis en cause.

****

26 septembre 1979. En cette fin d'été, il fait encore beau. À 16 ans, Martine n'est pas encore une femme, mais déjà, elle porte des robes légères et apprécie la compagnie masculine. Cette élève du foyer *La Maison de L'Enfance de Montmercy* est scolarisée en « section spéciale », comme on appelle pudiquement les classes destinées à accueillir les jeunes intellectuellement déficients. De l'aveu même de ses camarades, Martine n'est pourtant pas idiote ni en retard sur les choses de la vie, loin s'en faut. Et même du genre à aller flirter facilement avec n'importe quel garçon.

– Je vais chez le dentiste ! lance Martine à la cantonade.

Rien d'étonnant. Nous sommes en effet mercredi après-midi et le foyer vit au ralenti. Il n'y a pas cours, la directrice de l'établissement s'est absentée pour quelques heures et les élèves peuvent disposer de l'après-midi à leur guise.

– Reviens Martine ! Tu ne vas tout de même pas aller en ville avec ton tablier de cuisine ! crie l'une des surveillantes du foyer.

En entendant son prénom, la jeune fille se retourne. Elle fait marche arrière et revient poser son tablier. Tranquillement, comme si de rien n'était. Pourtant, aujourd'hui, elle a un rendez-vous secret. Avec un homme, un vrai, pas avec un camarade de son âge, pas avec un môme ! Oui, Martine croit avoir rendez-vous avec un homme. Ce sera avec la mort.

Il est environ 16 h lorsque l'adolescente franchit la grille du foyer. À deux cents mètres de là, à peu près au même moment, dans un virage, à côté de la petite route départementale, il y a une forêt. Deux garçonnets rentrent d'une balade et retournent au foyer pour goûter, lorsqu'ils remarquent une voiture garée sur le bas-côté :

– Je cherche mon chien, explique le propriétaire de la voiture, visiblement gêné d'avoir été aperçu ici. Vous ne l'avez pas vu ? demande-t-il aux deux enfants.

– Non, m'sieur… On n'a pas vu votre chien. Au revoir !

L'homme en question, c'est Émile Louis. Vu par hasard par les deux enfants à côté du foyer le jour où Martine Renault disparaît.

Émile Louis a-t-il organisé la « fugue » de Martine ? C'est l'une des questions que se pose très rapidement Christian Jambert. Ce gendarme, maréchal des logis chef à la Brigade de recherches d'Auxerre, est avisé de la disparition de Martine Renault par la DDASS. Les services sociaux concluent à une simple fugue, mais préfèrent prévenir la gendarmerie, car la jeune fille est encore mineure.

Très vite, Christian Jambert soupçonne Émile Louis. Tous les témoignages recueillis à l'époque par le gendarme conduisent en effet jusqu'au chauffeur de bus. Étrange. Le gendarme possède un bon sens paysan : il sait que les coïncidences n'existent pas, surtout dans une affaire criminelle. Et, en l'occurrence, Jambert ne se fait aucune illusion : il est certain que Martine Renault n'a pas fugué, mais qu'elle a été enlevée et peut-être même tuée.

Ce qui le mène à une telle conclusion ? Deux témoignages essentiels.

Le premier est celui de la directrice du foyer scolaire :

– Cette disparition, qui pourrait passer pour une fugue, est tout à fait étrange, explique Jacqueline Michat au gendarme Jambert. Martine Renault n'était pas une fugueuse et elle avait tenu des propos, auparavant, laissant présumer qu'elle voulait rejoindre sa mère pour lui rendre visite. C'est ce qu'elle avait dit à une employée, la veille de sa disparition. Elle avait par ailleurs précisé à cette même employée qu'elle allait voir sa mère avec M. Louis, qu'elle avait nommément cité. Ma conviction est que le départ de Martine Renault, ce jour-là, était prémédité avec la complicité d'une personne. Elle n'était pas capable d'organiser seule son départ. Je ne vois vraiment que ce M. Louis pour l'avoir aidée dans son départ. Et son passage, justement à ce moment-là, à côté du foyer, est pour le moins troublant.

Témoignage explicite s'il en est, mais qui n'est rien à côté de celui que Christian Jambert recueille quelques jours plus tard de Simone Delagneau, l'épouse d'Émile Louis. S'ils ne sont pas encore divorcés, Simone et Émile n'habitent toutefois plus ensemble. Émile Louis n'est pas un homme agréable à vivre. Bourru et violent avec ses proches, il ne fait pas mystère de ses maîtresses : c'est un coureur de jupons, et sa femme le sait. Mais, malgré leurs relations distendues, le lendemain de la disparition de Martine, Émile Louis se rend dans le pavillon de Villefargeau, chez sa femme, à qui il demande une faveur :

– Après la disparition de Martine Renault, mon ex-époux est venu me voir. Il m'a textuellement demandé de dire que l'après-midi où cette jeune fille était partie, il était avec moi. J'ai trouvé cela bien étrange. Et puis, une autre fois, peu de temps après, j'ai revu mon mari. En pleurant, il m'a demandé une fois de plus de dire qu'il était chez moi l'après-midi de la disparition de la jeune fille.

Le témoignage de Simone Delagneau est capital. C'est la rencontre avec la femme d'Émile Louis qui conforte le gendarme Jambert dans ses premières certitudes sur la culpabilité du chauffeur de bus : pourquoi, sinon, serait-il venu quémander un alibi à sa femme ? Dès lors, l'enquêteur en est persuadé : Louis est un dangereux criminel, et il n'aura de cesse de le poursuivre jusqu'à la fin de sa vie. Christian Jambert en fait même une affaire personnelle, continuant d'enquêter sur Louis officieusement lorsque le dossier lui est retiré, surveillant à distance celui qu'il s'est juré de confondre. Mais, jamais de son vivant, malgré tous ses efforts, le gendarme Jambert ne verra le rêve de sa carrière se réaliser : mis à l'écart par sa hiérarchie, miné par la certitude d'avoir laissé un tueur en série dans la nature, il se suicide en 1997.

Dès les premiers temps de son enquête, Jambert a l'intuition qu'Émile Louis est le suspect numéro un. En octobre 1980, il transmet au parquet d'Auxerre un procès-verbal de « disparition suspecte » : pour la première fois, dans ce document, Jambert explique au procureur de la République que Martine Renault a certainement été assassinée. Le dossier est mis en attente. Un peu plus d'un mois après, il est classé sans suite ! Première défaillance – inexplicable et inacceptable – de la justice dans une affaire qui en comptera malheureusement bien d'autres.

Le gendarme Jambert doit attendre l'année 1981 pour qu'une nouvelle occasion de démasquer Émile Louis se présente. Le 5 juillet, dans le village de Rouvray, un cadavre de femme est retrouvé dans un entrepôt à bestiaux. Manifestement, cela fait plusieurs mois que le corps croupit sous un tas de fumier : il est presque totalement décomposé, mais un détail curieux est encore visible : les bras de la femme sont ligotés et une boule de tissu est enfoncée dans sa gorge. Aussitôt,

Jambert est persuadé qu'il s'agit du cadavre de la jeune Martine Renault :

– Enfin, je vais pouvoir relancer l'enquête et arrêter Émile Louis ! pense le gendarme.

Mais l'espoir est de courte durée. La vérification des empreintes dentaires suffit à prouver qu'il ne s'agit pas de Martine. Qui cela peut-il être ? Jambert a bien une petite idée. Il vient en effet de rencontrer Jacques Moreau. Ce commerçant est amoureux de la fille de Gilberte Binoches, la nouvelle maîtresse d'Émile Louis. En conséquence, Jacques Moreau se rend régulièrement dans leur maison et y croise le chauffeur de bus. La famille Binoches s'occupe d'une fille de la DDASS : Sylviane Durand-Lesage. Or, la jeune femme vient de disparaître sans laisser d'adresse. Pourtant, à 23 ans, elle n'a plus l'âge de faire de fugue ! Étrange disparition :

– Une de plus... songe Jacques Moreau.

Il décide de s'ouvrir de ses doutes au gendarme Jambert :

– J'ai entendu dire que plusieurs filles de la DDASS ont disparu du jour au lendemain sans que personne jamais ne les revoie, explique-t-il à son ami le gendarme... C'est une rumeur, mais il n'y a jamais de fumée sans feu ! Et puis, cette disparition de Sylviane... Tout cela est vraiment étrange...

Piqué au vif, l'enquêteur vérifie si les empreintes dentaires du cadavre de Rouvray sont identiques aux radios dentaires de la jeune Sylviane. C'est bien le cas. Là encore, tous les indices mènent Christian Jambert sur la piste d'Émile Louis. Par exemple, il y a une vieille étole déchirée qui est placée dans la niche du chien de la maison d'Émile Louis et de sa maîtresse. Une étole qui ressemble beaucoup au tissu ayant servi à enchaîner les mains de la malheureuse victime. Et puis, un vieux gilet taché de sang et dont les boutons ont été arrachés est retrouvé dans la maison. Tout désigne donc Émile Louis… Mais rien ne prouve sa culpabilité. Les indices que Jambert parvient à réunir sont trop ténus pour être exploités par la justice.

Mais au-delà du cas de Sylviane Durand-Lesage, le gendarme prend très au sérieux le témoignage de Jacques Moreau. En 1981, c'est la première fois que le gendarme entend parler des disparues : et si la rumeur était vraie ? Et s'il y avait d'autres cadavres de jeunes femmes enterrées ailleurs ?

Jambert décide de vérifier. Il en parle au juge Bourguignon, qui accepte de mettre en examen Émile Louis pour homicide volontaire le 29 décembre 1981 dans l'affaire Durand-Lesage. Le chauffeur de bus sent que l'étau se resserre et qu'il lui faut lâcher du lest s'il ne veut pas terminer ses jours en prison. Il avoue quelques attouchements sur des mineures en nourrice chez sa maîtresse. Une stratégie qui s'avère payante car elle détourne l'intérêt de la justice, qui, n'obtenant aucune preuve tangible pour l'homicide, condamne finalement en 1983 Émile Louis à cinq ans de prison pour de « simples » attouchements sur mineures. Parallèlement, le juge délivre un non-lieu dans l'affaire Durand-Lesage. Certes, le chauffeur de bus est en prison, mais c'est un moindre mal par rapport à ce qui aurait pu lui arriver s'il avait été jugé pour homicide !

Émile Louis est un prisonnier modèle, et un an après sa condamnation, en 1984, il bénéficie d'une remise de peine pour bonne conduite. Il part alors dans le Var chez sa belle sœur, car il est désormais interdit de séjour dans l'Yonne. Pendant ce temps-là, Jambert ne renonce pas. Il poursuit son enquête et, le 22 juin 1984, remet un procès-verbal de synthèse au parquet d'Auxerre. Le document est édifiant. Jambert a fouillé le passé, interrogé inlassablement les témoins de l'époque, passé au crible l'entourage des disparues et recoupé les informations.

Dans sa gendarmerie de province, Jambert a flairé un tueur en série, alors qu'au début des années 80, les autorités françaises continuent d'ignorer cette forme de criminalité, estimant que le *serial killer* est un phénomène typiquement américain et que notre pays, aux mœurs si tranquilles, est épargné. Grave erreur, qui fera trop souvent traîner en longueur les enquêtes, permettant du même coup à des criminels comme Francis Heaulme ou Guy Georges de rester en liberté des années durant sans jamais être inquiété.

Dans son procès-verbal, Jambert fait part de ses fortes présomptions en des termes on ne peut plus clairs :

« *Émile Louis a été inquiété plusieurs fois et même déjà interpellé par le commissariat de police d'Auxerre pour des faits plus ou moins similaires et surtout des problèmes de mœurs. Il sera chaque fois mis hors de cause.* »

Un peu plus loin :

« Début 1982, nous apprenons qu'une certaine Jocelyne Boulanger aurait été vue avec Émile Louis les années précédentes. Cette personne s'est présentée spontanément à nos services et a fait savoir qu'elle a été la maîtresse de l'intéressé, qui avait un comportement tout à fait anormal avec elle. Il l'emmenait dans une cabane et s'adonnait à des actes sado-masochistes sur elle. La mère de cette personne a également été entendue et a fait savoir qu'Émile Louis s'était vanté de transporter des cadavres dans sa voiture. »

Sadique, pervers, fanfaron, persuadé de son impunité, n'hésitant pas à obtenir des faveurs sexuelles par la contrainte y compris sur des mineures : ces traits de caractère apparaissent clairement dans l'enquête de Jambert et définissent particulièrement bien la personnalité d'Émile Louis telle que les psychologues la dépeignent depuis son arrestation en 2001. Ils définissent également la personnalité de la majeure partie des tueurs en série connus.

Ailleurs, dans le rapport, Jambert note encore :

« Les enquêteurs avaient remarqué un élément troublant. En effet, plusieurs autres femmes ayant disparu dans la région d'Auxerre ou plus particulièrement de Villefargeau (un village dans lequel Louis a longtemps résidé, NDA) *non seulement étaient de la DDASS mais en plus avaient un physique plus ou moins commun. Là encore, il est établi que ces femmes avaient toutes des relations avec Émile Louis. »*

Faut-il être voyant pour comprendre que, selon le gendarme Jambert, les disparitions sont certainement l'œuvre d'un seul et même tueur et que ce tueur est certainement Émile Louis ? Sans doute pas. On fait difficilement plus clair et plus explicite que ce procès-verbal d'enquête. Au moment où Jambert sort la dernière feuille de sa vieille machine à écrire, il regarde ce rapport avec satisfaction. Le résultat de trois années d'investigations est sous ses yeux. Il s'apprête à remettre le document au substitut du procureur d'Auxerre, persuadé que son travail fera grand bruit. Le substitut transmet à son tour le dossier au juge Bourguignon en charge du dossier Sylviane Durand-Lesage avec cette note manuscrite : *« À joindre à l'information en cours sur l'homicide volontaire : Sylviane Durand. Me faire connaître s'il vous faut un supplétif. »*

Ensuite, plus rien. Le dossier du gendarme Jambert s'est « perdu » dans les couloirs et les arrière-salles du palais de justice d'Auxerre jusqu'en 1996, date à laquelle le document est retrouvé dans une boîte d'archivage réservée aux affaires classées ! À la note manuscrite du substitut du procureur demandant s'il fallait un supplétif, une mystérieuse main a répondu d'un simple « Non ». Un mot qu'aucun magistrat en poste à l'époque ne se souvient d'avoir écrit.

Étrange... Aurait-on voulu étouffer cette affaire des Disparues de l'Yonne qu'on ne s'y serait pas pris autrement ! C'est d'ailleurs un soupçon qui pèse sur chaque ligne du rapport de l'inspection générale des services judiciaires demandé par Mme Lebranchu, garde des Sceaux en février 2001. Au sujet du classement sans suite de la procédure du gendarme Jambert, le rapporteur Jean-Louis Nadal écrit ainsi : *« S'il est compréhensible que le juge d'instruction n'ait pas sollicité des réquisitions supplétives, en revanche, la passivité du parquet peut surprendre. En effet, la mise en œuvre d'une enquête préliminaire, qui n'aurait préjugé en rien de la culpabilité d'Émile Louis, aurait permis, à tout le moins, d'entreprendre des investigations sur le sort de ces jeunes femmes manifestement proches d'un homme pouvant être considéré comme dangereux [...]. Par la suite, la procédure de 1984 a suivi un cheminement qui reste inexplicable au stade actuel des investigations [...]. La responsabilité de cette situation paraît pouvoir être attribuée au procureur de l'époque [...]. Il apparaît donc que le travail effectué par le gendarme Jambert n'a pas bénéficié, de la part du chef du parquet d'Auxerre alors en fonction, d'une attention à la hauteur de la gravité de l'affaire. »*

L'explication de ce laxisme administratif, il faut peut-être la chercher dans le contexte de cette affaire. À l'époque des disparitions, dans les années 70 et jusqu'au début des années 80, Émile Louis travaille en tant que chauffeur de bus pour l'Association pour adultes et jeunes handicapés, l'APAJH. Cette association est une institution dans l'Yonne, un véritable lobby, n'hésitent pas à affirmer certains. Avec 80 millions de francs de budget, près de 400 salariés, l'APAJH est le premier employeur du département. Autant dire que c'est un très puissant acteur économique local avec lequel il faut compter et composer...

Quant à ses dirigeants, les époux Charrier, ce sont des notables comme on en fait encore dans la France provinciale un peu endormie de ces années-là. Outre ses fonctions à la tête de l'association, Pierre Charrier est assesseur du juge pour enfants durant plusieurs années : une fonction qui donne une certaine assise, voire un certain pouvoir, notamment auprès des représentants locaux de la justice. Est-il aberrant d'imaginer que l'un des magistrats en poste à Auxerre ait consulté et demandé un avis ou un conseil à Pierre Charrier dans une affaire concernant des filles placées auprès de l'APAJH ? Charrier dispose d'un rôle de consultation et l'on peut légitimement supposer qu'il ne se prive pas de l'exercer. L'homme est aussi l'un des responsables francs-maçons de la région. Dans ce cadre, il est amené à rencontrer des personnalités locales, politiques, économiques, etc. Quant à sa femme, Nicole, elle deviendra, quelques années plus tard, en 1989, conseillère municipale d'Auxerre sur la liste de Jean-Pierre Soisson.

Le couple a donc des relations influentes. Celles-ci ont-elles permis d'enterrer l'affaire des Disparues de l'Yonne ? Rien ne permet de l'affirmer, mais il est certain qu'une véritable chape de plomb pèse à l'époque sur cette affaire et bien d'autres se déroulant dans le même périmètre.

En 1982, par exemple, un courrier de dénonciation signale aux autorités judiciaires des abus sexuels sur un mineur du foyer Guette Soleil créé par Charrier. Ce courrier reste lettre morte. Classé sans suite, lui aussi. Une seule fois, Pierre Charrier est directement impliqué, sans pouvoir contester. Et pour cause : en 1989, il est pris en flagrant délit de viol sur une mineure à l'arrière de sa voiture. Il reconnaît avoir violé la jeune fille, déficiente mentale, toutes les semaines pendant un an. Mais là encore, Charrier, l'homme influent, bénéficie de ce qui peut, rétrospectivement, apparaître comme une étrange faveur. Alors qu'il est inculpé pour *« viol aggravé sur mineure »* et qu'à ce titre, il risque la cour d'assises et un jury populaire forcément peu clément à l'encontre de ce genre d'actes, le parquet d'Auxerre requalifie les faits en *« attentat à la pudeur par personne ayant autorité »*. Un tour de passe-passe qui permet à Charrier d'être jugé en correctionnelle et d'être condamné à seulement cinq ans de prison ferme.

Comme s'il y avait quelque chose de pourri dans le royaume de la bourgeoisie auxerroise, une autre affaire vient encore envenimer un climat déjà extrêmement lourd. Des relations influentes, il en est encore et toujours question à la même époque dans une histoire dont on ne sait toujours pas précisément quels liens elle peut avoir avec l'affaire des Disparues de l'Yonne, mais qui présente de troublants points communs.

20 janvier 1984. Une jeune fille arrive en larmes au service des urgences de l'hôpital d'Auxerre. Huguette a 19 ans, elle est maigre et complètement désorientée, affolée :

– Je me suis enfuie d'une maison. J'étais enfermée dans un sous-sol sans lumière avec d'autres filles et on a été violées et torturées, parvient-elle à articuler entre deux sanglots.

Les médecins écoutent son témoignage, sidérés par ce que la jeune fille raconte. Ils la croient : elle n'a pas l'air folle et surtout elle est gravement blessée. Ils décident donc d'appeler immédiatement les forces de l'ordre.

La jeune fille poursuit :

– On était enchaînées nues sur des croix. Des hommes venaient le soir et payaient notre ravisseur : ils nous battaient et nous torturaient avec de l'électricité et des couteaux.

Insoutenable confession. Quelques heures plus tard, les gendarmes font irruption dans un pavillon à l'adresse indiquée par Huguette, dans le tranquille village d'Appoigny. Au sous-sol, les lieux ressemblent exactement au cauchemar décrit par la jeune femme. Une autre fille est séquestrée. Elle s'appelle Michaëla et elle aussi est blessée. Sur la porte qui mène à cet enfer, une ardoise est accrochée : *« 600 F la brûlure sur les seins, 800 F sur le clitoris. »* Chaque jour, les tortures changent et le « menu » est affiché comme au restaurant. Le propriétaire du pavillon, Claude Dunand, est arrêté.

L'enquête révèle plus tard que les sévices sont particulièrement horribles et que les filles séquestrées sont nourries avec de la pâtée pour chiens.

– Libérez-nous ! arrêtez, s'il vous plaît ! laissez-nous sortir ! » implorent régulièrement les victimes.

– Je ne peux pas, leur répond Dunand. Ce n'est pas moi qui donne les ordres. C'est l'Organisation.

Simple moyen de pression pour terroriser un peu plus les jeunes filles ? Ou bien existence d'un véritable et terrifiant réseau mafieux de prostitution ? Jamais on ne le saura. En 1991, Dunand est jugé et condamné à la réclusion criminelle à perpétuité. L'homme n'a jamais rien dit sur son éventuel « employeur » ni sur ses clients.

Cette affaire présente bien des points communs avec celle des Disparues de l'Yonne. D'abord, les jeunes filles retrouvées dans le sous-sol du pavillon sont toutes deux pensionnaires de foyers de l'APAJH. Tout comme les autres disparues. Ensuite, là encore, on ne peut s'empêcher de noter de curieux dysfonctionnements pour ne pas dire d'étranges négligences. Lors de l'arrestation de Dunand, les enquêteurs perquisitionnent et fouillent la maison de fond en comble. Ils y trouvent notamment deux carnets dans lesquels Dunand a noté les noms de ses clients. Or, quelque temps après, ces deux carnets disparaissent dans des conditions inconnues. Tout comme disparaît l'enquête du gendarme Jambert dans l'affaire Émile Louis... Résultat : aucun client de Dunand ne sera jamais arrêté. Il est vrai que cela aurait pu être très gênant. L'homme qui a reconnu exercer cette activité depuis une quinzaine d'années a également expliqué que *« ses clients étaient des gens importants »*. Sans citer aucun nom, il a précisé tout de même qu'il s'agissait de chefs d'entreprise et de notables. Ici comme dans l'affaire des Disparues de l'Yonne, une question lancinante revient : est-ce de la « simple » négligence ou bien est-ce que quelqu'un aurait voulu étouffer l'affaire ? Le doute, en tout cas, est permis.

****

Il est 13 h 55, le 22 mars 1995. Cela fait déjà vingt minutes que le journal de la mi-journée de RTL est terminé et que se déroule l'émission *Les Auditeurs ont la parole.* Chaque jour, la première radio de France propose à ses auditeurs de parler de l'actualité, de donner leur avis ou de pousser des coups de gueule. C'est l'une des rares occasions où un média grand public permet à des anonymes de s'exprimer. Aussi, l'émission est très écoutée :

– Allô, bonjour ! Vous vous appelez Pierre Monnoir… Nous vous écoutons, vous avez la parole, lance Jean-Jacques Bourdin, le présentateur de l'époque.

– Bonjour, je suis vice-président d'une association de défense des handicapés de l'Yonne. En 1989, un secrétaire général d'une association très implantée dans l'Yonne a été condamné pour avoir abusé d'une jeune fille handicapée. Sa femme était et reste toujours directrice de cet établissement. À deux nouvelles reprises, nous avons été informés de violences et de manipulations sur des déficients mentaux. Il est très difficile de prouver quoi que ce soit, la parole d'un handicapé contre celle d'un adulte responsable n'étant actuellement pas reconnue. Malgré un rapport extrêmement sévère de l'inspection générale des affaires sanitaires et sociales, en 1993, pour un établissement, une chape de plomb est imposée au niveau des autorités départementales, administratives, policières et judiciaires. Est-ce pour ne pas donner une mauvaise image de notre département et de ce type d'institutions ? Quelles en sont les vraies raisons ? Chacun est en droit de se poser la question. Sur le département de l'Yonne, certaines affaires au sein d'autres institutions ont été évoquées dans la presse grâce au combat que mènent des parents d'enfants ayant subi des violences. Pour ce qui est des handicapés, ceux-ci ont peu de famille ou pas du tout – certains sont sous la tutelle de la DDASS. Depuis une dizaine d'années, quatre jeunes filles, déficientes mentales, ayant transité par cette institution restent portées disparues. Malgré la vigilance de certaines personnes travaillant dans ces établissements, et malgré leur dévouement, ceux-ci sont mis à l'index car ils nuisent à l'image de marque de l'institution, ce qui, bien souvent, les encourage à démissionner.

C'est la première fois que quelqu'un parle haut et fort de l'affaire des Disparues de l'Yonne dans la presse. Cet homme, c'est Pierre Monnoir : à bientôt 50 ans, ce commercial aurait pu terminer sa vie professionnelle tranquillement. Mais c'est un tout autre destin qui l'attend. Parce que Pierre Monnoir a un frère handicapé qu'il place dans un établissement de l'Yonne géré par l'APAJH, il constate rapidement des dysfonctionnements au sein de l'institution et fonde une association de défense des handicapés de l'Yonne, l'ADHY. C'est le directeur de l'un des établissements de l'APAJH qui le contacte en 1993 pour lui faire part d'une étonnante découverte : il vient de retrouver dans les archives de son institut les dossiers de quatre jeunes filles ayant disparu dans les années 70. Les anciennes pensionnaires sont considérées comme des fugueuses par l'administration. L'explication est un peu courte et, vérifications faites, les deux hommes se rendent compte que depuis lors, personne n'a jamais plus entendu parler de ces soi-disant « fugueuses ».

L'intervention de Pierre Monnoir sur RTL provoque un séisme dans le microcosme de la bonne société auxerroise. De tels propos sont plutôt malvenus et font mauvais genre. Le président de l'APAJH, préoccupé par cette *« campagne médiatique »* contre son institution, demande à rencontrer le procureur de la République, à qui il fournit les identités des jeunes filles disparues. On pourrait alors légitimement s'attendre à ce que le représentant de la justice lance une enquête, mais, curieusement, il n'en fait rien. Trois semaines plus tard, il se contente de répondre qu'à *« la lecture de ces documents, aucun élément susceptible de laisser penser à des indices d'infraction pénale n'apparaît. »* Une nouvelle fois, la justice enterre l'affaire.

À la fin de l'année, nouvelle étape : l'émission *Perdu de vue* sur TF1 s'empare de l'affaire. Un journaliste de l'équipe enquête. Il finit par retrouver Jambert, qui lui fait part de ses investigations : il affirme qu'il n'y a pas quatre, mais sept disparues. Et il donne le nom de celui qu'il a toujours soupçonné : Émile Louis.

Les projecteurs d'une télévision nationale sont désormais braqués sur Auxerre et ses mystères. Un célèbre avocat parisien, Pierre Gonzales de Gaspard, propose ses services gratuitement à Pierre Monnoir. L'affaire prend une ampleur nationale et les familles des disparues réagissent. Monnoir les rencontre et parvient à les convaincre de déposer plainte.

– Pour faire rouvrir le dossier, il n'y a aucune autre solution que de porter plainte pour enlèvement et séquestration, leur explique Pierre Gonzales de Gaspard. La plainte pour homicide ne pourra pas être retenue, car les faits remontent à plus de dix ans et sont couverts par la prescription.

La stratégie est intelligente. Les familles, confiantes, se rendent donc au palais de justice d'Auxerre le 3 juillet 1996 et déposent plainte. La justice commencerait-elle enfin à faire son travail ? Pas du tout : six mois plus tard, alors que le procureur Cazals n'a ordonné aucune enquête, il requiert, auprès du juge d'instruction, le rejet des constitutions de la partie civile. Cela signifie que la justice refuse d'instruire ce dossier. Et ce toujours pour la même raison : il n'y a pas, dans les documents que l'on apporte à la justice, d'indice laissant penser que les disparitions ont pour origine une infraction pénale ! Mais pourquoi la justice ne cherche-t-elle pas elle-même ces indices ? Après tout, c'est son travail ! La situation est aberrante, le procureur faisant preuve d'une évidente mauvaise volonté, qui sera d'ailleurs dénoncée dans le rapport de 2001 sur le traitement judiciaire de cette affaire.

Monnoir et son avocat ont l'impression de se battre contre des moulins à vent. Mais ils n'ont pas fait tout cela pour rien et décident donc de porter l'affaire devant la cour d'appel de Paris. Le 7 mai 1997, celle-ci ordonne l'ouverture d'une information judiciaire.

Enfin ! Treize ans après le rapport de Jambert, l'enquête est donc rouverte. Deux mois plus tard, le gendarme est retrouvé mort à son domicile : les forces de l'ordre concluent au suicide. La nouvelle enquête sur les Disparues de l'Yonne va piétiner pendant deux ans avant qu'un nouvel épisode ne vienne lui donner un coup d'accélération qui conduira finalement à l'arrestation d'Émile Louis.

****

3 mars 1998. L'adjudant Toussaint, de la gendarmerie d'Auxerre, n'en croit pas ses yeux : Pierre Monnoir vient de lui remettre une caisse en bois à l'intérieur de laquelle sont placés de vieux vêtements tachés de sang. Les deux hommes ont conscience que ces indices sont peut-être essentiels.

– Comment avez-vous obtenu cela ? questionne le gendarme.

– Je ne peux pas vous le dire, explique Pierre Monnoir, très ennuyé.

Il sait que ces objets n'auront aucune valeur dans l'enquête tant que leur provenance ne sera pas officielle. C'est très embêtant, parce que la personne qui a confié la caisse refuse, pour l'heure, d'apparaître au grand jour dans l'enquête…

Cette mystérieuse personne s'appelle Maryline. C'est la fille d'Émile Louis. Elle a la quarantaine, elle est mariée et vit à Kourou, en Guyane, loin de ce père qu'elle exècre. Loin de cet homme qui a gâché son enfance, qui a flétri ses plus belles années et pourri ses rêves de jeune fille. Ce père qu'elle ne réussit pas à appeler « papa » et qu'elle se contente, du bout des lèvres, lorsque cela s'avère indispensable, d'appeler sobrement « Émile Louis ». Maryline, après bien des années de silence, s'est enfin décidée à aider la justice à confondre son père. Sa mère, Simone Delagneau, vient en effet de mourir. Juste avant de disparaître, elle a demandé à sa fille de venir la rejoindre à Villefargeau, dans le pavillon familial. Là, elle s'est livrée et a raconté sa vie avec Émile Louis pour alléger sa conscience et ne pas emporter tous ces secrets dans la tombe. Simone Delagneau raconte les souffrances infligées par son ancien mari, un homme violent qui ne prend son plaisir qu'en faisant mal. Et puis, surtout, elle montre à Maryline cette fameuse caisse en bois contenant des vêtements qui pourraient être, pressent-elle, des preuves contre Émile Louis. D'ailleurs, l'homme a tenté de la récupérer à plusieurs reprises, il sait que ce qu'elle renferme est, pour lui, une véritable bombe à retardement. L'intuition de l'ancienne femme d'Emile Louis va finalement se vérifier quelques mois plus tard, l'un des manteaux retrouvés dans cette caisse ayant été identifié comme celui de Madeleine Dejust, l'une des disparues.

Ce que Maryline entend de la bouche de sa mère n'est pas une révélation. Elle-même a été violée par son père. Finalement, convaincue par un enquêteur de choc, Jean-François Abgrall, l'homme qui a fait avouer Francis Heaulme, Maryline accepte de parler au grand jour et d'apparaître dans les procès-verbaux de l'enquête. Témoin essentiel, elle éclaire la personnalité de son père sous un angle nouveau, le décrivant comme un personnage pervers à la sexualité sadomasochiste, y compris avec sa famille. Pire : elle va jusqu'à raconter une nuit atroce au début des années 70 :

– J'étais en voiture avec Émile Louis. C'était en hiver, il faisait nuit. Nous nous sommes arrêtés à l'entrée d'une forêt. Il m'a dit de l'attendre, qu'il avait quelque chose à faire. Les minutes passaient. J'ai décidé d'aller voir. Je suis allée dans la forêt et j'ai vu une lueur. Je me suis approchée et j'ai vu une femme nue attachée à un arbre, bâillonnée. Émile Louis gesticulait autour d'elle. Et puis… il l'a éventrée avec un couteau ! Il a tué sous mes yeux une jeune femme que je ne connaissais pas. J'ai dû pousser un cri, car il s'est retourné et m'a vue. Il m'a tirée par les cheveux et m'a ramenée à la voiture. Il m'a dit : *« Ce que tu as vu, je le fais à ta mère si tu le dis ! »* Alors, forcément, quand vous avez 10 ou 12 ans, votre mère, c'est quelqu'un de sacré. J'avais tellement peur pour elle, déjà, avec ce qu'il lui faisait…

Ce récit est-il un cauchemar tout droit sorti de l'imagination d'une femme traumatisée ? Peut-être, car en dépit de nombreuses recherches, les enquêteurs n'ont pas trouvé trace d'une disparition pouvant correspondre. Par ailleurs, les frères et sœurs de Maryline, dans une interview accordée à *France-Soir*, après la publication du livre* de leur sœur, prennent

* *Être la fille d'Émile Louis*, Maryline Vinet, éditions Michel Lafon.

leurs distances et réfutent les accusations portées à l'encontre d'Emile Louis, leur père :

– Le récit de votre sœur vous force à sortir de votre silence..., constate le journaliste du quotidien.

– Être les enfants d'Emile Louis, ce n'est pas facile. Nous essayons d'avoir une vie familiale et sociale normale, en dépit des événements liés à l'enquête. Mais Maryline profite de ces moments douloureux pour exister en salissant tout le monde, vivants et morts. C'est une manipulatrice, une calculatrice et une perverse. Nous nous devons de défendre l'honneur de la famille et d'arrêter ces élucubrations.

(...)

– Votre père était-il le monstre décrit par votre sœur ? Que pensez-vous de sa mise en examen actuelle ?

– Il n'a peut-être pas été très attentif mais il ne nous a jamais fait du mal, répond la sœur de Maryline.

– Il gueulait et était autoritaire, mais ce n'était pas l'enfer, affirme l'un des frères. Nous ne voulons pas le défendre sans savoir ni l'accabler dans cette situation difficile. Dans cette affaire, nous ne sommes ni témoins, ni victimes, ni complices.

Mais dans son livre, Maryline raconte également qu'Émile Louis torturait Simone Delagneau et se livrait à des jeux cruels sur ses enfants. Le récit que Maryline fait de son enfance est terrifiant et on se dit que les détails qu'elle fournit sont tellement atroces qu'on ne voit pas comment on pourrait les imaginer sans les avoir réellement vécus. Le témoignage de Maryline, même s'il est seulement partiellement vrai, donne une idée de ce qu'Émile Louis a pu lui faire subir et des fantômes qu'il a laissés en héritage à sa fille. En se décidant à parler, elle précipite les événements.

Le 12 décembre 2000, les gendarmes frappent à la porte de l'appartement qu'occupe Émile Louis dans une HLM de Draguignan. Le sexagénaire s'attend à cette visite. Ce n'est pas une surprise. Depuis quelques mois, il se sait menacé. Toute cette affaire de plus de vingt ans qui remonte à la surface, ça ne présage rien de bon… Mais le vieux est assez rusé pour savoir que les enquêteurs n'ont pas de preuve contre lui. À un journaliste du *Parisien* venu le rencontrer la veille de son arrestation, Émile Louis lance, d'un air de défi : *« Pas de cadavre, pas de coupable ! »*

Alors, est-ce par bravade et par envie de jouer au plus fin avec les forces de l'ordre que deux jours plus tard, pendant sa garde à vue, il passe aux aveux ? Peut-être : Émile Louis, persuadé que les actes qu'il avoue sont couverts par la prescription, croit qu'il ne risque rien. Théoriquement, en effet, un homicide remontant à plus de dix ans ne peut plus faire l'objet d'une poursuite judiciaire. Émile Louis reconnaît alors par deux fois avoir violé et tué les sept jeunes femmes portées disparues. Il ne se contente pas de l'affirmer, mais fournit aussi force détails. Et comme pour se dédouaner, il parle de « pulsions », explique qu'il n'était alors plus lui-même :

– Lorsque j'avais des pulsions, je donnais rendez-vous à des jeunes filles que je transportais dans mon bus.

Une fois le rendez-vous donné, je prenais la jeune fille à l'heure et à l'endroit convenus et je l'emmenais à Rouvray. Je n'arrive pas à définir les pulsions que j'avais. C'était principalement pendant le printemps et l'été, où j'avais brusquement une envie pressante de faire l'amour, surtout à la pleine lune. J'avais une force qui m'habitait et qui me forçait à faire du mal lors des rapports sexuels.

Un mois après être passé aux aveux – et les avoir réitérés –, Émile Louis, conseillé par un avocat, revient sur tout ce qu'il a affirmé : oui, il connaissait ces jeunes femmes, mais non, il ne les a ni violées ni tuées :

– Pourquoi avez-vous avoué alors ? demande le juge Benoît Lewandowski.

– Parce que j'étais pressé d'en finir… Je voulais sortir, explique Émile Louis. La presse me harcèle, je n'en peux plus… Et puis, les policiers m'ont dit que si j'avouais, je pourrais être libre, parce qu'il y a prescription.

– Comment avez-vous pu donner autant de détails, notamment sur le lieu où sont enterrés les cadavres ? insiste le juge.

– J'ai vu de la terre remuée dans ce champ, rétorque Louis, qui a réponse a tout. Un peu avant, au même endroit, j'avais vu deux gars qui transportaient quelque chose dans de la toile de jute : quelque chose qui ressemblait à un corps. J'ai aussitôt fait le rapprochement.

Il est bien difficile, voire impossible, d'accorder le moindre crédit à cette nouvelle version d'Émile Louis, qui devra s'expliquer devant un jury. En effet, après une bataille juridique, la Cour de cassation de Paris a décidé le 6 février 2002 que la prescription ne s'appliquait finalement pas dans l'affaire des Disparues de l'Yonne. Émile Louis, par ailleurs mis en examen en 2001 pour viols, agressions sexuelles et actes de barbarie sur Chantal Louis née Paradis, sa dernière épouse en date, la fille de celle-ci, une amie du couple et sa fille, pourra donc être jugé en cour d'assises dans l'affaire des Disparues de l'Yonne. La justice tenterait-elle ainsi de rattraper ses erreurs passées ? On ne peut évidemment s'empêcher de le penser tout en se disant que cette repentance – le rapporteur de l'inspection générale des services judiciaires parle notamment *« d'inefficacité de la justice », d'une « série de négligences »* et d'une *« déficience institutionnelle »* – est bien tardive. La justice a fait preuve d'un coupable et scandaleux laxisme. En toute impunité, un homme – qu'il s'agisse d'Emile Louis que tout accable ou d'un autre – a pu s'en prendre à de jeunes victimes sans qu'aucune institution ne réagisse, parce que les jeunes femmes n'étaient que de pauvres filles de la DDASS sans beaucoup d'attaches familiales et affectives dont le sort importait à bien peu de monde. Que pesait la vie de ces filles au regard de la réputation d'une institution, de ses dirigeants et d'un bon père de famille ? Rien. Leur vie ne pesait rien. Cette justice de classe a oublié qu'elle se devait de défendre tout le monde de la même manière et que devant elle, tous les citoyens, aussi « faibles » fussent-ils, sont égaux.

Dans cette affaire, l'institution judiciaire a indubitablement fait preuve d'un incompréhensible aveuglement. Car Émile Louis a parfois fait l'objet d'enquêtes. Il a même passé plusieurs années derrière les barreaux pour des agressions sexuelles sur des mineures. Comment se fait-il, dans ces conditions, que la justice n'ait pas étudié de plus près la personnalité d'un homme avec un tel passif et qu'il n'ait pas subi de traitement médical et psychologique adapté lorsqu'il était sous les verrous ? Un tel suivi et une attention accordée par les magistrats à l'enquête du gendarme Jambert dès 1984 auraient permis d'arrêter Émile Louis bien plus tôt. Et peut-être alors les corps des autres jeunes femmes disparues auraient-ils été retrouvés ? Pour l'heure, en effet, seuls deux cadavres ont pu être mis au jour.

Pierre Monnoir et les bénévoles de l'ADHY qui, dans cette affaire, ont joué un rôle de tout premier plan, continuent, eux, de chercher. Le week-end, ils creusent, un peu partout dans les champs de Rouvray et des environs, ils retournent la terre, organisant des fouilles sauvages avec le macabre espoir de retrouver les cadavres des Disparues de l'Yonne. Ces justiciers ne cesseront jamais leurs combats tant que toutes les familles n'auront pas récupéré ce qui reste de leurs filles. Mais plus de vingt ans après, tel un linceul noir emprisonnant de trop anciens mystères, la terre n'a toujours pas livré tous ses secrets.

Impression réalisée sur CAMERON par

BRODARD & TAUPIN

GROUPE CPI

La Flèche
en mai 2003
pour le compte
des Éditions Générales F1RST

Dépôt légal : mai 2003
N° d'impression : 18798
Imprimé en France